高职高专人文素质课程“十四五”规划教材
“互联网+”新形态融媒体精品系列教材

大学语文

DAXUE YUWEN

主　编　赵　波　孙露丹　崔　敏
副主编　高丽丽　何兰新　华曲子
　　　　姚　阳　傅狮虎　岳庆军
编　委　黄　娟　李　智　吴石仙
　　　　张　洁　杨　清

中国言实出版社

图书在版编目（CIP）数据

大学语文 / 赵波，孙露丹，崔敏主编. -- 北京 ：中国言实出版社，2021.7（2024.8 重印）
ISBN 978-7-5171-3352-0

Ⅰ. ①大… Ⅱ. ①赵… ②孙… ③崔… Ⅲ. ①大学语文课-高等学校-教材 Ⅳ. ①H193.9

中国版本图书馆 CIP 数据核字（2021）第 091426 号

大学语文

责任编辑：郭江妮
责任校对：代青霞

出版发行：中国言实出版社
地　址：北京市朝阳区北苑路 180 号加利大厦 5 号楼 105 室
邮　编：100101
编辑部：北京市海淀区花园北路 35 号院 9 号楼 302 室
邮　编：100088
电　话：: 010-64924853（总编室）　010-64924716（发行部）
网　址：www.zgyscbs.cn　电子邮箱：zgyscbs@263.net

经　　销：新华书店
印　　刷：天津行知印刷有限公司
版　　次：2021 年 7 月第 1 版　2024 年 8 月第 3 次印刷
规　　格：787 mm×1092 mm　1/16　15.5 印张
字　　数：380 千字

定　　价：49.80 元
书　　号：ISBN 978-7-5171-3352-0

前　言

教育的根本任务是立德树人。《大学语文》是一门重在培养大学生的汉语能力和人文素养的公共基础课程。本课程的核心作用是对学生进行人文素质教育，其教材编写要遵循学生的成长规律和职业教育规律，强化社会主义核心价值观教育和中华优秀传统文化教育，助力学生形成正确的世界观、人生观和价值观；培养大学生汉语应用的能力，开阔学生的文学视野，提高大学生的审美能力；同时要强化实践训练，增强大学生的社会责任感、创新精神、实践能力，提升人文素养和职业素质。

本书收录56篇经典作品，分为国学经典篇、生命之歌篇、礼赞爱情篇、桑梓情深篇、自然感怀篇、劳动筑梦篇、家国天下篇、守望理想篇、人性探究篇9个经典主题。作品由文学常识、原文、注释、译文、解析、思考练习等部分构成。这种体例的编排既有利于教师教学，又便于学生学习。本书既重视人文性、思想性和经典性，同时又考虑到学生的特点，强化了应用性和工具性；后附应用文写作篇，力求使学生实践应用能力得到锻炼和提升。

作为一本大学公共课教材，经编者考虑，此书一方面应摆脱中学语文教学思路，另一方面也不必采取过于专业化的定位，主要目标应该是增强大学生的文学修养，拓宽大学生的人文视野，改善大学生的知识结构，培养大学生的形象思维能力，提高大学生的美感认识。因此，本书选文注重经典性，强调“美文”特征，兼顾可读性和趣味性。

主要具有如下特色：

一、在编写理念上，以中国文化为主线建构教材框架，选取体现中国特色文化的古今文学作品。

二、在文章类型上，遵循古今兼收、以中为主、中外并容的选取原则，汇集了古今中外文学作品。

三、在时代精神方面，选取了体现古今改革创新精神和成果的作品。

在编写过程中，我们参阅了大量的著作，借此对其作者表示衷心的感谢！由于编者水平有限，书中难免存在疏漏和不妥之处，敬请广大读者批评指正。

编　者

目 录

国学经典篇

《论语》十则[①]

文学常识

孔子（前551年—前479年），名丘，字仲尼，春秋时鲁国陬邑（今山东曲阜）人，我国古代伟大的思想家、教育家，儒家学派的创始人。

孔子的思想核心是“仁”，政治上提倡“仁者爱人”“克己复礼”，教育上主张“有教无类”“因材施教”。曾周游列国13年，终未见用。晚年整理《诗》《书》等古代文献，对传播和保存我国古代文化有重大贡献。

子曰[②]：学而时习之，不亦说乎？有朋自远方来，不亦乐乎？人不知而不愠，不亦君子乎[③]？

子曰：君子食无求饱，居无求安，敏于事而慎于言，就有道而正焉，可谓好学也已[④]。

---

① 孔子这十则语录，都选自《论语》。原散见于该书各章之中，这里按照在原书中出现的先后顺序排列。

② 子曰：孔子说。下同。子：先秦时对有学问、有道德的人的尊称。这里指孔子。

③ 选自《论语·学而篇》。大意是说：学了，然后可以经常练习它，不也高兴吗？有志同道合的人从很远的地方来，不也很快乐吗？人家不了解我，我却不怨恨，这样的人，不也是君子吗？时：经常。一说按时。习：孔子所说的学习，包括政治、道德、礼仪、音乐、射箭、驾车等多方面的内容，因而这个“习”字也包含温习、练习、实习等多方面的意思。说（yuè）：通“悦”，高兴，愉快。朋：指志同道合的人。知：了解。愠（yùn）：含怒，怨恨。君子：泛指有道德修养的人。

④ 选自《论语·学而篇》。大意是说：君子，饮食不要求十分丰富，居住不要求过于舒适，做事和说话谨慎，并能主动到有道德、有学问的人那里去请教，以端正自己的思想和行为，这样，就可以称之为好学了。饱：充分满足。安：安逸。敏：快捷。慎：谨慎，慎重。就：趋向，跟从，到；动词。有道：有道德有学问的人。正：端正；用作动词。好（hào）：喜爱。

子曰：不患人之不己知，患不知人也①。

子曰：学而不思则罔，思而不学则殆②。

子曰：由！诲女知之乎？知之为知之，不知为不知，是知也③。

子曰：默而识之，学而不厌，诲人不倦，何有于我哉④？

子曰：三人行，必有我师焉。择其善者而从之，其不善者而改之⑤。

子曰：岁寒，然后知松柏之后凋也⑥。

子曰：其身正，不令而行；其身不正，虽令不从⑦。

子曰：志士仁人，无求生以害仁，有杀身以成仁⑧。

译文

孔子说："学习并且不断温习，不是件高兴的事吗？有朋友从远方来，不是件愉快的事吗？别人不了解我，我也不怨恨，这样的人，难道不是君子吗？"

孔子说："君子食不追求饱足；居住不追求安逸；对工作勤奋敏捷，说话却谨慎；接近有道德有学问的人并向他学习，纠正自己的缺点，就可以称得上是好学了。"

孔子说："不要担心别人不了解自己，应该担心的是自己不了解别人。"

孔子说："学习而不思考就会迷惘无所得；思考而不学习就不切于事而疑惑不解。"

孔子说："由，我教给你怎样做的话，你明白了吗？知道的就是知道，不知道就是不知道，这就是智慧啊！"

孔子说："默默地记住（所学的知识），学习不觉得厌烦，教人不知道疲倦，对我而言又做到了哪些呢？"

---

① 选自《论语·学而篇》。大意是说：不要怕别人不了解我，更重要的是怕我不了解别人。患：忧虑，怕。不己知：不了解自己。

② 选自《论语·为政篇》。大意是说：只是读书，而不自己开动脑筋独立思考，就不会真正受益；只是自己空想，而不踏实学习，就会疑惑不解。罔（wǎng）：无，无所得。殆（dài）：疑惑，不安分，招致危险。

③ 选自《论语·为政篇》。大意是说：由！教给你的东西弄明白了吗？知道就是知道，不知道就是不知道，这是最明智的态度啊。由：孔子的贤弟子，姓仲名由，字子路。诲（huì）：教诲，引导。女：通"汝"，你。是：此，这。是知也：这里的"知"字与前面几个"知"字的含义（知道，明白，懂得）有所不同，是聪明、有智慧、态度明智的意思。

④ 选自《论语·述而篇》。大意是说：将所见所闻默默地识记在自己心里，努力学习而不自满，教导别人总是尽力而不厌倦，对我来说还有什么呢？默：有潜心思考、辨别之意。识（zhì）：牢记在心里。厌：通"餍"，满足。何有于我：即于我何有，对我没有什么遗憾了。

⑤ 选自《论语·述而篇》。大意是说：如有三个人一起走路，其中便一定会有可以做我老师的人，从中选取优良的部分而跟着学习，看到不良的东西，就可以对照着改进自己。

⑥ 选自《论语·子罕篇》。大意是说：到了年底天气非常寒冷的季节，就能知道松柏是最耐寒而后凋的了。有"烈火见真金""途遥知马力"之意。岁：年。凋：凋零，残落。

⑦ 选自《论语·子路篇》。大意是说：处在领导地位的人，若是他自身的行为端正，不用强迫命令，事情就行得通；若是他自身的行为不端正，即使三令五申，百姓也不会听从。虽：即使。

⑧ 选自《论语·卫灵公篇》。大意是说：有志之士和仁义之人，没有为了活命而损害仁义的，只有用自我牺牲来成全仁义的。

孔子说："多个人同行，其中必定有人可以做我的老师。我选择他好的方面向他学习，看到他不好的方面就对照自己改正自己的缺点。"

孔子说："寒冷的季节到了，才知道松柏的叶子是最后凋零的。"

孔子说："自身正了，即使不发布命令，老百姓也会去干。自身不正，即使发布命令。老百姓也不会服从。"

孔子说："志士仁人，不会为了求生损害仁，却能牺牲生命去成就仁。"

赏 析

《论语》是我国古代先秦时期的一部语录体散文集，主要记载孔子及其弟子的言行，由孔子弟子或再传弟子记录编纂而成，是研究孔子学说及整个儒家思想的一部主要著作。

《论语》的内容涉及哲学、政治、教育、伦理、文化等各个方面，文字简练，内涵深刻，对中国后代思想、政治、文化、学术等各方面都有长期深刻的影响。

思考练习

1. 试从这十则语录中选取例证，说明孔子所说的学习包括读书与修养两个方面。
2. 这十则语录中，哪些地方谈到了学习的态度和方法？试予以归纳概括。
3. 找出这些语录中的排比句、对偶句、比喻句和反诘句，分别说明它们的表达作用。
4. "岁寒，然后知松柏之后凋也"，告诉我们什么道理？

《尚书》（节选）

尚书

文学常识

《尚书》是我国最古老的史书。但从其内容来看，它属于最早的几个王朝的历史文件汇编。"尚"是上代的意思，"书"是历史简册，用现代的话说，《尚书》就是上古的史书。但是，两千年来，儒家却把它当作儒经中最重要的一部经书，尊为《书经》。而这部《书经》却有一半是假的，是晋代的"古文"；只有一半是真的，就是汉代传下来的"今文"的《尚书》。《说（yuè）命》是《尚书》篇名，分上中下三篇，本篇为上篇。

说命（上）

高宗①梦得说②，使百工营求诸野③，得诸傅岩④，作《说命》三篇。

王宅忧⑤，亮阴三祀⑥。既免丧，其惟弗言⑦，群臣咸谏⑧于王曰："呜呼！知之曰明哲⑨，明哲实作则⑩。天子惟君万邦⑪，百官承式⑫，王言惟作命⑬，不言臣下罔攸禀令⑭。"

王庸作书以诰⑮曰："以台正于四方⑯，惟恐德弗类⑰，兹故弗言⑱。恭默思道⑲，梦帝赉予良弼⑳，其代予言。"乃审厥象㉑，俾以形旁求于天下㉒。说筑傅岩之野㉓，惟肖㉔。爰立作相㉕。王置诸其左右。

命之曰："朝夕纳诲㉖，以辅台德㉗。若金，用汝作砺㉘；若济巨川㉙，用汝作舟楫㉚；若岁大旱，用汝作霖雨。启乃心，沃朕心㉛，若药弗瞑眩㉜，厥疾弗瘳㉝；若跣㉞弗视地，

---

① 高宗：殷王名，即武丁。
② 梦得说：做梦得到傅说，求以为相。
③ 使：命令。百工：众官。营求：营，谋。野：民间。
④ 得：获得。诸：之乎。傅岩：古地名。《史记》作"傅险"，今山西平陆县东有圣人窟，殷时傅说版筑处。
⑤ 王宅忧：父母丧为"丁忧"，高宗居父亲之丧。
⑥ 亮阴三祀：亦作"谅阴"，天子居丧，居忧把政事委托给冢宰，默而不言三年。阴：沉默。祀：夏。三祀：三年。
⑦ 既免丧，其惟弗言：既免丧，已服完丧期。其：武丁也。弗言：不言政。弗：不。
⑧ 咸：皆。谏：直言。
⑨ 知：识别。明哲：贤智之人。《诗经》："既明且哲，以保其身。"
⑩ 实：当。作：为也，俗作"做"。则：法也。
⑪ 天子惟君万邦：君，尊、群，群下之所归心者也。万邦：全国。
⑫ 承式：承，奉、受也，容纳；式，法。
⑬ 王言：天子之言。命：珄王命。
⑭ 罔：无。攸：所。禀（bǐng）：受命曰禀。令：律、法也。
⑮ 庸：于是。书：书信。诰：告，上告下曰诰。
⑯ 以：语词，用。台（yí）：我。正：定。四方：天下。
⑰ 德：德能。弗类：不随（能力不够）。类：随。
⑱ 兹故：因此。弗言：不言政。
⑲ 恭默思道：恭默，恭敬而宁静；思道，思治国之道，即为德政之道。
⑳ 帝：先帝。赉（lái）：赐予。良弼：良善辅弼之臣。良：善、贤。弼：辅。
㉑ 审：熟究，反复辨别思考。厥：其。象，通作"像"，貌。
㉒ 俾：使。以：用。形：形象。旁求：遍求。
㉓ 说筑傅岩之野：说，即傅说；筑，居室曰筑。《孟子》载："傅说举于版筑之间"，谓营建之役；野，郊外。
㉔ 惟肖：肖，似也。"惟妙惟肖"本出于此。
㉕ 爰：于是。立：树立。相：相国、丞相。
㉖ 纳：人。诲：训言。
㉗ 辅：助。台：我。德：德政。
㉘ 若：如。金：泛指金属之器。砺：磨石。
㉙ 济：渡。巨：大。川：河水。
㉚ 汝：指傅说，辅臣济世。舟楫：船桨。
㉛ 启乃心，沃朕心：用你的赤子之心，来滋润我的心田。启：开。沃：灌溉。朕心：我心田。
㉜ 若：如。药：治病草也，古以草、木、虫、石、谷为五药。以药治病为疗。弗：不。瞑眩：眼花缭乱。
㉝ 瘳（chōu）：病愈。
㉞ 跣（xiǎn）：不着屐以足亲地。

厥足用伤①。惟暨乃僚②，罔不同心③，以匡乃辟④。俾率先王⑤，迪我高后⑥，以康兆民⑦。呜呼！钦予时命⑧，其惟有终⑨。”

说复⑩于王曰：“惟木从绳则正⑪，后从谏则圣⑫。后克圣⑬，臣不命其承⑭，畴敢不祗若王之休命⑮？”

译　文

高宗居父丧，信任冢宰默默不言，已经三年。免丧以后，他还是不论政事。群臣都向王进谏说：“啊！通晓事理的叫作明哲，明哲的人实可制作法则。天子统治万邦，百官承受法式。王的话就是教命，王不说，臣下就无从接受教命。”

王因作书告谕群臣说：“要我做四方的表率，唯恐我的德行不好，所以不敢发言。我恭敬沉默思考治国的办法，梦见上帝赐给我一位贤良的辅佐，他将代替我发言。”于是详细画出了他的形象，派遣人拿着图像到天下普遍寻找。傅说在傅岩之野筑土，同图像相似。于是立他为相，王把他安置在左右。

王命令他说：“请早晚进谏，以帮助我修德吧！比如铁器，要用你作磨石；比如渡大河，要用你作船和桨；比如年岁大旱，要用你作霖雨。敞开你的赤子之心来灌溉我的心田吧！比如药物不猛烈，疾病就不会好；比如赤脚而不看路，脚因此会受伤。希望你和你的同僚，同心来匡正你的君主，使他依从先王，踏着成汤的足迹，来安定天下的人民。啊！重视我的这个命令，要考虑取得成绩！”

傅说答复说：“木依从绳墨砍削就会正直，君主依从谏言行事就会圣明。君主能够圣明，臣下不必等待教命就将奉行，谁敢不恭敬顺从我王的美好教导呢？”

赏　析

本篇叙述高宗武丁居父亲之丧三年未理朝政，服丧后也不言政，因梦而在傅岩之野求得傅说，举以为相，命其摄位理政之事。

---

① 厥：其。用：以。伤：创、损。
② 暨：与。乃：尔、汝。僚：同官为僚。
③ 罔不：无不。同心：一心。
④ 匡：正也。辟：君，天子、诸侯通称辟。
⑤ 俾：使。率：循。先王：先君，先代君王。
⑥ 迪：进、蹈。高后：先帝太甲。
⑦ 康：安康。兆民：众民。
⑧ 钦：敬。时：是。命：令。
⑨ 其惟有终：有始有终，一以贯之。
⑩ 说：傅说。复：回答、复书。
⑪ 惟木从绳则正：从绳则正，意犹“从善如流”。从：顺从。绳：直。正：直而不曲。
⑫ 后：指君。谏：接纳意见。圣：谓事无不通，称为“圣人”，如文王、周公、孔子等。
⑬ 后：君。克：能也，人格能够达到最高的境界。
⑭ 承：奉也。
⑮ 畴（chóu）：谁。祗：敬。若：顺。休命：美善之天命也。休：美善。

全文以首段为纲，引出高宗因梦得说之事；第2段写高宗未理朝政，群臣直言以劝高宗，揭示了其中的尖锐矛盾。第3、4段写高宗武丁将傅说安排在自己身边做辅翼之臣，对他谆谆嘱咐：“你要早晚采纳百官的诲训之言，以帮助我施行德政。就好比我是金属的器具，用你做磨石；就好像乘船渡过大川，用你做船桨；犹如大旱之年，用你做甘霖。大开善道之门都告诉我吧，用你的赤子之心，滋润我的心田。就好像治病用药没有一个复杂的制作过程和讲究的话，病人的疾病就不可能痊愈；就像一个人光着脚丫子行走不看路，没有不伤脚的道理一样。你和你的同僚，务必一心一德，辅佐我这个君王，使我能够遵循先王的足迹，沿着先帝开辟的道路，以德政去安定普天之下的人民。啊！你一定要恪尽职守奉行我的命令，有始有终，一以贯之。”第5段写傅说答复高宗，说：“就像木头须经过准绳的校直方能取正的道理一样，君王要从谏如流方可成为圣人。君王您睿智、聪明，其修养、人格能够达到最高的境界，臣下也能够无须吩咐就把您的旨意一以贯之地加以奉行，谁敢于肆无忌惮，不敬顺您秉承美善的天命呢！”君托辅臣，臣谏君王，托者语重心长，受者情真意切。

作为史书，全文对高宗因梦得说之事做了真实完整记录，语言通达流畅，贤君良臣形象跃然纸上。

思考练习

1. 《尚书》是我国上古历史文献，比较难懂，阅读后翻译全文。
2. 理解高宗嘱托傅说的说话修辞效果。

《大学》（节选）

文学常识

《大学》着重阐述了提高个人修养、培养良好的道德品质与治国平天下之间的重要关系。中心思想可以概括为“修己以安百姓”，并以三纲领“明明德、亲民、止于至善”和八条目“格物、致知、诚意、正心、修身、齐家、治国、平天下”为主题。

《大学》提出的人生观与儒家思想有千丝万缕的联系，基本上是儒家人生观的进一步扩展。这种人生观要求注重个人修养，怀抱积极的奋斗目标，这一修养和要求是以儒家的道德观为主要内涵的。三纲八目又有阶级性，“明德”“至善”都是封建主义对君主的政治要求和伦理标准；“格物”“致知”等八条目是在修养问题上要求与三纲领中的政治理念和伦理思想相结合。

大学之道[①]，在明明德[②]，在亲民[③]，在止于至善。

知止[④]而后有定，定而后能静，静而后能安，安而后能虑，虑而后能得[⑤]。物有本末，事有终始。知所先后，则近道矣。

古之欲明明德于天下者，先治其国；欲治其国者，先齐其家[⑥]；欲齐其家者，先修其身[⑦]；欲修其身者，先正其心；欲正其心者，先诚其意；欲诚其意者，先致其知[⑧]。致知在格物[⑨]。物格而后知至，知至而后意诚，意诚而后心正，心正而后身修，身修而后家齐，家齐而后国治，国治而后天下平。自天子以至于庶人[⑩]，壹是皆以修身为本[⑪]。

其本乱，而末[⑫]治者否矣。其所厚者薄，而其所薄者厚[⑬]，未之有也[⑭]。

《康诰》[⑮]曰："克[⑯]明德。"《太甲》[⑰]曰："顾[⑱]諟天之明命。"《帝典》[⑲]曰："克明峻德[⑳]。"皆[㉑]自明也。

汤[㉒]之《盘铭》曰："苟[㉓]日新，日日新，又日新。"《康诰》曰："作[㉔]新民。"《诗》

① 大学之道：大学的宗旨。"大学"一词在古代有两种含义：一是"博学"的意思；二是相对于小学而言的"大人之学"。古人八岁入小学，学习"洒扫应对进退、礼乐射御书数"等文化基础知识和礼节；十五岁入大学，学习伦理、政治、哲学等"穷理正心，修己治人"的学问。所以，后一种含义其实也和前一种含义有相通的地方，同样有"博学"的意思。"道"的本义是道路，引申为规律、原则等，在中国古代哲学、政治学里，也指宇宙万物的本原、个体、一定的政治观或思想体系等，在上下文不同的语言环境里有不同的意思。

② 明明德：前一个"明"作动词，有使动的意味，即"使彰明"，也就是发扬、弘扬的意思。后一个"明"作形容词，明德也就是光明正大的品德。

③ 亲民：根据后面的"传"文，"亲"应为"新"，即革新、弃旧图新。亲民，也就是新民，使人弃旧图新、去恶从善。

④ 知止：知道目标所在。

⑤ 得：收获。

⑥ 齐其家：管理好自己的家庭或家族，使家庭或家族和和美美、蒸蒸日上、兴旺发达。

⑦ 修其身：修养自身的品性。

⑧ 致其知：使自己获得知识。

⑨ 格物：认识、研究万事万物。

⑩ 庶人：指平民百姓。

⑪ 壹是：都是。本：根本。

⑫ 末：相对于本而言，指枝末、枝节。

⑬ 厚者薄：该重视的不重视。薄者厚：不该重视的却加以重视。

⑭ 未之有也：即未有之也，没有这样的道理（事情、做法等）。

⑮ 康诰：《尚书·周书》中的一篇。《尚书》是上古历史文献和追述古代事迹的一些文章的汇编，是"五经"之一，称为"书经"。全书分为《虞书》《夏书》《商书》《周书》四部分。

⑯ 克：能够。

⑰ 太甲：《尚书·商书》中的一篇。

⑱ 顾：思念。是：此。明命：光明的禀性。

⑲ 帝典：即《尧典》，《尚书·虞书》中的一篇。

⑳ 克明峻德：《尧典》原句为"克明俊德"。俊：与"峻"相通，意为大、崇高等。

㉑ 皆：都，指前面所引的几句话。

㉒ 汤：即成汤，商朝的开国君主。盘铭：刻在器皿上用来警诫自己的箴言。这里的器皿是指商汤的洗澡盆。

㉓ 苟：如果。新：这里的本义是指洗澡除去身体上的污垢，使身体焕然一新，引申义则是指精神上的弃旧图新。

㉔ 作：振作，激励。新民：即"经"里面说的"亲民"，实应为"新民"。意思是使新、民新，也就是使人弃旧图新，去恶从善。

曰[①]："周虽旧邦，其命维新。"是故君子无所不用其极[②]。

《诗》云："邦畿千里，惟民所止[③]。"《诗》云："缗蛮黄鸟，止于丘隅[④]。"子曰："于止，知其所止，可以人而不如鸟乎？"

《诗》云："穆穆文王，於缉熙敬止[⑤]！"为人君，止于仁；为人臣，止于敬；为人子，止于孝；为人父，止于慈；与国人交，止于信。

《诗》云："瞻彼淇澳，菉竹猗猗。有匪君子，如切如磋，如琢如磨。瑟兮僩兮，赫兮喧兮。有匪君子，终不可喧兮！""如切如磋"者，道[⑥]学也。"如琢如磨"者，自修也。"瑟兮僩兮"者，恂栗[⑦]也。"赫兮喧兮"者，威仪也。"有匪君子，终不可喧兮"者，道盛德至善，民之不能忘也。

《诗》云："於戏，前王不忘[⑧]"君子贤其贤而亲其亲，小人乐其乐而利其利，此以[⑨]没世不忘也。

子曰："听讼，吾犹人也。必也使无讼乎[⑩]！"无情者不得尽其辞[⑪]。大畏民志[⑫]，此谓知本。

译　文

大学的宗旨在于弘扬光明正大的品德，学习和应用于生活，使人达到最完善的境界。

知道应达到的境界才能够志向坚定；志向坚定才能够镇静不躁；镇静不躁才能够心安理得；心安理得才能够思虑周详；思虑周详才能够有所收获。每一样东西都有根本有枝末，每件事情都有开始有终结。明白了这本末始终的道理，就接近事物发展的规律了。

古代那些想要在天下弘扬光明正大品德的人，先要治理好自己的国家；要想治理好自己的国家，先要管理好自己的家庭和家族；要想管理好自己的家庭和家族，先要修养自身的品性；要想修养自身的品性，先要端正自己的心思；要想端正自己的心思，先要使自己的意念真诚；要想使自己的意念真诚，先要使自己革除不好的思想；认识最真的本心。

通过革除内心不好的私欲、物欲，而彰显明德，认识本心，表里如一，意念才能真

① "《诗》曰"句：这里的"诗"指《诗经·大雅·文王》。周，周朝。旧邦，旧国。其命，指周朝所禀受的天命。维：语助词，无意义。

② 是故君子无所不用其极：所以品德高尚的人无处不追求完善。是故，所以。君子，有时指贵族，有时指品德高尚的人，根据上下文不同的语言环境有不同的含义。

③ 邦畿千里，惟民所止：引自《诗经·商颂·玄鸟》。邦畿，都城及其周围的地区。止，有至、到、停止、居住、栖息等多种含义，随上下文而有所区别，在这里是居住的意思。

④ 缗蛮黄鸟，止于丘隅：引自《诗经·小雅·绵蛮》。缗蛮，即绵蛮，鸟叫声。隅，角落。止，栖息。

⑤ "穆穆"句：引自《诗经·大雅·文王》。穆穆，仪表美好端庄的样子。於，叹词。缉，继续。熙，光明。止，语助词，无意义。

⑥ 道：说、言的意思。

⑦ 恂栗：恐惧，戒惧。

⑧ 於戏，前王不忘：引自《诗经·周颂·烈文》。於戏，叹词。前王，指周文王、周武王。

⑨ 此以：因此。没世：去世。

⑩ "子曰"句：引自《论语·颜渊》。听讼，听诉讼，即审案子。犹人，与别人一样。

⑪ 无情者不得尽其辞：使隐瞒真实情况的人不能够花言巧语。

⑫ 民志：民心，人心。

诚；意念真诚后心思才能端正；心思端正后才能修养品性；品性修养后才能管理好家庭和家族；管理好家庭和家族后才能治理好国家；治理好国家后天下才能太平。

上自国家元首，下至平民百姓，人人都要以修养品性为根本。若这个根本被扰乱了，家庭、家族、国家、天下要治理好是不可能的。不分轻重缓急，本末倒置却想做好事情，这也同样是不可能的。

《康诰》说："能够弘扬光明的品德。"《太甲》说："念念不忘这上天赋予的光明禀性。"《尧典》说："能够弘扬崇高的品德。"这些都是说要自己弘扬光明正大的品德。

汤王沐浴的浴盆上刻了文字警诫说："诚能除去旧染的污垢，不断地求革新，当日新又新，新新不已。"《康诰》上说："还要鼓舞民众革新。"《诗经》上说："周地虽是一个古老的邦国，到了文王却能自新新民，承受天命，建立新生的国家。"所以有德位的人当尽心尽力来做革新的工作。

《诗经》说："京城及其周围，都是老百姓向往的地方。"《诗经》又说："'绵蛮'叫着的黄鸟，栖息在山冈上。"孔子说："连黄鸟都知道它该栖息在什么地方，难道人还可以不如一只鸟儿吗？"《诗经》说："品德高尚的文王啊，为人光明磊落，做事始终庄重谨慎。"做国君的，要做到仁爱；做臣子的，要做到恭敬；做子女的，要做到孝顺；做父亲的，要做到慈爱；与他人交往，要做到讲信用。

《诗经》说："看那淇水弯弯的岸边，嫩绿的竹子郁郁葱葱。有一位文质彬彬的君子，研究学问如加工骨器，不断切磋；修炼自己如打磨美玉，反复琢磨。他庄重而开朗，仪表堂堂。这样的一个文质彬彬的君子，真是令人难忘啊！"这里所说的"如加工骨器，不断切磋"，是指做学问的态度；这里所说的"如打磨美玉，反复琢磨"，是指自我修炼的精神；说他"庄重而开朗"，是指他内心谨慎而有所戒惧；说他"仪表堂堂"，是指他非常威严；说"这样一个文质彬彬的君子，可真是令人难忘啊！"是指由于他品德非常高尚，达到了最完善的境界，所以使人难以忘怀。

《诗经》说："啊，前代的君王真使人难忘啊！"这是因为君主贵族们能够以前代的君王为榜样，尊重贤人，亲近亲族，一般平民百姓也都蒙受恩泽，享受安乐，获得利益。所以，虽然前代君王已经去世，但人们还是永远不会忘记他们。

孔子说："听诉讼审理案子，我也和别人一样，目的在于使诉讼不再发生。"使隐瞒真实情况的人不敢花言巧语，使人心畏服，这就叫作抓住了根本。

赏　析

《大学》的基本内容主要是，对孔子代表的原始儒家思想作了一种体系性、结构性的概括和描述，以阐明儒家关于学习的内容、目标和为学的次序途径，旨在张扬儒家的君子修德之学和圣王的治政之道。

全文可分为三部分。

第一部分讲的是大学之道。（"大学之道"至"此谓知之至也"）

首先，《大学》对儒学作了一个高度概括，提出"明明德，在亲民，在止于至善"三项，即宋代儒家们所说的大学"三纲领"。这一概括非常准确地揭示了儒学的基本精神，也道出了《大学》的主旨。其次，《大学》提出欲明明德于天下者，要经历格物、致知、诚意、正心、修身、齐家、治国、平天下八个环节（即朱熹所称的大学"八条目"）。最后，《大学》把修身规定为自天子以至于庶人的一切活动的根本，这既指明天子没有特权置身于修身之外，又提出普通百姓不能降低对自己的要求，把修身当作无关紧要的事。

第二部分讲的是诚意慎独。（“所谓诚其意者”至“此谓修身在正其心”）

第二部分是逐句解释《大学》“三纲领、八条目”的，引用了许多典故，也作了发挥。文章在诠释中突出了《大学》这一理念：求圣人之道的关键是增强完善自我的自觉性，它从以下四方面阐发了这一理念的涵义。

首先，自我的完善是“自明”。引证的《尚书》中三段语录证明《大学》首句“明明德”在古圣人之书中都有出处，然后总结其思想是“皆自明也”。其次，道德修养是自我的无穷尽的更新过程。最后，主观意识要始终保持纯正的状态。经文提出的“诚意”的概念为“毋自欺”，把自我完善的自觉性归结为一个人为善动机的纯正。

第三部分讲有诸己而后求诸人。（“所谓齐其家在修其身者”至“以义为利也”）

儒家政治哲学的基本观念是，治理国家的根本原则同治理家庭和对待他人的准则相一致。由此，这部分着重阐述了两个观点。

总的来讲，《大学》所表达的儒家重治国之本的传统观念，自始至终着力阐述儒家政治学总纲。所以，能够在很长的历史时期，对中国政治实践和政治教育发挥巨大的指导作用。

思考练习

1. 背诵这首诗歌。
2. 翻译“知止而后有定，定而后能静，静而后能安，安而后能虑，虑而后能得”。

《春秋》（节选）

文学常识

《春秋》是中国最早的编年体史书。所谓编年体，就是按年、月、日有次序地记载史事的史书。《春秋》是孔子晚年呕心沥血之作，全书大约17000字，主要记载春秋时期统治阶级的政治活动，包括诸侯国之间的征伐、会盟、朝聘等；也记载一些自然现象，如日食、月食、地震、山崩、星变、水灾、虫灾等；经济文化方面，记载一些祭祀、婚丧、城筑、宫室、搜狩、土田之事等。它按照鲁国先后12个国君在位的年代，记载了自鲁隐公元年（前722年）至鲁哀公二十七年（前468年）合计254年春秋各国的重要史实，是我国第一部叙事详细的完整的历史著作，也是先秦历史文学中一部优秀的作品。

《春秋》是记事的，后多散佚，仅留下经孔子整理的鲁国的《春秋》，汉代有重新编撰整理的“春秋三传”，即《公羊传》《谷（穀）梁传》《左传》。“春秋三传”都是编年体史书。《春秋》经文言简意深，如无注释，则无法了解。注释《春秋》的书，有左氏、公羊、谷梁三家，所以自汉至今，学者只借此三传研读《春秋》。

郑伯[1]克段于鄢

初，郑武公娶于申，曰武姜[2]。生庄公及共叔段。庄公寤生，惊姜氏，故名曰“寤生”，遂恶之[3]。爱公叔段，欲立之。亟请于武公，公弗许。及庄公即位，为之请制[4]。公曰：“制，岩邑也，虢叔死焉[5]，他邑唯命。”请京，使居之，谓之京城大叔[6]。

祭仲[7]曰：“都城过百雉[8]，国之害也。先王之制，不过参[9]国之一；中，五之一；小，九之一；今京不度，非制也。君将不堪。”公曰：“姜氏欲之，焉辟[10]害？”对曰：“姜氏何厌之有？不如早为之所，无使滋蔓[11]。蔓，难图也；蔓草犹不可除，况君之宠弟乎？”公曰：“多行不义必自毙[12]，子姑待之。”

既而大叔命西鄙北鄙贰[13]于己。公子吕[14]曰：“国不堪贰，君将若之何？欲与大叔，臣请事之；若弗与，则请除之。无生民心。”公曰：“无庸，将自及。”

大叔又收贰以为己邑，至于廪延[15]。子封曰：“可矣，厚[16]将得众。”公曰：“不义不昵，厚将崩。

大叔完聚，缮甲兵，具卒乘[17]，将袭郑。夫人将启之。公闻其期，曰：“可矣！”命子封帅车二百乘以伐京。京叛大叔段，段入于鄢[18]，公伐诸鄢。五月辛丑，大叔出奔共[19]。

书[20]曰：“郑伯克段于鄢。”段不弟，故不言弟；如二君，故日克；称郑伯，讥失教也；谓之郑志[21]，不言出奔，难之也。

---

① 郑伯：指郑庄公。春秋时周朝设公、侯、伯、子、男、王等爵位。郑国是伯爵级的诸侯国，所以称它的国君为郑伯。

② 初：当初。古文追述往事的常用词。郑武公：姓姬，名掘突。申：国名，姜姓，在今河南南阳市。武姜：“武”表示丈夫为武公，“姜”是她娘家的姓。

③ 寤（wù）生：逆生，即胎儿出生时先下脚。寤：同“牾”。恶（wù）：憎恨，讨厌。

④ 之：代词，指共叔段。制：地名，又名虎牢，在今河南巩义市东。

⑤ 制：原是该国领地。虢（guó）叔：东虢国的国君。

⑥ 京：郑邑名。在今河南荥阳市东南。大：同“太”。下同。

⑦ 祭（zhài）仲：郑大夫。大夫，周代官职等级名，当时分卿、大夫、士三等级。

⑧ 雉（zhì）：量词。古代计算城墙，长三丈、高一丈为一雉。

⑨ 参：同“三”。

⑩ 辟：同“避”。

⑪ 滋蔓：滋长蔓延。

⑫ 毙：倒下去，死。

⑬ 鄙：边邑。贰：两属，两方管理。

⑭ 公子吕：字子封，郑大夫。

⑮ 廪延：郑邑名。在今河南延津县北。

⑯ 厚：指土地扩大。

⑰ 缮：修理，制造。卒：步兵。乘：兵车。

⑱ 鄢（yān）：郑地名。在今河南鄢陵县境。

⑲ 五月辛丑：即鲁隐公元年五月二十三日。共（旧读 gōng）：古国名，在今河南辉县。段奔共，故称共叔段。

⑳ 书：指《春秋》原文。

㉑ 郑志：郑伯的意图，暗指郑伯存心不良。

遂置姜氏于城颍①而誓之曰："不及黄泉②，无相见也！"既而悔之。

颍考叔为颍谷封人③，闻之，有献于公。公赐之食。食舍肉。公问之，对曰："小人有母，皆尝小人之食矣，未尝君之羹④，请以遗⑤之。"公曰："尔有母遗，繄⑥我独无！"颍考叔曰："敢问何谓也？"公语之故，且告之悔。对曰："君何患焉？若阙⑦地及泉，隧而相见，其谁曰不然？"公从之。公入而赋："大隧之中，其乐也融融。"姜出而赋："大隧之外，其乐也泄泄⑧。"遂为母子如初。

君子曰⑨颍考叔，纯孝也。爱其母，施及庄公。《诗》曰："孝子不匮，永锡尔类⑩。"其是之谓乎？

译文

从前，郑武公在申国娶了一妻子，叫武姜，她生下庄公和共叔段。庄公出生时脚先出来，武姜受到惊吓，因此给他取名叫"寤生"，所以很厌恶他。武姜偏爱共叔段，想立共叔段为世子，多次向武公请求，武公都不答应。

到庄公即位的时候，武姜就替共叔段请求分封到制邑去。庄公说："制邑是个险要的地方，从前虢叔就死在那里，若是封给其他城邑，我都可以照吩咐办。"武姜便请求封给太叔京邑，庄公答应了，让他住在那里，称他为京城太叔。大夫祭仲说："分封的都城如果城墙超过三百方丈长，那就会成为国家的祸害。先王的制度规定，国内最大的城邑不能超过国都的三分之一，中等的不得超过它的五分之一，小的不能超过它的九分之一。京邑的城墙不合法度，非法制所许，恐怕对您有所不利。"庄公说："姜氏想要这样，我怎能躲开这种祸害呢？"祭仲回答说："姜氏哪有满足的时候！还不如早些给他找个地方安置了他，别让祸根滋长蔓延，一滋长蔓延就难办了。蔓延开来的野草还不能铲除干净，何况是您那尊贵的弟弟呢？"庄公说："多做不义的事情，必定会自己垮台，你姑且等着瞧吧。"

过了不久，太叔段使原来属于郑国的西边和北边的边邑也背叛归为自己。公子吕说："国家不能有两个国君，现在您打算怎么办？您如果打算把郑国交给太叔，那么我就去服侍他；如果不给，那么就请除掉他，不要使民生二心。"庄公说："不用除掉他，他自己将要遭到灾祸的。"太叔又把两属的边邑改为自己统辖的地方，一直扩展到廪延。公子吕说："可以行动了！土地扩大了，他将得到民心。"庄公说："共叔段对君不义，百姓就对他不

---

① 城颍：郑邑名，在今河南临颍县西北。

② 黄泉：地下的泉水，这里指墓穴。

③ 颍考叔：郑大夫。颍谷：郑边邑。在今河南登封市西南。封人：管理疆界的官。

④ 羹（gēng）：肉汁。这里是指肉食。

⑤ 遗（wèi）：给，留给。

⑥ 繄（yī）：句首语气词。

⑦ 阙：挖掘。

⑧ 泄（yì）泄：和上文的"融融"，都是形容快乐的样子。

⑨ 君子曰：这是《左传》作者用以发表评论的方式。

⑩ 孝子不匮（kuì），永锡尔类：见《诗经·大雅·既醉》。匮：穷尽。锡：赐予，给予。这里有影响的意思。类：朱熹释为"善"。

亲，势力再雄厚，将要崩溃。”

太叔修治城郭，聚集百姓，修整盔甲武器，准备好兵马战车，将要偷袭郑国。武姜打算开城门做内应。庄公打听到公叔段偷袭的时候，说：“可以出击了！”命令子封率领车二百乘，去讨伐京邑。京邑的人民背叛共叔段，共叔段于是逃到鄢城。庄公又追到鄢城讨伐他。五月二十三日，太叔段逃到共国。

《春秋》记载道：“郑伯克段于鄢。”意思是说共叔段不遵守做弟弟的本分，所以不说他是庄公的弟弟；兄弟俩如同两个国君一样争斗，所以用“克”字；称庄公为“郑伯”，是讥讽他对弟弟失教；赶走共叔段是出于郑庄公的本意，不写共叔段自动出奔，是史官下笔有为难之处。

庄公就把武姜安置在城颍，并且发誓说：“不到黄泉（不到死后埋在地下），不再见面！”过了些时候，庄公又后悔了。有个叫颍考叔的，是颍谷管理疆界的官吏，听到这件事，就把贡品献给郑庄公。庄公赐给他饭食。颍考叔在吃饭的时候，把肉留着。庄公问他为什么这样。颍考叔答道：“小人有个老娘，我吃的东西她都尝过，只是从未尝过君王的肉羹，请让我带回去送给她吃。”庄公说：“你有个老娘可以孝敬，唉，唯独我就没有！”颍考叔说：“请问您这是什么意思？”庄公把原因告诉了他，还告诉他后悔的心情。颍考叔答道：“您担心什么呢？只要挖一条地道，挖出了泉水，从地道中相见，谁还说您违背了誓言呢？”庄公依了他的话。庄公走进地道去见武姜，赋诗道：“大隧之中相见啊，多么和乐相得啊！”武姜走出地道，赋诗道：“大隧之外相见啊，多么舒畅快乐啊！”从此，他们恢复了从前的母子关系。

君子说：“颍考叔是位真正的孝子，他不仅孝顺自己的母亲，而且把这种孝心推广到郑伯身上。《诗经·大雅·既醉》篇说：‘孝子不断地推行孝道，永远能感化你的同类。’大概就是对颍考叔这类纯孝而说的吧？”

赏　析

本文记叙了鲁隐公元年（前722年）郑庄公和其弟共叔段、其母姜氏之间为争夺权位而展开的残酷斗争，揭露了春秋时代统治阶级内部互相倾轧、骨肉相残的冷酷现实。

在叙述故事的过程中，作者笔法冷峻，不加褒贬，人物形象却极具特点。主要原因有：(1) 将人物置于尖锐的矛盾冲突中。通过历史上这场兄弟相争、骨肉相残的斗争，成功地刻画了郑庄公的阴险狠毒、老谋深算、冷酷狡猾、奸诈虚伪，共叔段的贪婪狂妄、愚昧无知，姜氏的褊狭昏愦、偏执任性等性格特征。(2) 衬托手法的运用。运用衬托手法，使人物形象更为鲜明。如以共叔段的贪婪狂妄，衬托庄公的老谋深算；以姜氏的昏愦和随心所欲，衬托庄公的精明和深藏不露；以祭仲和公子吕铲除祸害的急切，衬托庄公的胸有成竹等。

故事情节波澜起伏。庄公的步步“退让”，姜氏、共叔段的步步紧逼，风云突然变幻，结局出人意料，惊心动魄，扣人心弦。

文章详略得当，取材合理，以表现母子之间、兄弟之间的矛盾为主线来组织材料，把纷繁的人物、事件加以整饬，详写兄弟间的权力争夺的原因及过程，略写争夺的结局，主题突出而又避免了平铺直叙。

思考练习

1. 郑庄公先封叔段于京，又听任叔段“不度”“命西鄙北鄙贰于己”，既而“收贰以为己邑”，最后“伐诸鄢”，有人认为表现了庄公的“仁慈”和“忍让”，有人却认为他是有意“养成其恶”。你是怎样看的?

2. 本文作者详写人物，略写战事，为什么?

《诗经》三首

文学常识

《诗经》是我国古代诗歌的开端，也是最早的一部诗歌总集，收集了西周初年至春秋中叶（前11世纪至前6世纪）的诗歌，共311篇，其中6篇为笙诗，即只有标题，没有内容，称为笙诗六篇（《南陔》《白华》《华黍》《由庚》《崇丘》《由仪》），反映了周初至周晚期约五百年间的社会面貌。《诗经》内容丰富，反映了劳动与爱情、战争与徭役、压迫与反抗、风俗与婚姻、祭祖与宴会，甚至天象、地貌、动物、植物等方方面面，是周代社会生活的一面镜子。

静　女①

《诗经·国风·邶风》②

静女其姝③，俟④我于城隅⑤。爱⑥而不见⑦，搔首踟蹰⑧。
静女其娈⑨，贻⑩我彤管⑪。彤管有炜⑫，说怿⑬女⑭美。

---

① 静女：文雅的姑娘。
② 邶（bèi）：邶国（今河南汤阴境内）。
③ 其姝（shū）：姝，美丽。其，形容词词头，与下面“静女其娈”的“其”用法相同。
④ 俟（sì）：等待，等候。
⑤ 城隅（yú）：城上的角楼。一说是城边的角落。
⑥ 爱：通“薆（ài）”，隐藏，遮掩。
⑦ 见：通“现”，出现。一说是看见。
⑧ 踟蹰（chí chú）：心里迟疑，要走不走的样子。
⑨ 娈（luán）：美好。
⑩ 贻（yí）：赠送。
⑪ 彤（tóng）管：红色的管箫。管，有人说是茅草。
⑫ 炜（wěi）：鲜明光亮的样子。
⑬ 说怿（yuè yì）：喜爱。说，通“悦”，和“怿”一样，都是喜爱的意思。
⑭ 女（rǔ）：通“汝”，你。这里指代“彤管”。

自牧[1]归荑[2]，洵[3]美且异。匪女[4]之为美，美人之贻。

译文

娴静姑娘真漂亮，约我等在城角楼上。故意躲藏让我找，急得搔头徘徊心紧张。

娴静姑娘真娇艳，送我一支红彤管。鲜红彤管有光彩，爱它颜色真鲜艳。

郊野采荑送给我，荑草美好又珍异。不是荑草长得美，美人相赠厚情意。

赏析

《静女》一诗，向来为选家所注目。现代学者一般都认为此诗写的是男女青年的幽期密约，也就是说，它是一首爱情诗。而旧时的各家之说，则多有曲解，未得其真旨。最早《毛诗序》云：“《静女》，刺时也。卫君无道，夫人无德。”郑笺释云：“以君及夫人无道德，故陈静女遗我以彤管之法。德如是，可以易之，为人君之配。”而《易林》有“季姬踟蹰，结衿待时；终日至暮，百两不来”、“季姬踟蹰，望我城隅；终日至暮，不见齐侯，居室无忧”、“踯躅踟蹰，抚心搔首；五昼四夜，睹我齐侯”之句，则反映齐诗之说，王先谦《诗三家义集疏》遂谓“此媵俟迎而嫡作诗也”。所说拘牵于礼教，皆不免附会。宋人解诗，能破除旧说，欧阳修《诗本义》以为“此乃述卫风俗男女淫奔之诗”，朱熹《诗集传》也以为“此淫奔期会之诗”，他们的说法已经接近本义，但指男女正常的爱情活动为“淫奔”，仍是头巾气十足，与汉儒解诗言及妇女便标榜“后妃之德”同一弊端。

氓[5]

《诗经·国风·卫风》

氓之蚩蚩[6]，抱[7]布贸[8]丝。匪[9]来贸丝，来即[10]我谋。送子[11]涉[12]淇[13]，至于顿丘[14]。匪

① 牧：野外放牧的地方。
② 归荑（kuì tí）：赠送荑草。归，通“馈”，赠送。荑，初生的茅草。
③ 洵（xún）：的确，确实。
④ 匪（fēi）女：不是你（荑草）。匪，通“非”，不是。
⑤ 氓（méng）：民，指诗中女主人公的丈夫。此处是追述婚前的情况。
⑥ 蚩蚩（chī）：通“嗤嗤”，笑嘻嘻的样子。一说是忠厚的样子。
⑦ 抱：拿着。
⑧ 贸：买，交易，交换。此句犹言持钱买丝。
⑨ 匪：通“非”，不是。
⑩ 即：就，靠近。
⑪ 子：你，古代对男子的美称。
⑫ 涉：渡水。
⑬ 淇：卫国的河名，在今河南省境内。
⑭ 顿丘：卫国的邑名，在淇水边。本为高堆的通称，后转为地名，在淇水南。

我愆①期，子无良媒。将②子无怒③，秋以为期④。乘⑤彼⑥垝垣⑦，以望复关⑧。不见复关，泣涕⑨涟涟⑩。既见复关，载⑪笑载言。尔⑫卜⑬尔筮⑭，体⑮无咎⑯言。以尔车⑰来，以我贿⑱迁⑲。

桑之未落，其叶沃若⑳。于嗟㉑鸠㉒兮，无食桑葚㉓。于嗟女兮，无与士耽㉔。士之耽兮，犹可说㉕也；女之耽兮，不可说也！

桑之落矣，其黄㉖而㉗陨㉘。自我徂㉙尔，三岁㉚食贫㉛。淇水汤汤㉜，渐㉝车帷裳㉞。女也不爽㉟，士贰其行㊱。士也罔极㊲，二三其德㊳。

---

① 愆（qiān）期：错过期限，指拖延婚期。愆，本指过失、过错，这里指延误。
② 将（qiāng）：愿、请。
③ 无怒：不要生气。无，通“毋”，不要。
④ 秋以为期：以秋为期。期，指约定的婚期。
⑤ 乘：登上。
⑥ 彼：那。
⑦ 垝垣（guǐ yuán）：倒塌的矮墙。垝，倒塌。
⑧ 复关：为此男子所居之地。一说：关，车厢。复关，指返回的车子。
⑨ 涕：眼泪。
⑩ 涟涟：眼泪不断。
⑪ 载：动词词头，无义，翻译时可作“又”“则”讲。
⑫ 尔：你。
⑬ 卜：用龟甲卜卦。
⑭ 筮（shì）：用蓍（shī）草占卦。
⑮ 体：卦体、卦象。
⑯ 咎（jiù）言：不吉利、不好的话。咎，灾祸。
⑰ 车：指娶亲的车。
⑱ 贿：财物，指嫁妆。
⑲ 迁：从女家搬迁往男家。
⑳ 沃若：茂盛肥硕的样子。这句以桑叶肥泽，比喻女子正在年轻美貌之时。一说：比喻男子情意浓厚的时候。
㉑ 于（xū）嗟：于，通“吁”，感叹词。
㉒ 鸠：鸟名。
㉓ 无食桑葚：《毛传》：“鸠，鹘鸠也。食桑葚过，则醉而伤其性。”此以鸠鸟不可贪食桑葚，比喻女子不可为爱情所迷。
㉔ 耽（dān）：沉溺。
㉕ 说：通“脱”，摆脱。这四句是说，男子沉迷于爱情可以解脱，女子迷恋于爱情则无法解脱。
㉖ 黄：谓叶黄。
㉗ 而：表递进。
㉘ 陨（yǔn）：堕，落下。这句以桑叶黄落比喻女子年老色衰。一说：比喻男子情意已衰。
㉙ 徂（cú）尔：嫁往你家。徂，往。
㉚ 三岁：泛指多年，不是实数。
㉛ 食贫：食物贫乏，指生活贫困。
㉜ 汤汤（shāng）：水大的样子。
㉝ 渐（jiān）：溅湿，浸湿。
㉞ 帷裳（cháng）：女子车上的布幔。
㉟ 爽：过失，差错。
㊱ 贰其行：行为前后不一。行，行为。这两句是说，女子并无过失，是男子自己的行为前后不一致。
㊲ 罔（wǎng）极：反复无常，没有准则。罔，无。极，准则。
㊳ 二三其德：言其行为再三反复，三心二意，德行不专。二三，反复变化，作动词。

三岁为妇，靡室劳①矣。夙兴夜寐②，靡有朝③矣。言④既遂矣，至于暴矣。兄弟不知，咥其⑤笑矣。静言思之⑥，躬自悼⑦矣。

及尔偕老⑧，老⑨使我怨。淇则有岸，隰则有泮。总角之宴，言笑晏晏。信誓旦旦，不思其反。反是不思，亦已焉哉！

译文

那个人老实忠厚，怀抱布匹来换丝。其实不是真的来换丝，是找个机会谈婚事。送郎君渡过淇水，一直送到顿丘。并非我要拖延约定的婚期而不肯嫁，是因为你没有找好媒人。请郎君不要生气，秋天到了来迎娶。

登上那倒塌的墙壁，遥向复关凝神望。复关没有见到盼望的人，眼泪簌簌掉下来。情郎即从复关来，又说又笑喜洋洋。你去卜卦求神仙，卜筮的结果没有不吉利。你用车来迎娶，我带上嫁妆嫁给你。

桑树还没落叶的时候，桑叶像水浸润过一样有光泽。唉那些斑鸠呀，不要贪吃桑葚。唉年轻的姑娘们呀，不要沉溺在与男子的情爱中。男子沉溺在爱情里，还可以脱身。女子沉溺在爱情里，就无法摆脱了。

桑树落叶的时候，它的叶子枯黄，纷纷掉落了。自从嫁到你家，多年来忍受贫苦的生活。淇水波涛滚滚，水花打湿了车上的布幔。我女子没有什么差错，男子行为却前后不一致了。男人的爱情没有定准，他的感情一变再变。

婚后多年守妇道，繁重家务劳动没有不干的。起早睡迟，朝朝如此，不能计算了。你的心愿实现后，渐渐对我施凶暴。兄弟不知道我的遭遇，见面时都讥笑我啊。静下心来细细想，只能独自伤心。

当初曾相约和你一同过到老，偕老之说徒然使我怨恨罢了。淇水滔滔终有岸，沼泽虽宽终有尽头。回想少时多欢乐，谈笑之间露温柔。海誓山盟犹在耳，哪里料到你会违反誓言。莫再回想背盟事，既已终结便罢休！

赏析

《卫风·氓》是一首上古民间歌谣，是一首弃妇自诉婚姻悲剧的长诗。诗中的女主人

---

① 靡室劳：没有一样家务不干。靡（mǐ），无、不。室，指家务。
② 夙（sù）兴夜寐：起早睡晚。夙，早。兴，起，指起身。夜寐，睡得晚。
③ 靡有朝（zhāo）：不止一日，日日如此。
④ 言：句首语词，无实义。这两句是说，（你的心愿）已经满足了，就凶恶起来了。
⑤ 咥（xì）其：大笑的样子。此处作讥笑解释。
⑥ 静言思之：静而思之。言，语气助词。
⑦ 躬自悼：独自悲伤。躬，自身。悼，悲伤。
⑧ 及尔偕（xié）老，与你生活到老。及，同。偕，一同。
⑨ 老：指上句“及尔偕老”。

公以无比沉痛的口气，回忆了恋爱生活的甜蜜，以及婚后被丈夫虐待和遗弃的痛苦。诗中虽以抒情为主，所叙的故事也还不够完整细致，但它已将女主人公的遭遇、命运，比较真实地反映出来，抒情叙事融为一体，时而夹以慨叹式的议论。就这些方面而言，这首诗已初步具备中国式叙事诗的某些特征。这些特征或多或少地影响到其后两千余年的叙事诗，从《孔雀东南飞》《长恨歌》到近代姚燮的《双鸩篇》中似乎都可以看到它的影子。

击　鼓

佚　名

击鼓其镗①，踊跃用兵②。
土国③城漕④，我独南行。
从孙子仲⑤，平⑥陈与宋。
不我以归，忧心有忡。
爰⑦居爰处，爰丧其马。
于以求之，于林之下。
死生契阔⑧，与子成说⑨。
执子之手，与子偕老。
于嗟阔⑩兮，不我活兮。
于嗟洵⑪兮，不我信兮。

译　文

击鼓的声音震响（耳旁），兵将奋勇操练。（人们）留在国内筑漕城，只有我向南方行去。
跟随孙子仲，平定陈、宋（两国）。不允许我回家，（使我）忧心忡忡。
于是人在哪里？于是马跑失在哪里？到哪里去寻找它？在山间林下。
生死聚散，我曾经对你说（过）。拉着你的手，和你一起老去。
唉，太久。让我无法（与你）相会。唉，太遥远，让我的誓言不能履行。

① 镗：击鼓的声音。
② 兵：刀枪等武器。
③ 土国：在国都服役。
④ 漕：地名。
⑤ 孙子仲：人名，统兵的主帅。
⑥ 平：和好。
⑦ 爰：语气助词，没有实义。
⑧ 契阔：离散聚合。
⑨ 成说：预先约定的话。
⑩ 于嗟：感叹词。阔：远离。
⑪ 洵：远。

赏　析

《击鼓》记叙的是：不仅在家伺候公婆养育子女的妻子心有怨尤，在外从军打仗的征夫同样心怀幽怨。原来无论男女，只要两情相依，两心相许，必然人同此心，心同此理。在从军打仗不知为哪般之时，身上的铠甲刀枪便成了沉重的枷锁镣铐。一旦身死疆场，还不知魂儿变成了谁家的鬼。对平民百姓而言，除非国难当头，相见以兵刃是肉食者谋之的神仙事。肉食者偏偏把受苦受难、卖命送死恩赐给小民百姓，能没有怨尤吗？看看中国古代的诗史，诉说征夫怨妇哀愁的歌诗如汗牛充栋，不可胜数，蔚成奇观。这足以说明神仙打仗百姓遭殃的悲剧实在太多了。这让人想到20世纪西方“迷惘的一代”的代表人物海明威。此君也写过类似中国古代从军打仗的小说，比如《永别了，武器》，主人公受伤之后迷惘不知为谁而战，悟到不知为谁的残酷战争与追求个人幸福是两码事，于是偕同漂亮女护士逃离了肉食者们以为神圣的战场。如果用这位曾获诺贝尔文学奖的文豪的观点来看，中国古代的征夫们的儿女情长，岂不是这世界上最早的“迷惘的一代”！平民百姓的儿女情长，夫妻恩爱情深，恐怕更能让平常人的平常心（与野心相对立）产生共鸣。因此，也应当为征夫怨唱一曲同情的赞歌。

思考练习

1. 从《氓》中找出两个现在还常用的成语，并作解释。

2. 《静女》中写到那女子见男子来了，却故意找个地方把自己隐藏起来，小伙子禁不住“搔首踟蹰”起来，这反映了小伙子什么心理?

3. “死生契阔，与子成说。执子之手，与子偕老”是传诵千古的名句，结合诗歌内容，简要分析其流传千古的原因。

冯谖客孟尝君

《战国策·齐策》

文学常识

《冯谖客孟尝君》选自《战国策·齐策》，记叙了冯谖为巩固孟尝君的政治地位而进行的种种政治外交活动（焚券市义，谋复相位，在薛建立宗庙），表现冯谖的政治识见和卓越才能——善于利用矛盾来解决矛盾。这也反映出齐国统治集团内部和齐、魏等诸侯国之间的矛盾。

齐人有冯谖者，贫乏不能自存，使人属[①]孟尝君，愿寄食门下。孟尝君曰："客何好？"曰："客无好也。"曰："客何能？"曰："客无能也。"孟尝君笑而受之曰："诺。"

左右以君贱之也，食以草具[②]。居有顷，倚柱弹其剑[③]，歌曰："长铗归来乎！食无鱼。"左右以告[④]。孟尝君曰："食之，比门下之客。"居有顷，复弹其铗，歌曰："长铗归来乎！出无车。"左右皆笑之，以告。孟尝君曰："为之驾，比门下之车客[⑤]。"于是乘其车，揭其剑，过其友曰："孟尝君客我。"后有顷，复弹其剑铗，歌曰："长铗归来乎！无以为家。"左右皆恶之，以为贪而不知足[⑥]。孟尝君问："冯公有亲乎？"对曰，"有老母。"孟尝君使人给其食用，无使乏。于是冯谖不复歌。

后孟尝君出记[⑦]，问门下诸客："谁习计会，能为文收责于薛者乎[⑧]？"冯谖署曰："能[⑨]。"孟尝君怪之，曰："此谁也？"左右曰："乃歌夫长铗归来者也。"孟尝君笑曰："客果有能也，吾负之，未尝见也[⑩]。"请而见之，谢曰："文倦于事，愦于忧，而性懧愚[⑪]，沉于国家之事，开罪[⑫]于先生。先生不羞[⑬]，乃有意欲为收责于薛乎？"冯谖曰："愿之。"于是约车治装[⑭]，载券契[⑮]而行，辞曰："责毕收，以何市而反[⑯]？"孟尝君曰："视吾家所寡有[⑰]者。"

驱而之薛，使吏召诸民当偿者，悉来合券[⑱]。券遍合，起[⑲]，矫命，以责赐诸民[⑳]。因烧其券。民称万岁。

长驱[㉑]到齐，晨而求见。孟尝君怪其疾[㉒]也，衣冠而见之，曰："责毕收乎？来何疾

① 属：嘱托，请托。

② 左右：指孟尝君身边的办事人。以：因为。贱：贱视，看不起，形容词作动词用。之：他，代冯谖。也：用在表原因的介宾短语之后，表句读上的停顿。食（sì）：给……吃，"食"后省宾语"之"（他）。

③ 居：停留，这里有"经过"的意思。有顷：不久。弹（tán）：用指头敲击。

④ 以告：把冯谖弹剑唱歌的事报告孟尝君。

⑤ 车客：能乘车的食客，孟尝君将门客分为三等：上客食鱼、乘车；中客食鱼；下客食菜。

⑥ 恶：讨厌。以为：以之为。

⑦ 出记：出通告，出文告。

⑧ 习：熟悉。计会：会计工作。为文：给我。文，孟尝君自称其名。责：同"债"。薛：孟尝君的领地，今山东省枣庄市附近。

⑨ 署曰"能"：签名于通告上，并注曰"能"。

⑩ 果：副词，果真，果然。负：对不起。之：他，代"客"（冯谖）。未尝：副词性结构，不曾。

⑪ 倦于事：为国事劳碌。愦（kuì）于忧：困于思虑而心中昏乱。懧（nuò），同"懦"，怯弱。

⑫ 开罪：得罪。

⑬ 不羞：不因受怠慢为辱。羞：意动用法，认为……是羞辱。

⑭ 约车治装：预备车子，治办行装。

⑮ 券契：债务契约，两家各保存一份，可以合验。

⑯ 何市而反：买些什么东西回来。市，买。反，返回。

⑰ 寡有：少有，缺少。

⑱ 合券：指核对债券（借据）、契约。

⑲ 遍合：都核对过。起：站起来。

⑳ 矫命：假托（孟尝君的）命令。以责赐诸民：把债款赐给（借债的）老百姓，意即不要偿还。以，用，把。

㉑ 长驱：一直赶车快跑，中途不停留。

㉒ 怪其疾：以其疾为怪。因为他回得这么快而感到奇怪。

也！”曰：“收毕矣。”“以何市而反？”冯谖曰：“君之‘视吾家所寡有者’。臣窃计①，君宫中积珍宝，狗马实外厩，美人充下陈②。君家所寡有者，以义耳！窃以为君市义。”孟尝君曰：“市义奈何？”曰：“今君有区区之薛，不拊爱子其民③，因而贾利之④。臣窃矫君命，以责赐诸民，因烧其券，民称万岁。乃臣所以为君市义也。”孟尝君不悦⑤，曰：“诺，先生休矣⑥！”

后期年⑦，齐王谓孟尝君曰：“寡人不敢以先王之臣为臣⑧。”孟尝君就国⑨于薛，未至百里⑩，民扶老携幼，迎君道中终日⑪。孟尝君顾⑫谓冯谖：“先生所为文市义者，乃今日见之。”

冯谖曰：“狡兔有三窟，仅得免其死耳；今君有一窟，未得高枕而卧也。请为君复凿二窟。”孟尝君予车五十乘，金五百斤，西游于梁⑬，谓惠王曰：“齐放其大臣孟尝君于诸侯⑭，诸侯先迎之者，富而兵强。”于是梁王虚上位⑮，以故相⑯为上将军，遣使者黄金千斤，车百乘，往聘孟尝君。冯谖先驱，诫孟尝君曰：“千金，重币也；百乘，显使也。齐其闻之矣。”梁使三反⑰，孟尝君固辞不往也。

齐王闻之，君臣恐惧，遣太傅赍黄金千斤、文车二驷，服剑一⑱，封书，谢⑲孟尝君曰：“寡人不祥⑳，被于宗庙之祟㉑，沉于谄谀之臣，开罪于君。寡人不足为㉒也；愿君顾先王之宗庙，姑反国统万人乎㉓！”冯谖诫孟尝君曰：“愿请先王之祭器，立宗庙于薛㉔。”庙成，还报孟尝君曰：“三窟已就，君姑高枕为乐矣。”

---

① 窃：私自，谦词。计：考虑。
② 下陈：后列。
③ 拊爱：抚爱。子其民：视民如子，形容特别爱护百姓。
④ 贾利之：以商人手段向百姓谋取暴利。
⑤ 说：同“悦”，高兴。
⑥ 休矣：算了，罢了。
⑦ 期年：满一年。
⑧ 齐王：齐湣王。先王：指齐宣王，湣王的父亲。
⑨ 就国：到自己封地（薛）去住。
⑩ 未至百里：距薛地还有一百里。
⑪ 终日：整整一天。
⑫ 顾：回头看。
⑬ 梁：魏国都大梁（今河南开封）。魏王䓨（梁王）迁都大梁，国号曾一度称“梁”。
⑭ 放：弃，免。于：给……机会。
⑮ 虚上位：空出最高的职位（宰相）。
⑯ 故相：过去的宰相。
⑰ 反：同“返”。
⑱ 赍：拿东西送人。文车：雕刻或绘画着花纹的车。驷：四匹马拉的车，与“乘”同义。服剑：佩剑。
⑲ 谢：道歉。
⑳ 不祥：不善、不好。
㉑ 被于宗庙之祟：受到祖宗神灵的处罚。
㉒ 不足为：不值得顾念帮助。
㉓ 顾：顾念。姑：姑且，暂且。反国：返回齐国国都临淄。反，同“返”。统：统率，治理。万人：指全国人民。
㉔ 愿：希望。请：指向齐王请求。祭器：宗庙里用于祭祀祖先的器皿。立宗庙于薛：孟尝君与齐王同族，故请求分给先王传下来的祭器，在薛地建立宗庙，将来齐即使不便夺毁其国，如果有他国来侵，齐亦不能不相救。这是冯谖为孟尝君所定的安身之计，为“三窟”之一。

孟尝君为相数十年，无纤介①之祸者，冯谖之计也。

译文

齐国有一人叫冯谖。因为太穷而不能养活自己。他便托人告诉孟尝君，表示意愿在他的门下寄居为食客。孟尝君问他有什么擅长。回答说没有什么擅长。又问他有什么本事？回答说也没有什么本事。孟尝君听后笑了笑，但还是接受了他。

旁边的人认为孟尝君看不起冯谖，就让他吃粗劣的饭菜。（按照孟尝君的待客惯例，门客按能力分为三等：上等（车客）出有车；中等（门下之客）食有鱼；下等（草具之客）食无鱼。过了一段时间，冯谖倚着柱子弹着自己的剑，唱道："长剑我们回去吧！没有鱼吃。"左右的人把这事告诉了孟尝君。孟尝君说："让他吃鱼，按照中等门客的生活待遇。"又过了一段时间，冯谖弹着他的剑，唱道："长剑我们回去吧！外出没有车子。"左右的人都取笑他，并把这件事告诉给孟尝君。孟尝君说："给他车子，按照上等门客的生活待遇。"冯谖于是乘坐他的车，高举着他的剑，去拜访他的朋友，十分高兴地说："孟尝君待我为上等门客。"此后不久，冯谖又弹着他的剑，唱道："长剑我们回去吧！没有能力养家。"此时，左右的手下都开始厌恶冯谖，认为他贪得无厌。而孟尝君听说此事后问他："冯公有双亲吗？"冯谖说："家中有老母亲。"于是孟尝君派人供给他母亲吃用，不使她感到缺乏。于是从那之后。冯谖不再唱歌。

后来，孟尝君拿出记事的本子来询问他的门客："谁熟习会计的事？能替我到薛邑去收债吗？"冯谖在本上署了自己的名，并签上一个"能"字。孟尝君见了名字感到很惊奇，问："这是谁呀？"左右的人说："就是唱那'长铗归来'的人。"孟尝君笑道："这位客人果真有才能，我亏待了他，还没见过面呢！"他立即派人请冯谖来相见，当面赔礼道："我被琐事搞得精疲力竭，被忧虑搅得心烦意乱；加之我懦弱无能，整天埋在国家大事之中，以致怠慢了您，而您却并不见怪，倒愿意往薛地去为我收债，是吗？"冯谖回答道："愿意去。"于是套好车马，整治行装，载上契约票据动身了。辞行的时候冯谖问："债收完了，买什么回来？"孟尝君说："您就看我家里缺什么吧。"

冯谖赶着车到薛，派官吏把该还债务的百姓找来核验契据。核验完毕后，他假托孟尝君的命令，把所有的债款赏赐给欠债人，并当场把债券烧掉。百姓都高呼"万岁"。

冯谖赶着车，马不停蹄，直奔齐都，清晨就求见孟尝君。冯谖回得如此迅速，孟尝君感到很奇怪，立即穿好衣、戴好帽去见他，问道："债都收完了吗？怎么回得这么快？"冯谖说："都收了。""买什么回来了？"孟尝君问。冯谖回答道："您曾说'看我家缺什么'，我私下考虑您宫中积满珍珠宝贝，外面马房多的是猎狗、骏马，后庭多的是美女，您家里所缺的只不过是'仁义'罢了，所以我用债款为您买了'仁义'。"孟尝君道："买仁义是怎么回事？"冯谖道："现在您不过有块小小的薛邑，如果不抚爱百姓，视民如子，而用商

① 纤介：细微。

贯之道向人民图利，这怎么行呢？因此我擅自假造您的命令，把债款赏赐给百姓，顺便烧掉了契据，以至百姓欢呼‘万岁’，这就是我用来为您买仁义的方式啊。”孟尝君听后很不快地说：“嗯，先生，算了吧。”

过了一年，齐闵王对孟尝君说：“我可不敢把先王的臣子当作我的臣子。”孟尝君只好到他的领地薛去。还差百里未到，薛地的人民扶老携幼，都在路旁迎接孟尝君到来。孟尝君见此情景，回头看着冯谖道：“您为我买的‘义’，今天才见到作用了。”

冯谖说：“狡猾机灵的兔子有三个洞才能免遭死患，现在您只有一个洞，还不能高枕无忧，请让我再去为您挖两个洞吧。”孟尝君应允了，就给了五十辆车子，五百斤黄金。冯谖往西到了魏国，他对惠王说：“现在齐国把他的大臣孟尝君放逐到国外去，哪位诸侯先迎住他，就可使自己的国家富庶强盛。”于是惠王把相位空出来，把原来的相国调为上将军，并派使者带着千斤黄金，百辆车子去聘请孟尝君。冯谖先赶车回去，告诫孟尝君说：“黄金千斤，这是很重的聘礼了；百辆车子，这算显贵的使臣了。齐国君臣大概听说这事了吧。”魏国的使臣往返了多次，孟尝君坚决推辞而不去魏国。

齐王听到这些情况，君臣都惊慌害怕起来，就派遣太傅送一千斤黄金、两辆彩车、一把佩剑（给孟尝君）。封好书信向孟尝君道歉说：“我很倒霉，遭受祖宗降下的灾祸，又被那些逢迎讨好的臣子所迷惑，得罪了您。我是不值得您帮助的；希望您能顾念先王的宗庙，姑且回来统率全国人民吧！”冯谖提醒孟尝君说：“希望您向齐王请来先王传下的祭器，在薛地建立宗庙。”宗庙建成了，冯谖回来报告孟尝君说：“三个洞穴都已凿成了，您可以暂且高枕而卧，安心享乐了！”

孟尝君做了几十年相，没有一点祸患，都是（由于）冯谖的计谋啊。

赏　析

本文的特色是通过变化的情节展现人物性格的变化。冯谖的藏才不露，初试锋芒到大显身手与孟尝君的轻视、重视、存疑和折服互为衬托对比，情节也是波澜起伏，引人入胜。在写作上，本文有人物、有故事、有情节、有戏剧冲突、有细节描绘，初具传记的特征，开后世史书“列传”的先河。

思考练习

1. 如果说冯谖初为门客时频频争地位待遇是自信的表现，那么形成他这种自信的主客观原因何在?

2. 联系“毛遂自荐”“伯乐相马”一类故事，试析实行“唯才是举”（曹操）、“不拘一格降人才”（龚自珍）等主张的社会条件和环境。

3. 从选择、设计人生道路的角度，谈谈“狡兔三窟”的双重性意义。

4. 谈谈本文是如何刻画冯谖这一人物形象的。

召公谏厉王弭谤①

《国语》

文学常识

《国语》，又名《春秋外传》或《左氏外传》，约成书于战国时期，相传为春秋末年鲁国的史官左丘明所撰，但隋唐之后，越来越多的学者提出异议，认为《国语》是战国时期的学者依据春秋时期各国史官记录的原始材料整理编辑而成的。

《国语》是我国最早的一部国别体史书，全书共21卷，起自西周中期（前10世纪），下迄春秋战国之交（前453年），分八国（周、鲁、齐、晋、郑、楚、吴、越）记事，内容包括各贵族间朝聘、宴会、讽谏、辩论、应对之辞等，故称《国语》。与《左传》不同的是，《国语》所记前后事件大都不相连属，并不是完整系统地叙述历史，而是有选择地记录一些事件，以记言为主，通过言论反映事实，以人物之间的对话刻画人物形象。总体而言，《国语》语言质朴平实，各篇文字风格也不尽相同。清代考古辨伪学家崔述在《洙泗考信录·余录》中评价《国语》："周、鲁多平衍，晋、楚多尖颖，吴、越多恣放。"

厉王虐②，国人谤王。召公告王曰："民不堪命矣③。"王怒，得卫巫④，使监谤者⑤，以告⑥，则杀之。国人莫敢言，道路以目⑦。

王喜，告召公曰："吾能弭谤矣，乃不敢言！"

召公曰："是障之也⑧。防民之口，甚于防川。川壅而溃⑨，伤人必多，民亦如之。是故为川者决之使导⑩，为民者宣之使言⑪。故天子听政，使公卿至于列士献诗⑫，瞽献曲⑬，

① 本文选自《国语·周语上》。召公：一作"邵公"，即召穆公，名虎，时为周厉王的卿士。弭谤：消弭民间对帝王的各种议论指责，即以政治高压手段压制思想言论自由。

② 厉王：即周厉王，名胡，公元前878年即位。

③ 民不堪命：意为老百姓无法忍受（厉王）的暴政。命：指厉王暴虐的各种政令。

④ 卫巫：来自卫国的巫者。

⑤ 使监谤者：让卫巫去监视发表意见的百姓。

⑥ 以告：即"以之告"，省略介词宾语"之"字。指（卫巫）把议论者告知厉王。

⑦ 国人莫敢言，道路以目：百姓在路上相遇，不敢讲话，只能彼此默默以目示意。

⑧ 障：阻拦。意为暂时阻挡，并未彻底制止。

⑨ 川壅而溃：筑堤坝防河水，水易于壅塞，会导致溃堤。

⑩ 为川者：（善于）治水的人。决之使导：排除壅障之物，使河水畅流。

⑪ 为民者：（善于）治理国家、统治民众的人。宣之使言：引导老百姓讲话。

⑫ 公卿、列士：朝廷各级官员。献诗：从民间采集对帝王讽谏的诗篇（歌谣）送给帝王看。

⑬ 瞽（gǔ）：盲人乐师。无目为瞽。曲：乐曲，指反映民间呼声的作品。

史献书[①]，师箴[②]，瞍赋[③]，矇诵[④]，百工谏[⑤]，庶人传语[⑥]，近臣尽规[⑦]，亲戚补察[⑧]，瞽、史教诲[⑨]，耆、艾修之[⑩]，而后王斟酌焉，是以事行而不悖[⑪]。民之有口也，犹土之有山川也，财用于是乎出；犹其有原隰衍沃也[⑫]，衣食于是乎生。口之宣言也，善败于是乎兴[⑬]，行善而备败[⑭]，其所以阜财用、衣食者也[⑮]。夫民虑之于心而宣之于口，成而行之[⑯]，胡可壅也？若壅其口，其与能几何[⑰]？”

王弗听，于是国人莫敢出言。三年，乃流王于彘[⑱]。

译　文

周厉王暴虐，百姓纷纷指责他。召穆公对厉王说：“老百姓忍受不了暴政了。”厉王听了勃然大怒，找到卫国的巫师，让卫国的巫师去监视批评国王的人，按照卫国的巫师的报告，就杀掉批评国王的人。国人不敢说话，路上相见，以目示意。

周厉王颇为得意，对召穆公说：“我能消除指责的言论，他们再也不敢吭声了！”

召公回答说：“你这样做是堵住人们的嘴。阻塞老百姓的嘴，好比阻塞河水。河流如果堵塞后一旦再决堤，伤人一定很多，人民也是这样。因此治水的人疏通河道使它畅通，治民者只能开导他们而让人畅所欲言。所以君王处理政事，让三公九卿以至各级官吏进献讽喻，乐师进献民间乐曲，史官进献有借鉴意义的史籍，少师诵读箴言，盲人吟咏诗篇，有眸子而看不见的盲人诵读讽谏之言，掌管营建事务的百工纷纷进谏，平民则将自己的意见转达给君王，近侍之臣尽规劝之责，君王的同宗都能补其过失，察其是非，乐师和史官以歌曲、史籍加以谆谆教导，元老们再进一步修饰整理，然后由君王斟酌取舍，付诸实施，这样，国家的政事得以实行而不违背道理。老百姓有口，就像大地有高山河流一样，社会的物质财富全靠它出产；又像高原和低地都有平坦肥沃的良田一样，人类的衣食物品

① 史：史官。书：史书典籍，指可供借鉴历史经验的书籍。
② 师：少师，位低于太师的乐官。箴（zhēn）：寓有警诫作用的文辞，类似现在的警句、格言、座右铭。
③ 瞍（sǒu）：盲人。无眸子为瞍。赋：不歌而诵。
④ 矇：盲人。有眸子而失明为矇。诵：不讲究声调节奏的诵读。
⑤ 百工：有专门技艺侍奉君主的人。
⑥ 庶人：老百姓。传语：间接地反映意见。
⑦ 近臣：最接近帝王的大臣。尽规：（经常）向帝王进言规劝。尽：同“进”。
⑧ 亲戚：帝王宗室成员。补察：弥补帝王过失，监督帝王行为是非。
⑨ 教诲：（用礼仪礼法对帝王）教育、引导。
⑩ 耆（qí）、艾：分别指六十岁、五十岁的长者，这里代指帝王的师傅。修：诫饬，警告，提醒。
⑪ 悖：逆，违背。
⑫ 原隰（xí）衍沃：分别指不同的土地类型：宽阔平坦、低洼潮湿、地势低而平、有河流可资灌溉。
⑬ 善败：（国家政事）的好坏。于是乎兴：由此而体现出来。
⑭ 行善：凡民众认为好的，就推行。备败：凡民众认为坏的，就防范。
⑮ 阜：增加，增多。
⑯ 成而行之：考虑成熟之后自然（必然）流露（表达）出来。
⑰ 与能几何：有多少人来辅助你（帝王）呢？与，在此作“助”解。
⑱ 流：流放、放逐。彘（zhì）：晋地，在今山西霍县境内。据史书记载，厉王流彘在公元前842年。

全靠它产生。人们用嘴巴发表议论，政事的成败得失就能表露出来。人们以为好的就尽力实行，以为失误的就设法预防，这是增加衣食财富的途径啊！人们心中所想的通过嘴巴表达，他们考虑成熟以后，就自然流露出来，怎么可以堵呢？如果硬是堵住老百姓的嘴，那赞许的人还能有几个呢？”

周厉王不听，在这种情况下老百姓再也不敢公开发表言论指斥他。过了三年，人们终于把这个暴君放逐到彘地去了。

赏　析

本文选自于《国语·周语上》，记载的是周厉王与召公关于国家治理方面的一段对话。对话中，召公“防民之口，甚于防川”的一段议论，富有启发性和说服力，且闪烁着民本思想的光华，它告诉我们顺应民意，听取百姓意见在国家政治事务中的重要性。

思考练习

1. 召公认为为君者应该怎样治国?
2. 简析本文中召公用比喻、议论、劝诫进行说理的技巧。
3. 概括《召公谏厉王弭谤》的主题。

生命之歌篇

热爱生命

汪国真

文学常识

汪国真（1956 年—2015 年），诗人，祖籍福建厦门，1956 年生于北京，当代诗人、书画家。初中毕业后进入北京第三光学仪器厂做工人，1982 年毕业于暨南大学中文系，后到中国艺术研究院工作。1984 年发表第一首比较有影响的诗歌《我微笑着走向生活》。1985 年起将业余时间集中于诗歌创作，其间一首打油诗《学校一天》刊登在《中国青年报》上。1990 年出版首本诗集《年轻的潮》，其后陆续出版《年轻的风》《年轻的思绪》《年轻的潇洒》等诗集，并有多部《汪国真诗文集》出版，掀起流行阅读风潮，其诗集发行量创有新诗以来诗集发行量之最，时称“汪国真现象”。1990 年开始，汪国真担任《辽宁青年》《中国青年》《女友》的专栏撰稿人，掀起一股“汪国真热”。汪国真的诗作，强调意象和个人理想的追求，对安抚痴迷者的心灵起过很大的作用。2015 年 4 月 26 日凌晨两点十分，汪国真去世，享年 59 岁。

我不去想，
是否能够成功，
既然选择了远方，
便只顾风雨兼程。

我不去想，
能否赢得爱情，

既然钟情于玫瑰，
就勇敢地吐露真诚。

我不去想，
身后会不会袭来寒风冷雨，
既然目标是地平线，
留给世界的只能是背影。

我不去想，
未来是平坦还是泥泞，
只要热爱生命，
一切，都在意料之中。

赏析

整首诗表达了对生命、生活和一切有意义的事的热爱，以及对于生命的一种不屈服、不退缩，勇敢面对的精神。《热爱生命》可以说是汪国真的代表作之一，这首诗以四个肯定的回答表达出为何要热爱生命的哲理。四个段落分别以“成功”“爱情”“奋斗历程”和“未来”为意象进行分析和回答。《热爱生命》是一首非常适合朗读的抒情诗歌，也可以作为励志的诗歌来读。只要心中有爱，有着对生命的一种热爱，一切美好的结果也就在意料之中。

思考练习

1. 细品汪国真的这首诗，谈一谈应该怎样热爱生命。
2. 细品汪国真的这首诗，体会诗中蕴含的直面生活、乐观生活的态度。

小狗包弟[①]

巴　金

文学常识

巴金（1904 年—2005 年），原名李尧棠，字芾甘，笔名巴金，四川成都人。中国现

① 本文选自巴金《随想录》之《探索集》。

代著名作家、翻译家。1927 年初赴法国留学，1928 年底回到上海，在此期间开始文学创作和翻译，回国后陆续发表的《爱情三部曲》（《雾》《雨》《电》）、《激流三部曲》（《家》《春》《秋》），在青年读者中产生了巨大而持续的影响。抗日期间，他先后出版了《寒夜》《憩园》《第四病室》等长篇小说。新中国成立后，巴金曾历任全国文联副主席，中国作家协会副主席、主席等职。晚年发表五卷《随想录》以独立的思考和深切的人文关怀，引起了强烈反响，被誉为“中国知识分子的良知”。今人编有《巴金全集》《巴金译文全集》。

一个多月前，我还在北京，听人讲起一位艺术家的事情，我记得其中一个故事是讲艺术家和狗的。据说艺术家住在一个不太大的城市里，隔壁人家养了小狗，它和艺术家相处很好，艺术家常常用吃的东西款待它。“文革”期间，城里发生了从未见过的武斗，艺术家害怕起来，就逃到别处躲了一段时期。后来他回来了，大概是给人揪回来的，说他“里通外国”，是个反革命，批他，斗他，他不承认，就痛打，拳打脚踢，棍棒齐下，不但头破血流，一条腿也给打断了。批斗结束，他走不动，让专政队拖着他游街示众，衣服撕破了，满身是血和泥土，口里发出呻唤。认识的人看见半死不活的他都掉开头去。忽然一只小狗从人丛中跑出来，非常高兴地朝着他奔去。它亲热地叫着，扑到他跟前，到处闻闻，用舌头舔，用脚爪在他的身上抚摸。别人赶它走，用脚踢，拿棒打，都没有用，它一定要留在它的朋友的身边。最后专政队用大棒打断了小狗的后腿，它发出几声哀叫，痛苦地拖着伤残的身子走开了。地上添了血迹，艺术家的破衣上留下几处狗爪印。艺术家给关了几年才放出来，他的第一件事就是买几斤肉去看望那只小狗。邻居告诉他，那天狗给打坏以后，回到家里什么也不吃，哀叫了三天就死了。

听了这个故事，我又想起我曾经养过的那条小狗。是的，我也养过狗，那是 1959 年的事情，当时一位熟人给调到北京工作，要将全家迁去，想把他养的小狗送给我，因为我家里有一块草地，适合养狗的条件。我答应了，我的儿子也很高兴。狗来了，是一条日本种的黄毛小狗，干干净净，而且有一种本领：它有什么要求时就立起身子，把两只前脚并在一起不停地作揖。这本领不是我那位朋友训练出来的。它还有一位瑞典旧主人，关于他我毫无所知。他离开上海回国，把小狗送给接受房屋租赁权的人，小狗就归了我的朋友。小狗来的时候有一个外国名字，它的译音是“斯包弟”。我们简化了这个名字，就叫它做“包弟”。

包弟在我们家待了七年，同我们一家人处得很好。它不咬人，见到陌生人，在大门口吠一阵，我们一声叫唤，它就跑开了。夜晚篱笆外面人行道上常常有人走过，它听见某种声音就会朝着篱笆又跑又叫，叫声的确有点刺耳，但它也只是叫几声就安静了。它在院子里和草地上的时候多些，有时我们在客厅里接待客人或者同老朋友聊天，它会进来作几个揖，讨糖果吃，引起客人发笑。日本朋友对它更感兴趣，有一次大概在 1963 年或以后的夏天，一家日本通讯社到我家来拍电视片，就拍摄了包弟的镜头。又有一次日本作家由起女士访问上海，来我家做客，对日本产的包弟非常喜欢，她说她在东京家中也养了狗。两年以后，她再到北京参加亚非作家紧急会议，看见我她就问："您的小狗怎样？"听我说包弟很好，她笑了。

我的爱人萧珊也喜欢包弟①。在三年困难时期，我们每次到文化俱乐部吃饭，她总要向服务员讨一点骨头回去喂包弟。

1962 年我们夫妇带着孩子在广州过了春节，回到上海，听妹妹们说，我们在广州的时候，睡房门紧闭，包弟每天清早守在房门口等候我们出来。它天天这样，从不厌倦。它看见我们回来，特别是看到萧珊，不住地摇头摆尾，那种高兴、亲热的样子，现在想起来我还很感动，我仿佛又听见由起女士的问话："您的小狗怎样？"

"您的小狗怎样？"倘使我能够再见到那位日本女作家，她一定会拿同样的一句话问我。她的关心是不会减少的。然而我已经没有小狗了。

1966 年 8 月下旬红卫兵开始上街抄四旧的时候②，包弟变成了我们家的一个大包袱，晚上附近的小孩时常打门大喊大嚷，说是要杀小狗。听见包弟尖声吠叫，我就胆战心惊，害怕这种叫声会把抄四旧的红卫兵引到我家里来。

当时我已经处于半靠边的状态③，傍晚我们在院子里乘凉，孩子们都劝我把包弟送走，我请我的大妹妹设法。可是在这时节谁愿意接受这样的礼物呢？据说只好送给医院由科研人员拿来做实验用，我们不愿意。以前看见包弟作揖，我就想笑，这些天我在机关学习后回家，包弟向我作揖讨东西吃，我却暗暗地流泪。

形势越来越紧。我们隔壁住着一位年老的工商业者，原先是某工厂的老板，住屋是他自己修建的，同我的院子只隔了一道竹篱。有人到他家去抄四旧了。隔壁人家的一动一静，我们听得清清楚楚，从篱笆缝里也看得见一些情况。这个晚上附近小孩几次打门捉小狗，幸而包弟不曾出来乱叫，也没有给捉了去。这是我六十多年来第一次看见抄家，人们拿着东西进进出出，一些人在大声叱骂，有人摔破坛坛罐罐。这情景实在可怕。十多天来我就睡不好觉，这一夜我想得更多，同萧珊谈起包弟的事情，我们最后决定把包弟送到医院去，交给我的大妹妹去办。

包弟送走后，我下班回家，听不见狗叫声，看不见包弟向我作揖、跟着我进屋，我反而感到轻松，真是一种甩掉包袱的感觉。但是在我吞了两片眠尔通④、上床许久还不能入睡的时候，我不由自主地想到了包弟，想来想去，我又觉得我不但不曾甩掉什么，反而背上了更加沉重的包袱。在我眼前出现的不是摇头摆尾、连连作揖的小狗，而是躺在解剖桌上给割开肚皮的包弟。我再往下想，不仅是小狗包弟，连我自己也在受解剖。不能保护一条小狗，我感到羞耻；为了想保全自己，我把包弟送到解剖桌上，我瞧不起自己，我不能

① 萧珊：原名陈蕴珍（1917 年—1972 年），浙江宁波人，巴金的妻子。
② 四旧："文革"时用语，指旧思想、旧文化、旧风俗、旧习惯。
③ 靠边："文革"中对干部、知识分子被剥夺职务，不能正常工作的习称。
④ 眠尔通：甲丙氨酯，一种镇静安眠的药。

原谅自己！我就这样可耻地开始了十年浩劫中逆来顺受的苦难生活。一方面责备自己，另一方面又想保全自己，不要让一家人跟自己一起堕入地狱。我自己终于也变成了包弟，没有死在解剖桌上，倒是我的幸运……

整整十三年零五个月过去了。我仍然住在这所楼房里，每天清早我在院子里散步，脚下是一片衰草，竹篱笆换成了无缝的砖墙。隔壁房屋里增加了几户新主人，高高墙壁上多开了两扇窗，有时倒下一点垃圾。当初刚搭起的葡萄架给虫蛀后早已塌下来扫掉，连葡萄藤也被挖走了。右面角上却添了一个大化粪池，是从紧靠着的五层楼公寓里迁过来的。少掉了好几株花，多了几棵不开花的树。我想念过去同我一起散步的人①，在绿草如茵的时节，她常常弯着身子，或者坐在地上拔除杂草，在午饭前后她有时逗着包弟玩……我好像做了一场大梦。满园的创伤使我的心仿佛又给放在油锅里熬煎。

这样的熬煎是不会有终结的，除非我给自己过去十年的苦难生活作了总结，还清了心灵上的欠债。这绝不是容易的事。那么我今后的日子不会是好过的吧。但是那十年我也活过来了。

即使在“说谎成风”的时期，人对自己也不会讲假话，何况在今天，我不怕大家嘲笑，我要说：我怀念包弟，我想向它表示歉意。

赏析

本文是巴金晚年的系列随笔《随想录》中的一篇。通过个人的经历，反思“文革”时期的历史，是《随想录》的总主题。

本文通过可爱的小狗包弟在“文革”中的悲惨遭遇，反映那个畸形年代的畸形精神状态，写狗与人的关系，实则折射的是现实政治中人与人的关系。造成包弟悲剧的，当然是那种疯狂、恐怖的社会气氛，上门打砸威胁的红卫兵。但本文的深刻之处在于，作者没有止于外向的社会批判，也反躬追问了自己的责任。作者的主要着眼点是自我剖析，把自己放到了解剖台上，歉疚与忏悔的情绪流贯全篇，表现出了与同时期流行的“伤痕文学”大不相同的境界。

思考练习

1. 衬托是常见的表现方法，文中也多处运用了衬托的方法，请你对此作具体的分析说明。

2. 巴金的《小狗包弟》通过一条小狗在“文革”中的悲惨遭遇来反映那个疯狂时代给人们带来的深沉灾难，这种取之于日常琐事来表现一个深刻主题的写法，对我们有很大启示。请你回忆一下自己平时的所见所闻，模仿这篇文章的写法，也写一篇叙事抒情的散文。

① 同我一起散步的人：指萧珊。

最后的常春藤叶[①]

[美] 欧·亨利

文学常识

欧·亨利（1862 年—1910 年），美国著名短篇小说家。原名威廉·西德尼·波特，出生于美国北卡罗来纳州的一个医生家庭。当过学徒、会计和银行出纳员。曾因被控盗用公款而被捕入狱。狱中以欧·亨利的笔名写作短篇小说。出狱后在纽约广泛结交下层平民，自觉为小人物立言。

代表作有《麦琪的礼物》《警察和赞美诗》《最后的常春藤叶》等。

他的小说以诙谐幽默见长，寓悲于喜，形成“含泪的微笑”的独特风格。小说情节生动，构思巧妙，结局往往出人意料，却又在情理之中，历来被人们所称道。

在华盛顿广场西面的一个小区里，街道仿佛发了狂似的分成了许多叫作“巷子”的小胡同。这些“巷子”形成许多奇特的角度和曲线。一条街有时自己本身就交叉了不止一次。一个画家发现这条街有它可贵之处。如果一个商人去收颜料、纸张和画布的账款，在这条街上转弯抹角、大兜圈子的时候，突然碰到一文钱也没收到，空手而归的自己，那才有意思呢！

因此搞艺术的人不久都到这个古色古香的老格林威治村来了[②]。他们逛来逛去，寻找朝北的窗户、18 世纪的三角墙、荷兰式的阁楼，以及低廉的房租。然后，他们又从六马路买来一些锡蜡杯子和一两只烘锅[③]，组成了一个“艺术区”。

苏艾和琼珊在一座矮墩墩的三层楼砖砌房屋的顶楼设立了她们的画室。“琼珊”是琼娜的昵称。两人一个从缅因州来的，另一个人的家乡是加利福尼亚州。她们是在八马路的“德尔蒙戈饭馆”吃客饭时碰到的，彼此一谈，发现她们彼此对艺术、饮食、衣着的口味十分相投，结果便联合租下了那间画室。

那是 5 月里的事。到了 11 月，一个冷酷的、肉眼看不见的、医生们叫作“肺炎”的不速之客，在艺术区里悄悄地游荡，用他冰冷的手指头这里碰一下那里碰一下。在广场东面，这个坏家伙明目张胆地走动，每一次闯祸，受害的人总有几十个。但是在这些错综复杂、苔藓遍地、狭窄的“巷子”里，他的脚步却放慢了。

① 本文选自《欧·亨利短篇小说选》，王永年译。

② 格林威治村：美国纽约西区的地名，住在这里的人们职业多半是作家、画家。

③ 锡镴（là）：锡和铅的合金，可以制作器皿。

“肺炎先生”并不是你们所谓的扶弱济困的老绅士。一个身子单薄，被加利福尼亚州的西风刮得没有血色的弱女子，本来不应该是这个有着红拳头的、呼吸急促的老家伙打击的对象。然而，琼珊却遭到了打击；她躺在一张油漆过的铁床上，一动也不动，凝望着小小的荷兰式玻璃窗外对面砖房的空墙。

一天早晨，那个忙碌的医生扬了扬他那毛茸茸的灰白色眉毛，把苏艾叫到外边的走廊上。

“我看，她的病只有一成希望，”他说，一面把体温表里的水银甩下去，“这一成希望在于她自己要不要活下去。人们不想活，情愿照顾殡仪馆的生意，这种精神状态使医药一筹莫展。你的这位小姐满肚子以为自己不会好了。她有什么心事吗？”

“她——她希望有一天能够去画那不勒斯海湾①。”苏艾说。

“绘画？——别扯淡了！她心里有没有值得想两次的事情。比如说，男人？”

“男人？”苏艾像吹口琴似的扯着嗓子说，“男人难道值得……不，医生，没有这样的事。”

“我一定尽我所知，用科学所能达到的全部力量去治疗她。可要是我的病人开始算计会有多少辆马车送她出丧，我就得把治疗的效果减掉百分之五十。只要你能想办法让她对冬季大衣袖子的时新式样感兴趣而提出一两个问题，那我可以向你保证把医好她的机会从十分之一提高到五分之一。”医生走后，苏艾走进工作室里，把一条日本餐巾哭成一团湿。后来她手里拿着画板，吹起拉格泰姆的曲调②，昂首阔步地走进琼珊的房子。

琼珊躺着，脸朝着窗口，被子底下的身体纹丝不动。苏艾以为她睡着了，赶忙停止吹口哨。她架好画板，开始给杂志里的故事画一张钢笔插图。年轻的画家为了铺平通向艺术的道路，不得不给杂志里的故事画插图，而这些故事又是年轻的作家为了铺平通向文学的道路而不得不写的。

苏艾正在给故事主人公，一个爱达荷州牧人的身上，画上一条马匹展览会穿的时髦马裤和一片单眼镜时，忽然听到一个重复了几次的低微的声音。她快步走到床边。

琼珊的眼睛睁得很大。她望着窗外，在计数——倒过来数。

“十二，”她数道，歇了一会又说，“十一”，然后是“十”和“九”，接着几乎同时数着“八”和“七”。

苏艾关切地看了看窗外。那儿有什么可数的呢？只见一个空荡阴暗的院子，二十英尺以外还有一所砖房的空墙。一棵老极了的常春藤，枯萎的根纠结在一块，枝干攀在砖墙的半腰上。秋天的寒风把藤上的叶子差不多全都吹掉了，几乎只有光秃的枝条还缠附在剥落的砖块上。

“什么，亲爱的？”苏艾问道。

“六，”琼珊几乎用耳语低声说道，“它们现在越落越快了。三天前还有差不多一百

---

① 那不勒斯海湾：位于意大利南部，以风光秀丽著称。

② 拉格泰姆：产生于20世纪初的流行音乐形式，意为“令人发笑的拍子”，只注重节奏变化而不注重旋律，情绪欢快。

片。我数得头都疼了。但是现在好数了。又掉了一片。只剩下五片了。”

“五片什么，亲爱的。告诉你的苏艾。”

“叶子。常春藤上的叶子。等到最后一片叶子掉下来，我也就该去了。这件事我三天前就知道了。难道医生没有告诉你？”

“哟，我从来没听过这么荒唐的话，”苏艾满不在乎地说，“那些破常春藤叶子同你的病有什么相干？你以前不是很喜欢这棵树吗？得啦，你这个淘气的姑娘。不要说傻话了。瞧，医生今天早晨还告诉我，说你迅速痊愈的机会是——让我想想他是怎么说的——他说你好的概率有十比一！噢，那简直和我们在纽约坐电车或者走过一座新楼房的安全把握一样大。喝点汤吧，让苏艾去画她的画，好把它卖给编辑先生，换了钱来给她的病孩子买点红葡萄酒，再买些猪排给自己解解馋。”

“你不用买酒了，”琼珊的眼睛直盯着窗外说道，“又落了一片。不，我不想喝汤。只剩下四片了。我想在天黑以前等着看那最后一片叶子掉下去。然后我也要去了。”

“琼珊，亲爱的，”苏艾俯着身子对她说，“你答应我闭上眼睛，不要瞧窗外，直到我画完，行吗？明天我非得交出这些插图。我需要光线，否则我就拉下窗帘了。”

“你就不能到另一间屋子里去画吗？”琼珊冷冷地问道。

“我要在这儿陪你，和你在一起，”苏艾说，“再说，我不喜欢你老是盯着那些叶子看。”

“你一画完就叫我，”琼珊说着，便闭上了眼睛。她脸色苍白，一动不动地躺在床上，就像是座横倒在地上的雕像。“因为我想看那最后一片叶子掉下来，我等得不耐烦了，也想得不耐烦了。我想摆脱一切，飘下去，飘下去，像一片可怜的疲倦了的叶子那样。”

“你争取睡一会儿，”苏艾说道，“我得下楼把贝尔曼叫上来，给我当那个隐居的老矿工的模特儿。我一会儿就回来的。不要动，等我回来。”

老贝尔曼是住在楼下底层的一个画家，年纪六十开外，有一把像是米开朗琪罗的摩西雕像上的胡子①，从萨蒂尔似的脑袋上顺着小鬼般的身体垂卷下来②。贝尔曼在艺术界是个失意的人。他要了四十年画笔，仍同艺术女神隔有相当的距离，连她的长袍的边缘都没有摸到。他老是说要画一幅杰作，可是始终没有动手。除了偶尔涂抹一些商业画或广告画以外，几年来没有什么创作。他替“艺术区”一些雇不起模特儿的青年艺术家充当模特儿，挣几个小钱。他喝杜松子酒总是过量③，老是唠唠叨叨地谈着他未来的杰作。此外，他还是个暴躁的小老头儿，极端瞧不起别人的温情，却认为自己是保护楼上两个青年艺术家的看家恶狗。

苏艾在楼下那间光线黯淡的斗室里找到了嘴里酒气扑鼻的贝尔曼。一幅空白的画布绷

① 米开朗琪罗（1475 年—1564 年）：意大利著名画家、雕刻家、建筑师。他在罗马教皇朱利二世的墓上雕刻了摩西像。

② 萨蒂尔：希腊神话中半人半兽的森林之神，长着马耳马尾或羊角羊尾。

③ 杜松子酒：一种烈酒，主要加味材料为杜松子树的果实。

在画架上，摆在屋角里，等待那幅杰作已经25年了，可是连一根线条还没等着。苏艾把琼珊的胡思乱想告诉了他，还说她害怕琼珊瘦小柔弱得像一片叶子一样，对这个世界的留恋越来越微弱，恐怕真会离世飘走了。

老贝尔曼两只发红的眼睛显然在迎风流泪，他十分轻蔑地嗤笑这种傻呆的胡思乱想。

“什么话！”他喊道，“世界上竟会有人蠢到因为那些该死的常春藤叶子落掉就想死？我从来没有听说过这种怪事。不，我才没工夫给你那隐居的矿工糊涂虫当模特儿呢。你怎么可以让她胡思乱想？唉，可怜的琼珊小姐。”

“她病得很厉害很虚弱，”苏艾说，“发高烧烧得她神经错乱，满脑子都是古怪想法。好吧，贝尔曼先生，你不愿意给我当模特儿就算了，我看你是个讨厌的老……老啰唆鬼。”

“你简直太婆婆妈妈了！”贝尔曼喊道，“谁说我不愿意当模特儿？走，我和你一块去。我不是讲了半天愿意给你当模特儿吗？老天爷，像琼珊小姐这么好的姑娘真不应该躺在这种地方生病。总有一天我要画一幅杰作，那时我们就可以都搬出去了。”

“一定的！”

他们上楼以后，琼珊正睡着觉。苏艾把窗帘拉下，一直遮住窗台，做手势叫贝尔曼到隔壁屋子里去。他们在那里提心吊胆地瞅着窗外那棵常春藤。后来他们默默无言，彼此对望了一会。寒冷的雨夹杂着雪花不停地下着。贝尔曼穿着他的旧的蓝衬衣，坐在一把翻过来充当岩石的铁锅上，扮作隐居的矿工。

第二天早晨，苏艾只睡了一个小时的觉，醒来了，她看见琼珊无神的眼睛睁得大大地注视拉下的绿窗帘。

“把窗帘拉起来，我要看看。”她低声地命令道。

苏艾疲倦地照办了。

然而，看呀！经过了漫长一夜的风吹雨打，在砖墙上还挂着一片藤叶。它是常春藤上最后的一片叶子了。靠近茎部仍然是深绿色，可是锯齿形的叶子边缘已经枯萎发黄，它傲然挂在一根离地二十多英尺的藤枝上。

“这是最后一片叶子。”琼珊说道，“我以为它昨晚一定会落掉的。我听见风声的。今天它一定会落掉，我也会死的。”

“哎呀，哎呀，”苏艾把疲乏的脸庞挨近枕头边上对她说，“你不肯为自己着想，也得为我想想啊。我可怎么办呢？”

可是琼珊不回答。当一个灵魂正在准备走上那神秘的、遥远的死亡之途时，她是世界上最寂寞的人了。那些把她和友谊极大地联结起来的关系逐渐消失以后，她那个狂想越来越强烈了。

白天总算过去了，甚至在暮色中她们还能看见那片孤零零的藤叶仍紧紧地依附在靠墙的枝上。后来，夜的到临带来了呼啸的北风，雨点不停地拍打着窗子，雨水从低垂的荷兰式屋檐上流泻下来。

天刚蒙蒙亮，琼珊就毫不留情地吩咐拉起窗帘来。

那片枯藤叶仍然在那里。

琼珊躺着对它看了许久。然后她招呼正在煤气炉上给她煮鸡汤的苏艾。

“我是一个坏女孩儿，苏艾，”琼珊说，“天意让那片最后的藤叶留在那里，证明我曾经有多么坏。想死是有罪过的。你现在就给我拿点鸡汤来，再拿点掺葡萄酒的牛奶来，再——不，先给我一面小镜子，再把枕头垫垫高，我要坐起来看你做饭。”

过了一个钟头，她说道：“苏艾，我希望有一天能去画那不勒斯的海湾。”

下午医生来了，他走的时候，苏艾找了个借口跑到走廊上。

“有五成希望。”医生一面说，一面把苏艾细瘦的颤抖的手握在自己的手里，“好好护理你会成功的。现在我得去看楼下另一个病人。他的名字叫贝尔曼……听说也是个画家。也是肺炎。他年纪太大，身体又弱，病势很重。他是治不好的了；今天要把他送到医院里，让他更舒服一点。”

第二天，医生对苏艾说：“她已经脱离危险，你成功了。现在只剩下营养和护理了。”

下午苏艾跑到琼珊的床前，琼珊正躺着，安详地编织着一条毫无用处的深蓝色毛线披肩。苏艾用一只胳膊连枕头带人一把抱住了她。

“我有件事要告诉你，小家伙，”她说，“贝尔曼先生今天在医院里患肺炎去世了。他只病了两天。头一天早晨，门房发现他在楼下自己那间房里痛得动弹不了。他的鞋子和衣服全都湿透了，冰凉冰凉的。他们搞不清楚在那个凄风苦雨的夜晚，他究竟到哪里去了。后来他们发现了一盏没有熄灭的灯笼，一把挪动过地方的梯子，几支扔得满地的画笔，还有一块调色板，上面涂抹着绿色和黄色的颜料，还有，亲爱的，瞧瞧窗子外面，瞧瞧墙上那最后一片藤叶。难道你没有想过，为什么风刮得那样厉害，它却从来不摇一摇、动一动呢？唉，亲爱的，这片叶子才是贝尔曼的杰作。就是在最后一片叶子掉下来的晚上，他把它画在那里的。”

赏　析

老画家贝尔曼为让生病的女画家琼珊燃起生的希望，在墙上画了一片不落的常春藤叶，自己却因感染肺炎而死。作者深情赞美了三位贫穷艺术家之间的至爱真情，突出刻画了老画家贝尔曼在平凡的外表下有着一颗火热的、金子般的爱心。

小说中的贝尔曼虽然穷困潦倒，但仍然无私关怀、帮助他人，甚至不惜付出生命的代价。作者借此歌颂了穷苦朋友之间相濡以沫的珍贵友情和普通人的心灵之美，给读者以心灵的震撼。

艺术手法上，作者除了能用外貌描写、语言描写、行动描写、细节描写等手法写人外，还用了对比的写法。如描写两个女画家琼珊与苏艾，一个脆弱而敏感，一个直爽而重情，形成了鲜明的对比。而在描写老画家贝尔曼这个人物的时候，其性格的“外冷”与“内热”又形成了对比。从表面看来，他平庸失意，对人冷漠；但在他的内心，却涌动着一股关爱他人的热流，最后以生命为代价，画出了一幅生命与爱的杰作。

小说的结构新颖精巧，作者设计了明暗两条线索，明的线索是琼珊与苏艾两位女画家之间至真至诚的友情，暗的线索是贝尔曼默默无闻的举动。两条线索交汇碰撞，出现了一个意外的结局——欧·亨利式的结尾。这意外的情节逆转，出乎意料，又在情理之中，使贝尔曼的形象得到升华，使小说的主题得到揭示，形成了独特的艺术魅力。

小说的语言幽默风趣、俏皮夸张，具有渲染悲剧氛围的喜剧色彩，产生"含泪的微笑"的艺术效果。

思考练习

1. 小说的结尾有什么特点？这样的结尾有什么好处？
2. 作者是如何描写贝尔曼先生的，你能从中体会出贝尔曼先生是个怎样的人？

我的母亲[①]

老　舍

文学常识

老舍（1899 年—1966 年），男，原名舒庆春，字舍予，另有笔名絜青、鸿来、非我等。因为老舍生于立春，父母为他取名"庆春"，大概含有庆贺春来、前景美好之意。上学后，自己更名为舒舍予，含有"舍弃自我"，亦即"忘我"的意思。北京满族正红旗人。中国现代小说家、作家、语言大师、人民艺术家、北京人艺编剧，新中国第一位获得"人民艺术家"称号的作家。代表作有《骆驼祥子》《四世同堂》，剧本《茶馆》《龙须沟》等。

老舍的一生，总是忘我地工作，他是文艺界当之无愧的"劳动模范"。1966 年 8 月 24 日，在"文化大革命"运动中，由于受到恶毒的攻击和迫害，老舍被逼无奈之下含冤自沉于北京太平湖。2017 年 9 月，中国现代文学长篇经典小说《四世同堂》由东方出版中心出版上市。这是该作自发表以来第一次以完整版形式出版。1978 年，老舍得到平反，恢复"人民艺术家"的称号。墓碑上刻写着老舍的一句话："文艺界尽责的小卒，睡在这里。"

① 选自《老舍文集》第十四卷（人民文学出版社 1989 年版）。有改动。

母亲的娘家是北平①德胜门外，土城儿外边，通大钟寺的大路上的一个小村里。村里一共有四五家人家，都姓马。大家都种点不十分肥美的地，但是与我同辈的兄弟们，也有当兵的，做木匠的，做泥水匠的和当巡察的。他们虽然是农家，却养不起牛马，人手不够的时候，妇女便也须下地做活。

对于姥姥家，我只知道上述的一点。外公外婆是什么样子，我就不知道了，因为他们早已去世。至于更远的族系与家史，就更不晓得了；穷人只能顾眼前的衣食，没有功夫谈论什么过去的光荣；“家谱”② 这字眼，我在幼年就根本没有听说过。

母亲生在农家，所以勤俭诚实，身体也好。这一点事实却极重要，因为假若我没有这样的一位母亲，我以为我恐怕也就要大大的打个折扣了。

母亲出嫁大概是很早，因为我的大姐现在已是六十多岁的老太婆，而我的大外甥女还长我一岁啊。我有三个哥哥，四个姐姐，但能长大成人的，只有大姐，二姐，三姐，三哥与我。我是“老”儿子。生我的时候，母亲已有四十一岁，大姐二姐已都出了阁。

由大姐与二姐所嫁人的家庭来推断，在我生下之前，我的家里，大概还马马虎虎的过得去。那时候订婚讲究门当户对③，而大姐丈是做小官的，二姐丈也开过一间酒馆，他们都是相当体面的人。

可是，我，我给家庭带来了不幸：我生下来，母亲晕过去半夜，才睁眼看见她的老儿子——感谢大姐，把我揣在怀中，未致冻死。

一岁半，我把父亲“克”死了。

兄不到十岁，三姐十二三岁，我才一岁半，全仗母亲独立抚养了。父亲的寡姐跟我们一块儿住，她吸鸦片，她喜摸纸牌，她的脾气极坏。为我们的衣食，母亲要给人家洗衣服，缝补或裁缝衣裳。在我的记忆中，她的手终年是鲜红微肿的。白天，她洗衣服，洗一两大绿瓦盆。她做事永远丝毫也不敷衍，就是屠户们送来的黑如铁的布袜，她也给洗得雪白。晚间，她与三姐抱着一盏油灯，还要缝补衣服，一直到半夜。她终年没有休息，可是在忙碌中她还把院子屋中收拾得清清爽爽。桌椅都是旧的，柜门的铜活④久已残缺不全，可是她的手老使破桌面上没有尘土，残破的铜活发着光。院中，父亲遗留下的几盆石榴与夹竹桃，永远会得到应有的浇灌与爱护，年年夏天开许多花。

哥哥似乎没有同我玩耍过。有时候，他去读书；有时候，他去学徒；有时候，他也去卖花生或樱桃之类的小东西。母亲含着泪把他送走，不到两天，又含着泪接他回来。我不明白这都是什么事，而只觉得与他很生疏。与母亲相依为命的是我与三姐。因此，她们做事，我老在后面跟着。她们浇花，我也张罗着取水；她们扫地，我就撮土……从这里，我学得了爱花，爱清洁，守秩序。这些习惯至今还被我保存着。

① 北平：北京的旧称。

② 家谱：家族记载本族世系和重要人物事迹的书。

③ 门当户对：旧时指结亲双方家庭的社会地位和经济状况相当。

④ 铜活：此处指器物上各种铜质的物件。

有客人来，无论手中怎么窘，母亲也要设法弄一点东西去款待。舅父与表哥们往往是自己掏钱买酒肉食。这使她脸上羞得飞红，可是殷勤给他们温酒做面，又给她一些喜悦。遇上亲友家中有喜丧事，母亲必把大褂洗得干干净净，亲自去贺吊——份礼[①]也许只是两吊小钱。到如今如我的好客的习性，还未全改，尽管生活是这么清苦，因为自幼儿看惯了的事情是不易改掉的。

姑母常闹脾气。她单在鸡蛋里找骨头。她是我家中的阎王。直到我入了中学，她才死去，我可是没有看见母亲反抗过。“没受过婆婆的气，还不受大姑子的吗？命当如此！”母亲在非解释一下不足以平服别人的时候，才这样说。是的，命当如此。母亲活到老，穷到老，辛苦到老，全是命当如此。她最会吃亏。给亲友邻居帮忙，她总跑在前面：她会给婴儿洗三[②]——穷朋友们可以因此少花一笔“请姥姥”[③] 钱——她会刮痧[④]，她会给孩子们剃头，她会给少妇们绞脸[⑤]……凡是她能做的，都有求必应。但是吵嘴打架，永远没有她。她宁吃亏，不斗气。当姑母死去的时候，母亲似乎把一世的委屈都哭了出来，一直哭到坟地。不知道哪里来的一位侄子，声称有承继权，母亲便一声不响，教他搬走那些破桌子烂板凳，而且把姑母养的一只肥母鸡也送给他。

可是，母亲并不软弱。父亲死在庚子闹“拳”[⑥] 的那一年。联军[⑦]入城，挨家搜索财物鸡鸭，我们被搜两次。母亲拉着哥哥与三姐坐在墙根，等着“鬼子”进门，街门是开着的。“鬼子”进门，一刺刀先把老黄狗刺死，而后入室搜索。他们走后，母亲把破衣箱搬起，才发现了我。假若箱子不空，我早就被压死了。皇上跑了，丈夫死了，鬼子来了，满城是血光火焰，可是母亲不怕，她要在刺刀下，饥荒中，保护着儿女。北平有多少变乱啊，有时候兵变了，街市整条地烧起，火团落在我们院中。有时候内战了，城门紧闭，铺店关门，昼夜响着枪炮。这惊恐，这紧张，再加上一家饮食的筹划，儿女安全的顾虑，岂是一个软弱的老寡妇所能受得起的？可是，在这种时候，母亲的心横起来，她不慌不哭，要从无办法中想出办法来。她的泪会往心中落！这点软而硬的个性，也传给了我。我对一切人与事，都取和平的态度，把吃亏看作当然的。但是，在做人上，我有一定的宗旨与基本的法则，什么事都可将就，而不能超过自己划好的界限。我怕见生人，怕办杂事，怕出头露面；但是到了非我去不可的时候，我便不得不去，正像我的母亲。从私塾[⑧]到小学，到中学，我经历过起码有廿[⑨]位教师吧，其中有给我很大影响的，也有毫无影响的，但是

① 份礼：指对办喜事或者丧事的人表示祝贺或者慰问时所送的钱或物。

② 洗三：旧时小孩出生后第三天洗澡的俗称。

③ 姥姥：这里指收生婆，与上文“姥姥”的含义不同。

④ 刮痧：民间治疗某些疾病的一种方法，用铜钱等物蘸水或油刮患者的胸、背等处，使局部皮肤充血，减轻内部炎症。

⑤ 绞脸：把一条线两股相交，用手扯住两头，通过有规律的抖动绞去妇女脸上的细毛。

⑥ 庚子闹“拳”：中国旧时以天干地支纪年。庚子，即公元 1900 年。“拳”，指义和团运动。

⑦ 联军：指 1900 年英、美、德、法、俄、日、意、奥八国为侵略我国组成的军队。

⑧ 私塾（shú）：旧时私人设立的教学处所，一般只有一个教师，实行个别教学，没有一定的教材和学习年限。

⑨ 廿（niàn）：二十。

我的真正的教师，把性格传给我的，是我的母亲。母亲并不识字，她给我的是生命的教育。

当我在小学毕了业的时候，亲友一致的愿意我去学手艺，好帮助母亲。我晓得我应当去找饭吃，以减轻母亲的勤劳困苦。可是，我也愿意升学。我偷偷地考入了师范学校——制服，饭食，书籍，宿处，都由学校供给。只有这样，我才敢对母亲提升学的话。入学，要交十元的保证金。这是一笔巨款！母亲作了半个月的难，把这巨款筹到，而后含泪把我送出门去。她不辞劳苦，只要儿子有出息。当我由师范毕业，而被派为小学校校长，母亲与我都一夜不曾合眼。我只说了句："以后，您可以歇一歇了！"她的回答只有一串串的眼泪。我入学之后，三姐结了婚。母亲对儿女是都一样疼爱的，但是假若她也有点偏爱的话，她应当偏爱三姐，因为自父亲死后，家中一切的事情都是母亲和三姐共同撑持的。三姐是母亲的右手。但是母亲知道这右手必须割去，她不能为自己的便利而耽误了女儿的青春。当花轿来到我们的破门外的时候，母亲的手就和冰一样的凉，脸上没有血色——那是阴历四月，天气很暖。大家都怕她晕过去。可是，她挣扎着，咬着嘴唇，手扶着门框，看花轿徐徐地走去。不久，姑母死了。三姐已出嫁，哥哥不在家，我又住学校，家中只剩母亲自己。她还须白晓至晚的操作，可是终日没人和她说一句话。新年到了，正赶上政府倡用阳历，不许过旧年。除夕，我请了两小时的假。由拥挤不堪的街市回到清炉冷灶的家中。母亲笑了。及至听说我还须回校，她愣住了。半天，她才叹出一口气来。到我该走的时候，她递给我一些花生，"去吧，小子！"街上是那么热闹，我却什么也没看见，泪遮迷了我的眼。今天，泪又遮住了我的眼，又想起当日孤独地过那凄惨的除夕的慈母。可是慈母不会再候盼着我了，她已入了土！

儿女的生命是不依顺着父母所设下的轨道一直前进的，所以老人总免不了伤心。我廿三岁，母亲要我结婚，我不要。我请来三姐给我说情，老母含泪点了头。我爱母亲，但是我给了她最大的打击。时代使我成为逆子。廿七岁，我上了英国。为了自己，我给六十多岁的老母以第二次打击。在她七十大寿的那一天，我还远在异域。那天，据姐姐们后来告诉我，老太太只喝了两口酒，很早的便睡下。她想念她的幼子，而不便说出来。

七七抗战①后，我由济南逃出来。北平又像庚子那年似的被鬼子占据了，可是母亲日夜惦念的幼子却跑西南来。母亲怎样想念我，我可以想象得到，可是我不能回去。每逢接到家信，我总不敢马上拆看，我怕，怕，怕，怕有那不祥的消息。人，即使活到八九十岁，有母亲便可以多少还有点孩子气。失了慈母便像花插在瓶子里，虽然还有色有香，却失去了根。有母亲的人，心里是安定的。我怕，怕，怕家信中带来不好的消息，告诉我已是失了根的花草。

去年一年，我在家信中找不到关于老母的起居情况。我疑虑，害怕。我想象得到，如有不幸，家中念我流亡孤苦，或不忍相告。母亲的生日是在九月，我在八月半写去祝寿的

① 七七抗战：指1937年7月7日卢沟桥事变。

信，算计着会在寿日之前到达。信中嘱咐千万把寿日的详情写来，使我不再疑虑。十二月二十六日，由文化劳军的大会上回来，我接到家信。我不敢拆读。就寝前，我拆开信，母亲已去世一年了！

生命是母亲给我的。我之能长大成人，是母亲的血汗灌养的。我之能成为一个不十分坏的人，是母亲感化的。我的性格，习惯，是母亲传给的。她一世未曾享过一天福，临死还吃的是粗粮。唉！还说什么呢？心痛！心痛！

赏析

本文以其质朴、自然又饱含拳拳之情的语言叙述了母亲苦难而伟大的一生，展现了一位可亲可敬的母亲形象。作者的母亲虽然只是一名普通的劳动妇女，但她的坚韧、善良、宽容、勤俭和好客的品性影响了作者一生。

作者运用白描的手法，通过简洁的语言描述了母亲的辛苦，平实的语言中透出几分鲜明和生动，字里行间充溢着作者对母亲深深的爱。欣赏时要细细品味，体会文中真挚而深沉的母爱和作者的情感。

思考练习

1. 课文是从哪些方面记叙母亲平凡而又伟大的一生的？母亲的性格对作者产生了什么影响？

2. 课文四次写到母亲因为儿女流泪，请分析表现了母亲怎样的思想情感。

3. 文章最后一段写道：“生命是母亲给我的，我之能长大成人，是母亲的血汗灌养的。我之能成为一个不十分坏的人，是母亲感化的。我的性格，习惯，是母亲传给的。”联系全文，结合自己的成长过程，说说你对这几句话的理解。

礼赞爱情篇

洛 神 赋[①]

曹 植

文学常识

曹植（192 年—232 年），字子建，沛国谯县（今安徽省亳州市）人，生于东武阳（今山东莘县，一说鄄城），是曹操与武宣卞皇后所生第三子，生前曾为陈王，去世后谥号“思”，因此又称陈思王。

黄初[②]三年，余朝京师[③]，还济洛川[④]。古人有言，斯水[⑤]之神，名曰宓妃。感宋玉对楚王神女之事[⑥]，遂作斯赋，其词曰：

余从京域[⑦]，言归东藩[⑧]，背伊阙[⑨]，越轘辕[⑩]，经通谷[⑪]，陵景山[⑫]。日既西倾，车殆

① 洛神：传说古帝宓（fú）羲氏之女溺死洛水而为神，故名洛神，又名宓妃。

② 黄初：魏文帝曹丕年号，220 年—226 年。

③ 京师：京城，指魏都洛阳。

④ 济：渡。洛川：即洛水，源出陕西，东南入河南，流经洛阳。

⑤ 斯水：此水，指洛川。

⑥ 宋玉对楚王神女之事：传为宋玉所作的《高唐赋》和《神女赋》，都记载宋玉与楚襄王对答梦遇巫山神女事。

⑦ 京域：京都地区，指洛阳。

⑧ 言：语助词。东藩：东方藩国，指曹植的封地。黄初三年，曹植被立为鄄（juàn）城（今山东省鄄城县）王，在洛阳东北方向，故称东藩。

⑨ 伊阙：山名，又称阙塞山、龙门山，在河南洛阳南。

⑩ 轘（huán）辕：山名，在今河南省偃师县东南。

⑪ 通谷：山谷名。在洛阳城南。

⑫ 陵：登。景山：山名，在今偃师县南。

马烦①。尔乃税驾乎蘅皋②，秣驷乎芝田③，容与乎阳林④，流眄⑤乎洛川。于是精移神骇⑥，忽焉思散⑦。俯则未察，仰以殊观⑧。睹一丽人，于岩之畔⑨。乃援御者⑩而告之曰："尔有觌⑪于彼者乎？彼何人斯，若此之艳也！"御者对曰："臣闻河洛之神，名曰宓妃。然则君王所见，无乃是乎？其状若何，臣愿闻之。"

余告之曰：其形也，翩若惊鸿，婉若游龙⑫，荣曜秋菊，华茂春松⑬。髣髴兮若轻云之蔽月，飘飖兮若流风之回雪⑭。远而望之，皎若太阳升朝霞⑮。迫而察之，灼若芙蕖出渌波⑯。秾纤⑰得衷，修短⑱合度。肩若削成，腰如约素⑲。延颈秀项⑳，皓质呈露㉑，芳泽无加，铅华弗御㉒。云髻峨峨㉓，修眉联娟㉔，丹唇外朗，皓齿内鲜㉕。明眸善睐㉖，靥辅

---

① 殆：通"怠"，懈怠。一说指危险。烦：疲乏。

② 尔乃：承接连词，于是就。税驾：停车。税，舍、置。驾，车乘总称。蘅皋：生着杜蘅的河岸。蘅，杜蘅，香草名。皋，岸。

③ 秣驷：喂马。驷，一车四马，此泛指驾车之马。芝田：种着灵芝草的田地，此处指野草繁茂之地。一说为地名，指河南省巩义市西南的芝田镇。

④ 容与：悠然安闲貌。阳林：地名。

⑤ 流眄：纵目四望。眄，斜视。一作"流盼"，目光流转顾盼。

⑥ 精移神骇：神情恍惚。骇，散。

⑦ 忽焉：急速貌。思散：思绪分散，精神不集中。

⑧ 殊观：少见的异常现象。

⑨ 岩之畔：山岩边。

⑩ 援：以手牵引。御者：车夫。

⑪ 觌（dí）：看见。

⑫ "翩若"二句：翩然若惊飞的鸿雁，蜿蜒如游动的蛟龙。翩：鸟疾飞的样子，此处指飘忽摇曳的样子。惊鸿：惊飞的鸿雁。婉：蜿蜒曲折。这两句是写洛神的体态轻盈婉转。

⑬ "荣曜（yào）"二句：容光焕发如秋日下的菊花，体态丰茂如春风中的松树。荣：丰盛。曜：日光照耀。华茂：华美茂盛。这两句是写洛神容光焕发充满生气。

⑭ "髣髴"二句：时隐时现像轻云遮住月亮，浮动飘忽似回风旋舞雪花。仿佛，若隐若现的样子。飘飖：飞翔貌。回：回旋，旋转。这两句是写洛神的体态婀娜，行动飘忽。

⑮ 皎：洁白光亮。太阳升朝霞：太阳升起于朝霞之中。

⑯ 迫：靠近。灼：鲜明，鲜艳。芙蕖：一作"芙蓉"，荷花。渌（lù）：水清貌。以上两句是说，不论远远凝望还是靠近观看，洛神都是姿容绝艳。

⑰ 秾：花木繁盛。此指人体丰腴。纤：细小。此指人体苗条。

⑱ 修短：长短，高矮。以上两句是说洛神的高矮肥瘦都恰到好处。

⑲ "肩若"二句：肩窄如削，腰细如束。削成：形容两肩瘦削下垂的样子。约素：一束白绢。素：白细丝织品。这两句是写洛神的肩膀和腰肢线条圆美。

⑳ 延、秀：均指长。颈：脖子的前部。项：脖子的后部。

㉑ 皓：洁白。呈露：显现，外露。

㉒ "芳泽"二句：既不施脂，也不敷粉。泽：润肤的油脂。铅华：粉。古代烧铅成粉，故称铅华。不御：不施。御：用。

㉓ 云髻：发髻如云。峨峨：高耸貌。

㉔ 联娟：微曲貌。

㉕ "丹唇"二句：红唇鲜润，牙齿洁白。朗：明润。鲜：光洁。

㉖ 眸：目中瞳子。睐（lài）：顾盼。

承权①，瓌姿艳逸②，仪静体闲③。柔情绰④态，媚于语言。奇服旷世⑤，骨像应图⑥。披罗衣之璀粲⑦兮，珥瑶碧之华琚⑧。戴金翠之首饰⑨，缀明珠以耀躯。践远游之文履⑩，曳雾绡之轻裾⑪。微幽兰之芳蔼兮⑫，步踟蹰于山隅⑬。于是忽焉纵体，以遨以嬉⑭。左倚采旄⑮，右荫桂旗⑯。攘皓腕于神浒兮⑰，采湍濑之玄芝⑱。

余情悦其淑美兮，心振荡而不怡⑲。无良媒以接欢兮，托微波而通辞⑳。愿诚素㉑之先达兮，解玉佩以要㉒之。嗟佳人之信修㉓兮，羌习礼而明诗㉔。抗琼珶以和㉕予兮，指潜渊而为期㉖。执眷眷之款实兮㉗，惧斯灵之我欺㉘。感交甫之弃言兮㉙，怅犹豫而狐疑㉚。收和颜而静志兮㉛，申礼防以自持㉜。

于是洛灵感焉，徙倚㉝彷徨。神光㉞离合，乍阴乍阳。竦轻躯以鹤立㉟，若将飞而未

① 靥（yè）：酒窝。辅：面颊。承权：在颧骨之下。权：颧骨。
② 瓌：同“瑰”，奇妙。艳逸：艳丽飘逸。
③ 仪：仪态。闲：娴雅。
④ 绰：绰约，美好。
⑤ 奇服：奇丽的服饰。旷世：举世唯有。旷，空。
⑥ 骨像：骨骼形貌。应图：指与画中人相当。
⑦ 璀粲：鲜明貌。一说为衣动的声音。
⑧ 珥：珠玉耳饰。此用作动词，作佩戴解。瑶、碧：均为美玉。华琚：刻有花纹的佩玉。琚：佩玉名。
⑨ 翠：翡翠。首饰：指钗簪一类饰物。
⑩ 践：穿，着。远游：鞋名。文履：饰有花纹图案的鞋。
⑪ 曳：拖。雾绡：轻薄如雾的绡。绡，生丝。裾：裙边。
⑫ 微：轻微。芳蔼：香气。
⑬ 踟蹰：徘徊。隅：角。
⑭ “于是”二句：忽然又飘然轻举，且行且戏。纵体：身体轻举貌。遨：游。
⑮ 采旄（máo）：彩旗。采，同“彩”。旄，旗杆上旄牛尾饰物，此处指旗。
⑯ 桂旗：以桂木做旗杆的旗，形容旗的华美。
⑰ 攘：此指挽袖伸出。神浒：为神所游之水边地。浒，水边泽畔。
⑱ 湍濑：石上急流。玄芝：黑色芝草，相传为神草。
⑲ “余情”二句：我喜欢她的淑美，又担心不被接受，不觉心旌摇曳而不安。振荡：形容心动荡不安。怡：悦。
⑳ “无良媒”二句：没有合适的媒人去沟通欢情，就只能借助微波来传递话语。微波：一说指目光。
㉑ 诚素：真诚的情意。素，同“愫”，情愫。
㉒ 要：同“邀”，约请。
㉓ 信修：确实美好。修，美好。
㉔ 羌：发语词。习礼：懂得礼法。明诗：善于言辞。这句意指有很好的文化教养。
㉕ 抗：举起。琼珶（dì）：美玉。和：应答。
㉖ “指潜川”句：指深水发誓，约期相会。潜川：深渊，一说指洛神所居之地。期：会。
㉗ 眷眷：依恋貌。款实：诚实。
㉘ 斯灵：此神，指宓妃。我欺：即欺我。
㉙ 交甫：郑交甫。《文选》李善注引《神仙传》：“切仙一出，游于江滨，逢郑交甫。交甫不知何人也，目而挑之，女遂解佩与之。交甫行数步，空怀无佩，女亦不见。”弃言：背弃承诺。
㉚ 狐疑：疑虑不定。因为想到郑交甫曾经被仙女遗弃，故此内心产生了疑虑。
㉛ 收和颜：收起和悦的容颜。静志：镇定情志。
㉜ 申：施展。礼防：礼法，礼能防乱，故称礼防。自持：自我约束。
㉝ 徙倚：流连徘徊。
㉞ “神光”二句：洛神身上放出的光彩忽聚忽散，忽明忽暗。
㉟ 竦（sǒng）：耸。鹤立：形容身躯轻盈飘举，如鹤之立。

翔。践椒涂[①]之郁烈，步蘅薄而流芳[②]。超长吟以永慕兮，声哀厉而弥长[③]。尔乃众灵杂遝[④]，命俦啸侣[⑤]。或戏清流，或翔神渚[⑥]。或采明珠，或拾翠羽[⑦]。从南湘之二妃[⑧]，携汉滨之游女[⑨]。叹匏瓜之无匹兮，咏牵牛之独处[⑩]。扬轻袿之猗靡兮[⑪]，翳修袖以延伫[⑫]。体迅飞凫[⑬]，飘忽若神。凌波微步，罗袜生尘[⑭]。动无常则，若危若安。进止难期[⑮]，若往若还。转眄流精[⑯]，光润玉颜。含辞未吐，气若幽兰[⑰]。华容婀娜，令我忘餐。

于是屏翳收风，川后静波[⑱]。冯夷[⑲]鸣鼓，女娲[⑳]清歌。腾文鱼以警乘，鸣玉鸾以偕逝[㉑]。六龙俨其齐首[㉒]，载云车之容裔[㉓]。鲸鲵踊而夹毂[㉔]，水禽翔而为卫。于是越北沚[㉕]，过南冈，纡素领，回清阳[㉖]，动朱唇以徐言，陈交接[㉗]之大纲。恨人神之道殊兮，怨盛年之莫当[㉘]。抗罗袂以掩涕兮，泪流襟之浪浪[㉙]。悼良会之永绝兮，哀一逝而异乡[㉚]。无微情

---

① 椒途：涂有椒泥的道路，一说指长满香椒的道路。椒，花椒，有浓香。

② 蘅薄：杜蘅丛生地。流芳：散发香气。

③ “超长吟”二句：怅然长吟以表示深沉的思慕，声音哀婉而悠长。超，惆怅。永慕：长久思慕。厉：疾。弥：久。

④ 众灵：众仙。杂沓：纷纭，多而乱的样子。

⑤ 命俦啸侣：招呼同伴。俦，伙伴、同类。

⑥ 渚：水中高地。

⑦ 翠羽：翠鸟的羽毛。

⑧ 南湘之二妃：指娥皇和女英。据刘向《列女传》载，尧以长女娥皇和次女女英嫁舜，后舜南巡，死于苍梧。二妃往寻，自投湘水而死，为湘水之神。

⑨ 汉滨之游女：汉水之女神，即前注中郑交甫所遇之神女。

⑩ “叹匏瓜”二句：为匏瓜星的无偶而叹息，为牵牛星的独处而哀咏。匏瓜：星名，又名天鸡，在河鼓星东。无匹：无偶。牵牛：星名，又名天鼓，与织女星各处天河之旁。相传每年七月七日才得一会。

⑪ 袿 guī）：妇女的上衣。猗（yī）靡：随风飘动貌。

⑫ 翳（yì）：遮蔽。延伫：久立。

⑬ 凫：野鸭。

⑭ “凌波”二句：在水波上细步行走，溅起的水沫附在罗袜上如同尘埃。凌，踏。尘：指细微四散的水沫。

⑮ 难期：难料。

⑯ “转眄”句：转眼顾盼之间流露出奕奕神采。流精：形容目光流转而有光彩。

⑰ “气若”句：形容气息香馨如兰。

⑱ 屏翳：传说中的众神之一，司职说法不一，或以为是云师，或以为是雷师，或以为是雨师，在此篇中被曹植视作风神。川后：传说中的河神。

⑲ 冯（píng）夷：传说中的水神。

⑳ 女娲：女神名，相传笙簧是她所造，所以这里说“女娲清歌”。

㉑ “腾文鱼”二句：飞腾的文鱼警卫着洛神的车乘，众神随着叮当作响的玉鸾一齐离去。腾，升。文鱼，神话中一种能飞的鱼。警乘：警卫车乘。玉銮：鸾鸟形的玉制车铃，动则发声。偕逝：俱往。

㉒ 六龙：相传神出游多驾六龙。俨：庄严的样子。齐首：六龙齐头并进。

㉓ 云车：相传神以云为车。容裔：即“容与”，舒缓安详貌。

㉔ 鲸鲵（ní）：即鲸鱼。水栖哺乳动物，雄者称鲸，雌者称鲵。毂（gǔ）：车轮中用以贯轴的圆木，这里指车。

㉕ 沚：水中小块陆地。

㉖ “纡素领”二句：洛神不断回首顾盼。纡，回。素领，白皙的颈项。清阳：形容女性清秀的眉目。

㉗ 交接：结交往来。

㉘ 盛年：少壮之年。莫当：无匹，无偶，即两人不能结合。

㉙ “抗罗袂”二句：举起罗袖掩面而泣，止不住泪水涟涟沾湿了衣襟。抗，举。袂，衣袖。浪浪：水流不断貌。

㉚ “悼良会”二句：痛惜这样美好的相会永不再有，哀叹长别从此身处两地。

以效爱[①]兮，献江南之明珰[②]。虽潜处于太阴，长寄心于君王[③]。忽不悟其所舍，怅神宵而蔽光[④]。

于是背下陵高[⑤]，足往神留。遗情想像[⑥]，顾望怀愁。冀灵体[⑦]之复形，御轻舟而上溯[⑧]。浮长川[⑨]而忘返，思绵绵而增慕。夜耿耿[⑩]而不寐，沾繁霜而至曙。命仆夫而就驾，吾将归乎东路。揽騑辔以抗策，怅盘桓而不能去[⑪]。

译文

黄初三年，我来到京都朝觐，归渡洛水。古人曾说此水之神名叫宓妃。因有感于宋玉对楚王所说的神女之事，于是作了这篇赋。赋文云：

我从京都洛阳出发，向东回归封地鄄城，背着伊阙，越过轘辕，途经通谷，登上景山。这时日已西下，车困马乏。于是就在长满杜蘅草的岸边卸了车，在生着芝草的地里喂马。自己则漫步于阳林，纵目眺望水波浩渺的洛川。于是不觉精神恍惚，思绪飘散。低头时还没有看见什么，一抬头，却发现了异常的景象，只见一个绝妙佳人，立于山岩之旁。我不禁拉着身边的车夫对他说："你看见那个人了吗？那是什么人，竟如此艳丽！"车夫回答说："臣听说河洛之神的名字叫宓妃，然而现在君王所看见的，莫非就是她！她的形状怎样，臣倒很想听听。"

我告诉他说："她的形影，翩然若惊飞的鸿雁，婉约若游动的蛟龙。容光焕发如秋日下的菊花，体态丰茂如春风中的青松。她时隐时现像轻云笼月，浮动飘忽似回风旋雪。远而望之，明洁如朝霞中升起的旭日；近而视之，鲜丽如绿波间绽开的新荷。她体态适中，高矮合度，肩窄如削，腰细如束，秀美的颈项露出白皙的皮肤。既不施脂，也不敷粉，发髻高耸入云，长眉弯曲细长，红唇鲜润，牙齿洁白，一双善于顾盼的闪亮的眼睛，两个面颧下甜甜的酒窝。她姿态优雅妩媚，举止温文娴静，情态柔美和顺，语辞得体可人。洛神服饰奇艳绝世，风骨体貌与图上画的一样。她身披明丽的罗衣，带着精美的珮玉。头戴金银翡翠首饰，缀以周身闪亮的明珠。她脚着饰有花纹的远游鞋，拖着薄雾般的裙裾，隐隐

---

① 效爱：致爱慕之意。

② 明珰：以明月珠做的耳珰。

③ "虽潜"二句：虽然幽居于神仙之所，但将永远怀念着君王。潜处：深处，幽居。太阴：众神所居之处。君王：指曹植。

④ "忽不悟"二句：洛神说毕忽然不知去处，我为众灵一时消失隐去光彩而深感惆怅。不悟，不见，未察觉。所舍：停留、止息之处。宵：通"消"，消失。蔽光：隐去光彩。

⑤ 背下：离开低地。陵高：登上高处。

⑥ 遗情：留情，情思留连。想象：指思念洛神的美好形象。

⑦ 灵体：指洛神。

⑧ 上溯：逆流而上。

⑨ 长川：指洛水。

⑩ 耿耿：心神不安的样子。

⑪ "揽騑辔"二句：当手执马缰，举鞭欲策之时，却又怅然若失，徘徊依恋，无法离去。騑（fēi），车旁之马。古代驾车称辕外之马为騑或骖，此泛指驾车之马。辔，马缰绳。抗策：犹举鞭。盘桓：徘徊不进貌。

散发出幽兰的清香，在山边徘徊徜徉。忽然又飘然轻举，且行且戏，左面倚着彩旄，右面有桂旗庇荫，在河滩上伸出素手，采撷水流边的黑色芝草。

我钟情于她的淑美，不觉心旌摇曳而不安。因为没有合适的媒人去说情，只能借助微波来传递话语。但愿自己真诚的心意能先于别人陈达，我解下玉珮向她发出邀请。可叹佳人实在美好，既明礼义又善言辞，她举着琼玉向我作出回答，并指着深深的水流以为期待。我怀着眷眷之诚，又恐受这位神女的欺骗。因有感于郑交甫曾遇神女背弃诺言之事，心中不觉惆怅、犹豫和迟疑，于是敛容定神，以礼义自持。

这时洛神深受感动，低回徘徊，神光时离时合，忽明忽暗。她像鹤立般地耸起轻盈的躯体，如将飞而未翔；又踏着充满花椒浓香的小道，走过杜蘅草丛而使芳气流动。忽又怅然长吟以表示深沉的思慕，声音哀婉而悠长。于是众神纷至杂沓，呼朋引类，有的嬉戏于清澈的水流，有的飞翔于神异的小渚，有的在采集明珠，有的在俯拾翠鸟的羽毛。洛神身旁跟着娥皇、女英南湘二妃，她手挽汉水之神，为瓠瓜星的无偶而叹息，为牵牛星的独处而哀咏。时而扬起随风飘动的上衣，用长袖蔽光远眺，久久伫立；时而又身体轻捷如飞凫，飘忽游移无定。她在水波上行走，罗袜溅起的水沫如同尘埃。她动止没有规律，像危急又像安闲；进退难以预知，像离开又像回返。她双目流转光亮，容颜焕发泽润，话未出口，却已气香如兰。她的体貌婀娜多姿，令我看了茶饭不思。

在这时风神屏翳收敛了晚风，水神川后止息了波涛，冯夷击响了神鼓，女娲发出清冷的歌声。飞腾的文鱼警卫着洛神的车乘，众神随着叮当作响的玉鸾一齐离去。六龙齐头并进，驾着云车从容前行。鲸鲵腾跃在车驾两旁，水禽绕翔护卫。车乘走过北面的沙洲，越过南面的山冈，洛神转动白洁的脖颈，回过清秀的眉目，朱唇微启，缓缓地陈诉着往来交接的纲要。只怨恨人神有别，彼此虽然都处在盛年而无法如愿以偿。说着不禁举起罗袖掩面而泣，止不住泪水涟涟沾湿了衣襟，哀念欢乐的相会就此永绝，如今一别身处两地，不曾以细微的柔情来表达爱慕之心，只能赠以明珰作为永久的纪念。自己虽然深处太阴，却时时怀念着君王。洛神说毕忽然不知去处，我为众灵一时消失隐去光彩而深感惆怅。

于是我舍低登高，脚步虽移，心神却仍留在原地。余情缱绻，不时想象着相会的情景和洛神的容貌；回首顾盼，更是愁绪萦怀。满心希望洛神能再次出现，就不顾一切地驾着轻舟逆流而上。行舟于悠长的洛水以至忘了回归，思恋之情却绵绵不断，越来越强，以至整夜心绪难平无法入睡，身上沾满了浓霜直至天明。我不得已命仆夫备马就车，踏上向东回返的道路，但当手执马缰，举鞭欲策之时，却又怅然若失，徘徊依恋，无法离去。

赏　析

《洛神赋》全篇大致可分为六个段落，第一段写作者从洛阳回封地时，看到“丽人”宓妃伫立山崖，这段类似话本的“入话”。第二段写“宓妃”容仪服饰之美。第三段写“我”非常爱慕洛神，她实在太好了，既识礼仪又善言辞，虽已向她表达了真情，赠以信物，有了约会，却担心受欺骗，极言爱慕之深。第四段写洛神为“君王”之诚所感后的情状。第五段“恨人神之道殊”以下两句，是此赋的寄意之所在。第六段写别后“我”对洛神的思念。

《洛神赋》的思想和艺术成就前人都曾予以其极高的评价，最明显的是常把它与屈原的《九歌》和宋玉的《神女》诸赋相提并论。其实，曹植此赋兼二者而有之，它既有《湘君》《湘夫人》那种浓厚的抒情成分，同时又具宋玉诸赋对女性美的精妙刻画。此外，它的情节完整、手法多变和形式隽永特点，又为以前的作品所不及。因此，它在历史上有着非常广泛和深远的影响。晋代大书法家王献之和大画家顾恺之，都曾将《洛神赋》的神采风貌形诸楮墨，为书苑和画坛增添了不可多得的精品。到了南宋和元明时期，一些剧作家又将其搬上了舞台，汪道昆的《陈思王悲生洛水》就是其中比较著名的一部。至于历代作家以此为题材，见咏于诗词歌赋者，则更是难以计数。由此可见，曹植《洛神赋》的艺术魅力是经久不衰的。

思考练习

1. 简述本文的写作思想。
2. 曹植前后期代表作是什么？分别体现出什么特点？

孔雀东南飞

文学常识

《孔雀东南飞》是中国文学史上第一部长篇叙事诗，也是乐府诗发展史上的高峰之作，后人盛称它与北朝的《木兰诗》为“乐府双璧”。

《孔雀东南飞》取材于东汉献帝年间发生在庐江郡（今安徽怀宁、潜山一带）的一桩婚姻悲剧。原题为《古诗为焦仲卿妻作》，因诗的首句为“孔雀东南飞，五里一徘徊”，故又有此名。全诗350余句，1700余字。主要讲述了焦仲卿、刘兰芝夫妇被迫分离并双双自杀的故事，控诉了封建礼教的残酷无情，歌颂了焦刘夫妇的真挚感情和反抗精神。

序曰：汉末建安中①，庐江②府小吏焦仲卿妻刘氏，为仲卿母所遣③，自誓不嫁。其家逼之，乃投水而死。仲卿闻之，亦自缢于庭树。时人伤之，为诗云尔④。

① 建安中：建安年间（196年—220年）。建安，东汉献帝刘协的年号。
② 庐江：汉代郡名，郡城在今安徽怀宁、潜山一带。
③ 遣：女子出嫁后被夫家休弃回娘家。
④ 云尔：句末语气词。如此而已。

孔雀东南飞，五里一徘徊①。

"十三能织素②，十四学裁衣，十五弹箜篌③，十六诵诗书④。十七为君妇，心中常苦悲。君既为府吏，守节⑤情不移。贱妾留空房，相见常日稀。鸡鸣入机织，夜夜不得息。三日断⑥五匹，大人故嫌迟⑦。非为织作迟，君家妇难为！妾不堪⑧驱使，徒⑨留无所施⑩。便可白公姥⑪，及时相遣归。"

府吏得闻之，堂上启阿母："儿已薄禄相⑫，幸复得此妇，结发⑬同枕席，黄泉共为友。共事二三年，始尔⑭未为久。女行无偏斜，何意致不厚⑮？"

阿母谓府吏："何乃太区区⑯！此妇无礼节，举动自专由⑰。吾意久怀忿，汝岂得自由！东家有贤⑱女，自名秦罗敷，可怜⑲体无比，阿母为汝求。便可速遣之，遣去慎莫留！"

府吏长跪告："伏惟⑳启阿母，今若遣此妇，终老不复取㉑"阿母得闻之，槌床㉒便大怒："小子无所畏，何敢助妇语！吾已失恩义，会不相从许㉓！"府吏默无声，再拜还入户。举言㉔谓新妇㉕，哽咽不能语："我自不驱卿，逼迫有阿母。卿但暂还家，吾今且报府㉖。不久当归还，还必相迎取。以此下心意㉗，慎勿违吾语。"

---

① 徘徊：来回走动。汉代乐府诗常以飞鸟徘徊起兴，以写夫妇离别。
② 素：白绢。从这句话开始到"及时相遣归"是焦仲卿妻对仲卿所言。
③ 箜篌：古代的一种弦乐器，形如筝、瑟。
④ 诗书：原指《诗经》和《尚书》，这里泛指儒家的经书。
⑤ 守节：遵守府里的规则。
⑥ 断：（织成一匹）截下来。
⑦ 大人故嫌迟：婆婆故意嫌我织得慢。大人，对长辈的尊称，这里指婆婆。
⑧ 不堪：不能胜任。
⑨ 徒：徒然，白白地。
⑩ 施：用。
⑪ 白公姥：禀告婆婆。白，告诉，禀告。公姥，公公婆婆，这里是偏义复词，专指婆婆。
⑫ 薄禄相：官禄微薄的相貌。
⑬ 结发：束发。古时候的人到了一定的年龄（男子 20 岁，女子 15 岁）才把头发结起来，算是到了成年，可以结婚了。
⑭ 始尔：刚开始。尔，助词，无义。一说是代词，这样。
⑮ 致不厚：招致不喜欢。致，招致。厚，厚待，这里是"喜欢"的意思。
⑯ 区区：小，这里指见识短浅。
⑰ 自专由：与下句"汝岂得自由"中的"自由"都是自作主张的意思。专，独断专行。由，随意，任意。
⑱ 贤：这里指聪明贤惠。
⑲ 可怜：可爱。
⑳ 伏惟：趴在地上想。古代下级对上级或小辈对长辈说话表示恭敬的习惯用语。
㉑ 取：通"娶"，娶妻。
㉒ 床：古代的一种坐具。
㉓ 会不相从许：当然不能答应你的要求。会，当然，必定。
㉔ 举言：发言，开口。
㉕ 新妇：媳妇（不是新嫁娘）。"新妇"是汉代末年对已嫁妇女的通称。
㉖ 报府：赴府，指回到庐江太守府。
㉗ 下心意：低心下意，受些委屈。

新妇谓府吏："勿复重纷纭①。往昔初阳岁②，谢③家来贵门。奉事循公姥，进止敢自专？昼夜勤作息④，伶俜萦苦辛⑤。谓言⑥无罪过，供养卒⑦大恩；仍更被驱遣，何言复来还！妾有绣腰襦⑧，葳蕤⑨自生光；红罗复斗帐，四角垂香囊；箱帘⑩六七十，绿碧青丝绳，物物各自异，种种在其中。人贱物亦鄙，不足迎后人⑪，留待作遗施⑫，于今无会因⑬。时时为安慰，久久莫相忘！"

鸡鸣外欲曙，新妇起严妆⑭。著我绣夹裙，事事四五通⑮。足下蹑⑯丝履，头上玳瑁⑰光。腰若流纨素，耳著明月珰⑱。指如削葱根，口如含朱丹。纤纤作细步，精妙世无双。

上堂拜阿母，阿母怒不止。"昔作女儿时⑲，生小出野里⑳。本自无教训，兼愧㉑贵家子。受母钱帛多，不堪母驱使。今日还家去，念母劳家里。"却㉒与小姑别，泪落连珠子。"新妇初来时，小姑始扶床；今日被驱遣，小姑如我长。勤心养公姥，好自相扶将㉓。初七及下九㉔，嬉戏莫相忘。"出门登车去，涕落百余行。

府吏马在前，新妇车在后。隐隐㉕何甸甸，俱会大道口。下马入车中，低头共耳语："誓不相隔卿，且暂还家去；吾今且赴府，不久当还归。誓天不相负！"㉖ 新妇谓府吏：

---

① 勿复重纷纭：不必再添麻烦吧。也就是说，不必再提接她回来的话了。
② 初阳岁：农历冬末春初。
③ 谢：辞别。
④ 作息：原意是工作和休息，这里是偏义复词，专指工作。
⑤ 伶俜萦苦辛：孤孤单单，受尽辛苦折磨。伶俜，孤单的样子。萦，缠绕。
⑥ 谓言：总以为。
⑦ 卒：完成，引申为报答。
⑧ 绣腰襦：绣花的齐腰短袄。
⑨ 葳蕤：草木繁盛的样子，这里形容短袄上刺绣的花叶繁多而美丽。
⑩ 箱帘：箱，衣箱。帘，通"奁"，古代妇女梳妆用的镜匣。
⑪ 后人：指府吏将来再娶的妻子。
⑫ 遗施：赠送，施与。
⑬ 会因：会面的机会。
⑭ 严妆：整妆，郑重地梳妆打扮。
⑮ 通：次，遍。
⑯ 蹑：踩，踏，这里指穿鞋。
⑰ 玳瑁：一种同龟相似的爬行动物，甲壳可制装饰品。
⑱ 珰：耳坠。
⑲ 昔作女儿时：以下八句是仲卿妻对焦母告别时说的话。
⑳ 野里：乡间。
㉑ 兼愧：更有愧于。
㉒ 却：从堂上退下来。
㉓ 扶将：扶持，搀扶，这里是服侍的意思。
㉔ 初七及下九：七月七日和每月的十九日。初七，指农历七月七日，旧时妇女在这天晚上在院子里陈设瓜果，向织女星祈祷，祈求提高刺绣缝纫技巧，称为"乞巧"。下九，古人以每月的二十九为上九，初九为中九，十九为下九。在汉朝时候，每月的十九日是妇女欢聚的日子。
㉕ 隐隐：和下面的"甸甸"都是象声词，指车声。
㉖ 誓不相隔卿以下五句：这是府吏对兰芝说的话。

"感君区区①怀！君既若见录②，不久望君来。君当作磐石，妾当作蒲苇，蒲苇纫③如丝，磐石无转移。我有亲父兄④，性行暴如雷，恐不任我意，逆⑤以煎我怀。"举手长劳劳⑥，二情同依依。

译　文

序说：东汉末建安年间（196 年—219 年），庐江太守衙门里的小官吏焦仲卿的妻子刘兰芝被焦仲卿的母亲赶回娘家，她（回娘家后）发誓不再嫁人。她的娘家逼迫她改嫁，她便投水死了。焦仲卿听到后，在（自家）庭院的树上吊死了。当时的人哀悼他们，写下这首诗记述这件事。

孔雀鸟向东南方向飞去，飞上五里便徘徊一阵。

"（我）十三岁到十六岁能织精美的白绢，学会了裁剪衣裳，会弹箜篌，能诵读诗书。十七岁做了您的妻子，心中常常感到痛苦的悲伤。您既然做了太守府的小官吏，遵守官府的规则，专心不移。我一个人留在空房里，我们见面的日子实在少得很。鸡鸣啼了，我就上机织绸子，天天晚上都不得休息。三天就织成五匹绸子，婆婆仍然嫌我织得慢。并不是因为我织得慢，（而是）您家的媳妇难做啊！我既然担当不了使唤，白白留着也没有什么用。（您）现在就可以去禀告婆婆，趁早把我遣送回娘家。"

焦仲卿听了这般诉说后，到堂上去禀告母亲："我已经没有做高官、享厚禄的貌相，幸亏还能娶到这个（贤惠能干）的妻子，结婚后相亲相爱地生活，（并约定）死后在地下也要相依为伴侣。相处在一起不到二三年，（生活）才开始，还不算很久，这个女子的行为并没有什么不正当，哪里料到会招致母亲不满意呢？"

焦母对仲卿说："（你）怎么这样没见识！这个女子不讲礼节，一举一动全凭自己的意思。我早就憋了一肚子气，你怎么可以自作主张！邻居有个贤惠的女子，名字叫罗敷，姿态可爱无比，母亲替你去提亲。（你）就赶快休掉刘兰芝，打发她走，千万不要挽留（兰芝）。"

焦仲卿直身而跪禀告："孩儿恭敬发禀告母亲，现在假如休掉这个女子，我一辈子就不再娶妻子了！"

焦母听了儿子的话，（用拳头）敲着坐具大发脾气（骂道）："你这小子没有什么害怕的了，怎么敢帮你媳妇说话！我对她已经没有什么恩情了，当然不能答应你的（要求）。"

焦仲卿默默不敢作声，对母亲拜了两拜，回到自己房里，张嘴对妻子说话，却哭得连

① 区区：这里是诚挚的意思，与上面"何乃太区区"中的"区区"意思不同。
② 若见录：如此记住我。见录，记着我。见，被。录，记。
③ 纫：通"韧"，柔韧牢固。
④ 亲父兄：即同胞兄。
⑤ 逆：逆料，想到将来。
⑥ 劳劳：怅惘若失的样子。

话也说不成句："本来我不愿赶你走，但有母亲逼迫着。你只好暂时回娘家去。我现在暂且回太守府里办事，不久我一定回来，回来后必定去迎接你回我家来。为此，你就受点委屈吧，千万不要违背我说的。"

刘兰芝对焦仲卿说："不要再白费口舌了！记得那一年冬末，我辞别娘家嫁到你府上，侍奉时总是顺从婆婆的意旨，一举一动哪里敢自作主张呢？白天黑夜勤恳地操作，我孤孤单单地受尽辛苦折磨，总以为没有过错，终身侍奉婆婆。（我）到底还是被赶走了，哪里还说得上再回到你家来？我有绣花的齐腰短袄，上面美丽的刺绣发出光彩，红色罗纱做的双层斗帐，四角挂着香袋，盛衣物的箱子六七十个，箱子上都用碧绿色的丝绳捆扎着。样样东西各自不相同，种种器皿都在那箱匣里面。我人低贱，东西也不值钱，不配拿去迎接你日后再娶的妻子，留着作为我赠送（给你）的纪念品吧，从此没有再见面的机会了。时时把这些东西作个安慰吧，（希望你）永远不要忘记我。"

鸡鸣啼了，外面天将亮了，刘兰芝起床打扮得整整齐齐。穿上绣花夹裙，每穿戴一件衣饰，都要更换好几遍。脚下穿着丝鞋，头上戴（插）着闪闪发光的玳瑁首饰，腰上束着白绢子，光彩像水波一样流动，耳朵戴着用明月珠做的耳坠，手指纤细白嫩像削尖的葱根，嘴唇红润，像含着红色朱砂，轻盈地踏着细步，精巧美丽，真是世上没有第二个。

刘兰芝走上厅堂拜见婆婆，婆婆的怒气仍未平息。（兰芝说：）"从前我做女儿时，出世后从小生长在乡间，本来就没受过什么好的教养，同你家少爷结婚，更感到惭愧。接受婆婆送的钱财礼品很多，却不能承担婆婆的使唤。今天我就回娘家去，只是记挂婆婆在家里辛苦操劳。"回头再与小姑告别，眼泪像连串的珠子掉下来。（刘兰芝对小姑说：）"我初来你家时，小姑你刚能扶着坐具学走路，今天我被赶走，小姑你长得和我一样高了。希望你努力尽心奉养母亲，好好服侍她老人家，初七和十九，在玩耍的时候不要忘记我。"（兰芝说完）出门登上车子离去了，眼泪不停地簌簌落下。

焦仲卿的马走在前面，刘兰芝的车行在后面，车子发出隐隐甸甸的响声，一起会合在大路口，焦仲卿下马坐入刘兰芝的车中，两人低头互相凑近耳朵低声说话。（焦仲卿说）："我发誓不与你断绝关系，你暂且回娘家去，我现在暂且去庐江太守府（办事），不久一定会回来，我对天发誓，决不会对不起你。"

刘兰芝对焦仲卿说："感谢你忠诚相爱的心愿！你既然这样记着我，盼望你不久就能来接我，你一定要成为磐石，我一定要成为蒲草和苇子。蒲草和苇子柔软结实得像丝一样，磐石不容易被转移。我有一个亲哥哥，性情行为暴躁如雷，恐怕不会听任我的意愿，违反我用来使我烦忧。"接着举手告别，惆怅不止，两人的感情同样的恋恋不舍。

赏　析

《孔雀东南飞》是一曲基于事实而形于吟咏的悲歌。其中，主人公刘兰芝、焦仲卿之死，表面上看来，是由于凶悍的焦母和势利的刘兄逼迫的结果。事实上，焦母、刘兄同样是封建礼教的受害者。因为焦母、刘兄的本意并不想害死自己的儿子、自己的妹妹。这从刘、焦死后，“两家求合葬”这样后悔不及的举动可以看出——尽管这是他们对刘兰芝、焦仲卿生死不渝爱情的晚到的认可与祝福。他们主观上的出发点虽有利己的打算，但也有把维护自己亲人的终身幸福与自己的利益统一起来的愿望。焦母刘兄是要在自己与焦仲卿、刘兰芝的利益之间找到一块平衡的绿地而共处。然而，他们没有成功。这里，问题的深刻性在于：刘兰芝、焦仲卿毕竟是直接通过他们被害死了。焦母、刘兄同时又成了封建礼教的帮凶。这种不以个别人意志为转移的社会力量，正是当时封建制度罪恶本质的必然反映。

思考练习

1. 仲卿、兰芝二人凄楚话别时，兰芝为什么要赠物于仲卿？请作具体分析。
2. 从刘兰芝这段“自白”中，可以看出她具有哪些优秀品质？
3. 刘兰芝所说的“人贱物亦鄙”有何深刻含义？

鹊　桥　仙[①]

秦　观

鹊桥仙

文学常识

秦观（1049 年—1100 年），字太虚，一字少游，号淮海居士，扬州高邮（今属江苏）人。北宋著名词人。有《淮海集》《淮海居士长短句》。

神宗元丰八年（1085 年）进士，先后任定海主簿、蔡州教授。官至太学博士、秘书省正字兼国史馆编修官。绍圣初坐元祐党籍，累遭贬谪，先通判杭州，又贬郴州（今属湖南）、雷州（今广东海康）。少从苏轼游，在“苏门四学士”（黄庭坚、晁补之、秦观、张耒）中最为苏轼赏识。擅诗文，尤工于词。其词得力于《花间集》，善写相思离别，抒身世之感，柔婉凄丽，情韵俱胜，被后人奉为婉约派正宗。与黄庭坚并称“秦七黄九”。

① 鹊桥仙：词牌名。唐韩鄂《岁华纪丽》引《风俗通》：“织女七夕当渡河，使鹊为桥。”七夕，即夏历七月七的晚上，是中国的传统节日，俗称乞巧节，民间有在七夕向织女星乞求智巧的习俗。《荆楚岁时记》载：“是夕，人家妇女结彩缕，穿七孔针，或以金银鍮石为针，陈瓜果于庭中乞巧。”此词即歌咏牛郎织女相会的故事。

纤云弄巧[①]，飞星传恨[②]，银汉迢迢暗度[③]。金风玉露一相逢[④]，便胜却人间无数。

柔情似水，佳期如梦，忍顾鹊桥归路[⑤]。两情若是久长时，又岂在朝朝暮暮[⑥]。

译文

纤薄的云彩在天空中变幻多端，天上的流星传递着相思的愁怨，遥远无垠的银河今夜我悄悄渡过。在秋风白露的七夕相会，就胜过尘世间那些长相厮守却貌合神离的夫妻。

共诉相思，柔情似水，短暂的相会如梦如幻，分别之时不忍去看那鹊桥路。只要两情至死不渝，又何必贪求卿卿我我的朝欢暮乐呢？

赏析

这是一首歌咏牛郎织女爱情的七夕诗词。但此词贵在自出机杼，化故为新，一反相思离别的缠绵感伤，表达出“两情若是久长时，又岂在朝朝暮暮”的新颖见地。

艺术上，此词将写景、抒情与议论说理熔为一炉，以情景为辅弼，以议论点明题旨。词的上片写牛郎织女相会，从离别之恨、相思之苦写起，借景传情；接着出以议论“金风玉露一相逢，便胜却人间无数”，赞颂了相会之珍贵、爱情之圣洁。下片写离别，两情依依，骤又分离，做出了“两情若是久长时，又岂在朝朝暮暮”的结语，揭示了人间爱情的真谛，使人耳目一新，成为全篇的点睛之笔。

全词用象征手法，以天上双星暗喻人间男女。“弄巧”写织女手艺精巧，“传恨”写流星传递情愫，“暗度”写牛郎、织女踽踽夜行，“忍顾”写两人一步三顾，都描绘出人的神貌，充满人的情意。

本词是婉约词的杰作，意境深婉，言理而有理趣，淡语而有兴味。

思考练习

1. 你如何理解“两情若是久长时，又岂在朝朝暮暮”一句的含义？

2. 请你展开联想和想象用散文语言再现“纤云弄巧，飞星传恨，银汉迢迢暗度”的画面。

---

① 纤云弄巧：秋云多变，故云。织女能巧织云锦，旧时女子有“乞巧”的风俗，这里语涉双关。

② 飞星：流星。

③ 银汉：银河，天河。度：通“渡”，指牛郎、织女在七夕渡天河相会。《文选·曹植〈洛神赋〉》李善注：“牵牛为夫，织女为妇，织女、牵牛之星，各处河鼓之旁，七月七日乃得一会。”

④ 金风玉露：秋风白露，指代秋天。

⑤ 忍顾：不忍回顾。

⑥ 朝朝暮暮：朝夕相守。

江城子[①]·乙卯[②]正月二十日夜记梦

苏 轼

文学常识

苏轼（1037年—1101年），字子瞻、和仲，号“东坡居士”，世称“苏东坡”。汉族，眉州人。北宋诗人、词人，宋代文学家，是豪放派词人的主要代表之一，“唐宋八大家”之一。在政治上属于旧党，但也有改革弊政的要求。其文汪洋恣肆，明白畅达，其诗题材广泛，内容丰富，现存诗3900余首。代表作品有《水调歌头·中秋》《赤壁赋》《江城子·乙卯正月二十日夜记梦》《记承天寺夜游》等。

十年[③]生死两茫茫，不思量[④]，自难忘。千里[⑤]孤坟[⑥]，无处话凄凉。纵使[⑦]相逢应不识，尘满面[⑧]，鬓如霜。

夜来幽梦[⑨]忽还乡，小轩窗[⑩]，正梳妆。相顾[⑪]无言，惟有泪千行。料得[⑫]年年肠断处，明月夜[⑬]，短松冈。

译 文

你我夫妻诀别已经整整十年，强忍不去思念可终究难忘怀。孤坟远在千里之外，没有地方能诉说心中的悲伤凄凉。即使你我夫妻相逢怕是也认不出我来了，我四处奔波早已是灰尘满面，两鬓如霜。

昨夜在梦中又回到了家乡，看见你正在小窗前对镜梳妆。你我二人默默相对无言，

① 江城子：词牌名，又名“村意远”“江神子”“水晶帘”。此词双调七十字，上下片各五平韵。

② 乙卯（mǎo）：北宋熙宁八年（1075）。

③ 十年：指结发妻子王弗去世已十年。

④ 思量（liáng）：想念。

⑤ 千里：王弗葬地四川眉山与苏轼任所山东密州，相隔遥远，故称“千里”。孤坟：其妻王氏之墓。孟棨《本事诗·徵异第五》载张姓妻孔氏赠夫诗：“欲知肠断处，明月照孤坟。”

⑥ 孤坟：其妻王氏之墓。

⑦ 纵使：纵然，即使。

⑧ 尘满面，鬓如霜：形容饱经沧桑，面容憔悴。

⑨ 幽梦：梦境隐约，故云幽梦。

⑩ 小轩窗：指小室的窗前，小轩：有窗槛的小屋。

⑪ 顾：看。

⑫ 料得：料想，想来。肠断处，一作“断肠处”。

⑬ 明月夜，短松冈：苏轼葬妻之地。短松：矮松。

只有泪落千行。料想你年年都为我柔肠寸断，在那凄冷的月明之夜，在那荒寂的短松冈上。

赏　析

这是苏轼为悼念原配妻子王弗而写的一首悼亡词。词中采用白描手法，出语如话家常，却字字从肺腑镂出，自然而又深刻，平淡中寄寓着真淳。这首词思致委婉，境界层出，情调凄凉哀婉，为脍炙人口的名作。唐五代及北宋描写妇女的词篇，多数境界狭窄，词语尘下。苏轼此词境界开阔，感情纯真，品格高尚，读来使人耳目一新。用词来悼亡亲友，是苏轼首创。在扩大词的题材、丰富词的表现力方面，本篇应占有一定的地位。

思考练习

1. 思考作者为什么在“自难忘”之前加了“不思量”？这不显得有点矛盾吗？

2. 作者说自己“尘”，而其当时不过四十岁，如何理解？（仅仅是胡子多了些，不洗脸，又是什么让他早生华发呢？）

沈园二首[①]

陆　游

文学常识

陆游（1125年—1210年），字务观，号放翁，越州山阴（今浙江绍兴）人。南宋杰出的爱国诗人。有《渭南文集》《剑南诗稿》。出生第二年即逢“靖康之变”（1126年），年轻时就立下“上马击狂胡”的壮志。绍兴二十四年（1154年）应试礼部，因名列秦桧之孙秦埙之前，被秦桧除名。孝宗即位，赐进士出身，历任镇江、隆兴通判，不久因支持张浚北伐而落职。乾道六年（1170年）入蜀任夔州通判。后曾入王炎、范成大幕府，共谋恢复大计。光宗时官礼部郎中。后被劾去职，归故里闲居十二年。嘉泰二年（1202年）受召修撰实录，次年以宝章阁待制致仕。

① 沈园：故址在今浙江绍兴禹迹寺南。陆游初娶表妹唐婉为妻，但婚后三年，因陆母不满唐婉，夫妻被迫离异。唐婉另嫁赵士程，家有沈园，陆游曾在园中与唐婉不期而遇，后唐婉抑郁而死。庆元五年（1199年）秋天，作者重游沈园，感伤往事，乃作此诗。

陆游生平作诗近万首，与尤袤、杨万里、范成大并称“南宋四大家”。今存九千多首诗，是古代作家中最多产的诗人，大部分诗作都是在他晚年时创作，约七千多首。其诗风格多样，以雄浑豪放为主，想象丰富，语言明快。按其一生经历的变化，可将他的诗歌创作分为早期、中期、晚期三个阶段：初期清新拔俗，中年豪放悲壮，晚年归于清淡安逸。

其 一

城上斜阳画角哀①，沈园非复旧池台。
伤心桥下春波绿，曾是惊鸿照影来②。

其 二

梦断香消四十年③，沈园柳老不吹绵④。
此身行作稽山土⑤，犹吊遗踪一泫然⑥。

译 文

其 一

城墙上的角声仿佛也在哀痛，沈园已经不是原来的亭台池阁。

那座令人伤心的桥下，春水依然碧绿，当年在这里我曾见到她美丽的侧影翩若惊鸿。

其 二

她去世已经四十年有余，我连梦里也见不到，沈园的柳树和我一样都老了，连柳絮都没有了。

我已是古稀之年，行将就木，仍然来此凭吊，泪落潸然。

赏 析

这两首悼亡诗，是七十五岁的诗人陆游对发生在四十多年前的一场爱情悲剧的惨痛回味，也被后人称作“绝等伤心之诗”。《沈园二首》乃陆游触景生情之作，此时距沈园邂逅唐氏已四十余年，故地重游，诗人唯有通过诗歌来寄托对唐婉的哀思。

---

① 画角：有彩画的军中乐器。

② 惊鸿：喻唐婉当年体态的优美轻盈。典出曹植《洛神赋》：“翩若惊鸿，婉若游龙。”

③ 梦断：梦醒。香消：指唐婉亡故。四十年：陆游此诗与上次在沈园遇见唐婉，相距四十四年。“四十”是举其成数。

④ 不吹绵：柳絮不再飞扬。

⑤ 行：即将。稽山：会稽山，在今浙江绍兴东南。

⑥ 吊：凭吊。泫（xuàn）然：流泪的样子。

第一首诗回忆与唐婉离异后在沈园邂逅的往事，写物是人非之悲。诗用借景言情的手法，以斜阳暗淡、画角哀鸣来渲染气氛，眼中之色、耳中之声无不凄凉哀怨，于是触动诗人的伤心情怀。第三句“伤心”二字由眼前景象转入回忆，第四句借桥下春波当年曾映照过唐婉身影，展现出深藏诗人心底那翩若惊鸿的美好形象。

第二首诗表达对唐婉坚贞不渝的感情，写刻骨铭心之思。诗用反衬笔法，以“柳老不吹绵”来表现草木无情，反衬自己四十年不变、至老弥坚的一往情深。自己将化为会稽山上的一抔黄土，仍要凭吊遗踪，而“泫然”二字，饱含诗人复杂的感情，引发读者深思。

思考练习

1. 这首诗的主题是什么？
2. 作者运用什么表现手法来表达自己对爱情的忠贞不渝？请结合作品分析。

西厢记·长亭送别[①]

王实甫

文学常识

王实甫（1260 年—1336 年），名德信，大都（今北京）人，祖籍河北省保定市定兴（今定兴县）。元代著名杂剧作家，杂剧《西厢记》的作者。王实甫与关汉卿、白朴、马致远齐名，其作品全面地继承了唐诗宋词精美的语言艺术，又吸收了元代民间生动活泼的口头语言风格，创造了文采璀璨的元曲词汇，成为中国戏曲史上“文采派”的杰出代表。著有杂剧十四种，现存《西厢记》《丽春堂》《破窑记》三种。五本二十一折的《西厢记》不仅是他的代表作，而且是元代杂剧创作中最优秀的作品之一。

（夫人长老上云）今日送张生赴京，十里长亭安排下筵席。我和长老先行，不见张生、小姐来到。（旦末红同上）（旦云）今日送张生上朝取应，早是离人伤感，况值那暮秋天气，好烦恼人也呵！悲欢聚散一杯酒，南北东西万里程。

① 选自《西厢记》（人民文学出版社 1995 年版）。题目是编者加的。《西厢记》全称《崔莺莺待月西厢记》，是元代王实甫创作的杂剧。全剧记述了书生张生（张君瑞）与相国小姐崔莺莺在侍女红娘的帮助下，冲破孙飞虎、崔母、郑恒等人的重重阻挠，终成眷属的故事。全剧体制宏伟，由五本“四折一楔子”的杂剧组成，这里节选的是其中的第四本第三折。

【正宫】【端正好】

碧云天，黄花[①]地，西风紧，北雁南飞。晓来谁染霜林醉？总是离人泪[②]。

【滚绣球】

恨相见得迟，怨归去得疾。柳丝长玉骢难系[③]。恨不倩[④]疏林挂住斜晖。马儿迍迍[⑤]的行，车儿快快的随。却告了相思回避，破题儿又早别离。听得道一声“去也”，松了金钏；遥望见十里长亭，减了玉肌。此恨[⑥]谁知！

（红云）姐姐，今日怎么不打扮？（旦云）你那知我的心里呵！

【叨叨令】

见安排著车儿、马儿，不由人熬熬煎煎的气；有甚么心情花儿、靥儿[⑦]，打扮的娇娇滴滴的媚；准备著被儿、枕儿，则索昏昏沉沉的睡；从今后衫儿、袖儿，都揾做重重叠叠的泪。兀的不闷杀人也么哥；兀的不闷杀人也么哥！久已后书儿、信儿，索与我恓恓惶惶的寄。

（做到见夫人科）（夫人云）张生和长老坐，小姐这壁坐，红娘将酒来。张生，你向前来，是自家亲眷，不要回避。俺今日将莺莺与你，到京师休辱末了俺孩儿，挣揣[⑧]一个状元回来者。（末云）小生托夫人馀荫，凭著胸中之才，视官如拾芥耳。（洁云）夫人主见不差，张生不是落后的人。（把酒了，坐）（旦长吁科）

【脱布衫】

下西风黄叶纷飞，染寒烟衰草凄迷。酒席上斜签着坐[⑨]的，蹙愁眉死临侵地[⑩]。

【小梁州】

我见他阁泪汪汪不敢垂[⑪]，恐怕人知；猛然见了把头低，长吁气，推整素罗衣[⑫]。

【幺篇】

虽然久后成佳配，奈时间[⑬]怎不悲啼。意似痴，心如醉，昨宵今日，清减了小腰围。

（夫人云）小姐把盏者。（红递酒，旦把盏长吁科云）请吃酒。

---

① 黄花：菊花。

② “晓来”二句：是离人带血的眼泪，把深秋早晨的枫林染红了。

③ 柳丝长玉骢难系：古人有折柳送别的习惯，此言柳丝虽长却系不住玉骢，犹言情虽长却留不住张生。玉骢（cōng），马名，即玉花骢，一种青白色的骏马。

④ 倩（qìng）：请人代己做事。

⑤ 迍（tún）迍：行动缓慢、流连不进的样子。

⑥ 恨：遗憾，不满意。

⑦ 花儿、靥（yè）儿：即花钿，这里指头上戴花。

⑧ 挣揣：这里是争取、夺得之意。

⑨ 斜签着坐：侧身半坐，封建时代晚辈在长辈面前不能实坐。

⑩ 死临侵地：没精打采的样子。临侵，语助词，无义。

⑪ 阁泪汪汪不敢垂：强忍泪水而不敢任其流出。阁泪，含泪、噙泪。

⑫ 推整素罗衣：装作整理衣裳。推，借口，这里有“假装”的意思。

⑬ 时间：目下，眼前。

【上小楼】

合欢未已，离愁相继。想着俺前暮私情，昨夜成亲，今日别离。我谂知这几日相思滋味，却元来此别离情更增十倍①。

【幺篇】

年少呵轻远别，情薄呵易弃掷。全不想腿儿相挨，脸儿相偎，手儿相携。你与俺崔相国做女婿，妻荣夫贵，但得一个并头莲，煞强如状元及第。

（夫人云）红娘把盏者。（红把酒科）（旦唱）

【满庭芳】

供食太急，须臾对面；顷刻别离。若不是酒席间子母每当回避，有心待与他举案齐眉。虽然是厮守得一时半刻，也合着俺夫妻每共桌而食。眼底空留意②，寻思起就里，险化做望夫石。

（红云）姐姐不曾吃早饭，饮一口儿汤水。（旦云）红娘，甚么汤水咽得下。

【快活三】

将来的酒共食，尝着似土和泥；假若便是土和泥，也有些土气息，泥滋味。

【朝天子】

暖溶溶玉醅③，白泠泠似水。多半是相思泪。眼面前茶饭怕不待要④吃，恨塞满愁肠胃。蜗角虚名⑤，蝇头微利⑥，拆鸳鸯在两下里。一个这壁，一个那壁，一递一声长吁气。

（夫人云）辆⑦起车儿，俺先回去，小姐随后和红娘来。（下）（末辞洁科）（洁云）此一行别无话儿，贫僧准备买登科录⑧看，做亲的茶饭，少不得贫僧的。先生在意，鞍马上保重者。从今经忏无心礼，专听春雷第一声⑨。（下）（旦唱）

【四边静】

霎时间杯盘狼藉，车儿投东，马儿向西。两意徘徊，落日山横翠。知他今宵宿在那里？有梦也难寻觅。

张生，此一行得官不得官，疾便回来。（末云）小生这一去，白夺一个状元。正是：青霄⑩有路终须到，金榜无名誓不归。（旦云）君行别无所赠，口占一绝，为君送行：弃

① “我谂（shěn）知”二句：这几天我已经深深知道了相思滋味的苦痛难堪，原来这离别比相思更苦十倍。谂，知悉、知道。

② 眼底空留意：指母亲在座，有所避忌，不得与张生同桌共食以诉衷曲，只能以眉眼传情表达心意。

③ 玉醅（pēi）：美酒。

④ 怕不待要：难道不想，何尝不想。

⑤ 蜗角虚名：比喻微小的浮名。

⑥ 蝇头微利：比喻因小利而忘危难。

⑦ 辆：用作动词，驾好、套起。

⑧ 登科录：登载录取进士姓名的名册。

⑨ 春雷第一声：进士试于春正，二月举行，故称中第消息为春雷第一声。

⑩ 青霄：即青云，青霄路即跻身青云之路。

掷今何在，当时且自亲。还将旧来意，怜取眼前人①。（末云）小姐之意差矣，张珙更敢怜谁？谨赓②一绝，以剖③寸心：人生长远别，孰与最关亲？不遇知音者，谁怜长叹人④？（旦唱）

【耍孩儿】

淋漓襟袖啼红泪，比司马青衫更湿。伯劳东去燕西飞，未登程先问归期。虽然眼底人千里，且尽生前酒一杯。未饮心先醉，眼中流血，心里成灰⑤。

【五煞】

到京师服水土，趁程途节饮食，顺时自保揣身体。荒村雨露宜眠早，野店风霜要起迟⑥。鞍马秋风里，最难调护，最要扶持。

【四煞】

这忧愁诉与谁？相思只自知，老天不管人憔悴。泪添九曲黄河溢，恨压三峰华岳低⑦。到晚来闷把西楼倚，见了些夕阳古道，衰柳长堤。

【三煞】

笑吟吟一处来，哭啼啼独自归。归家若到罗帏里，昨宵个绣衾香暖留春住，今夜个翠被生寒有梦知。留恋你别无意，见据鞍上马，阁不住泪眼愁眉。

（末云）有甚言语，嘱付小生咱？（旦唱）

【二煞】

你休忧文齐福不齐⑧，我则怕你停妻再娶妻。休要一春鱼雁无消息，我这里青鸾有信频须寄，你却休金榜无名誓不归。此一节君须记：若见了那异乡花草，再休似此处栖迟⑨。

（末云）再谁似小姐，小生又生此念？（旦唱）

【一煞】

青山隔送行，疏林不做美，淡烟暮霭相遮蔽。夕阳古道无人语，禾黍秋风听马嘶。我为甚么懒上车儿内？来时甚急，去后何迟！

（红云）夫人去好一会，姐姐，咱家去。（旦唱）

【收尾】

四围山色中，一鞭残照里。遍人间烦恼填胸臆，量这些大小车儿如何载得起⑩？

---

① “弃掷”四句：意思是，抛弃我的人儿现在何方？想当初对我是何等相亲。还应当用当时对我的一番情意，去爱怜眼前的新人。

② 赓（gēng）：续作。

③ 剖：这里指表白。剖心，表白真诚之心。

④ “人生”四句：表明除莺莺之外再无知己之意。长，同“常”。孰与，犹与谁。

⑤ “眼中”二句：形容极度悲痛。

⑥ “荒村”二句：此二句互文见义，谓荒村野店，雨露风霜，应当早歇息晚上路。

⑦ “泪添”二句：上句以水喻愁之多，下句以山喻愁之重。华岳三峰，即西岳华山，在今陕西华阴南。

⑧ 文齐福不齐：有文才而缺少福分，不能考中。齐，备，全而不缺。

⑨ 栖迟：流连，逗留。

⑩ 量（liàng）这些大小车儿如何载得起：指烦恼之多，量这些小小车儿怎能装得下？车本不小，愁多便嫌其小。量，审度、估量。

（旦红下）（末云）仆童，赶早行一程儿，早寻个宿处。泪随流水急，愁逐野云飞①。（下）

赏　析

《西厢记·长亭送别》用元杂剧的形式讲述了崔莺莺十里长亭送张生进京赶考的别离场景，而张生和崔莺莺这对冲破世俗相爱的恋人，短暂的欢愉后即将饱尝长久的别离相思。反映了自由爱情与封建礼教的尖锐矛盾，表现了对封建礼教对人性人情严重束缚和压制的控诉。《西厢记》的崔张故事乃千古佳传，人物也很美，无论是张生钟情之美，莺莺深情之美，红娘热情之美，皆清丽出尘，沁人心脾，为"花间美人"的艺术风格奠下很好的基础。

王实甫是我国古代一位杰出的语言艺术大师，他吸收了当时民间生动活泼的口语风格，继承了唐诗宋词精美的语言艺术，融化百家，创造了文采斑斓的元曲语汇，成为我国戏曲史上文采派最杰出的代表。《西厢记》"花间美人"的艺术风格，是和全剧到处都有美不胜收的绮词丽语分不开的。

思考练习

1. 在《西厢记·长亭送别》中，崔莺莺的离愁别恨说明了什么?
2. 《西厢记·长亭送别》，体现了什么主题?

牡丹亭·游园惊梦（节选）

汤显祖

文学常识

汤显祖（1550 年—1616 年），字义仍，号海若、若士、清远道人，江西临川人，明代戏曲作家。与莎士比亚同时代，一在东方，一在西方，遥相呼应，都是剧坛泰斗。他的剧作"临川四梦"（《紫钗记》《牡丹亭》《邯郸记》《南柯记》）中，《牡丹亭》影响最大。汤显祖曾说："一生四梦，得益处惟在牡丹。"他是明代著名思想家，追求个性解放，提出"情有者理必无，理有者情必无"的主张。在戏剧创作上，他反对拘于律声，提倡灵性。

① "泪随"二句：互文见义，指见流水与秋云都引起对莺莺的思念而愁生泪落。

【绕地游】

梦回莺[1]，乱煞[2]年光[3]遍，人立小庭深院。炷尽沉烟，抛残绣线，恁[4]今春关情似[5]去年。

【乌夜啼】

晓来望断梅关，宿妆残。你侧着宜春髻子恰凭栏。剪不断，理还乱，闷无端。已吩咐催花莺燕借春看。云髻罢梳还对镜，罗衣欲换更添香。

【步步娇】

袅晴丝[6]吹来闲庭院，摇漾春如线。停半晌整花钿，没揣菱花偷人半面。迤逗的彩云偏。我步香闺怎便把全身现。

【醉扶归】

你道翠生生出落的裙衫儿茜，艳晶晶[7]花簪八宝钿。可知我一生儿爱好[8]是天然？恰三春好处无人见，不提防沉鱼落雁鸟惊喧，则怕的羞花闭月花愁颤。画廊金粉半零星。池馆苍苔一片青。踏草怕泥[9]新绣袜，惜花疼煞小金铃。不到园林，怎知春色如许？

【皂罗袍】

原来姹紫嫣红[10]开遍，似这般都付与断井颓垣[11]。良辰美景奈何天，便赏心乐事谁家院？朝飞暮卷，云霞翠轩。雨丝风片，烟波画船。锦屏人忒[12]看的这韶光贱！

【好姐妹】

遍青山啼红了杜鹃，那荼蘼外烟丝醉软。那牡丹虽好，他春归怎占的先？闲凝眄[13]，生生燕语明如剪[14]，听呖呖莺声溜的圆。

【尾声】

观之不足[15]由他缱，便赏遍了十二亭台是枉然，倒不如兴尽回家闲过遣[16]。瓶插映山紫，炉添沉水香。蓦地游春转，小试宜春面。春呵春！得和你两流连。春去如何遣？恁般天气，好困人也！

---

① 梦回：梦中醒来。
② 乱煞：撩乱。
③ 年光：春光。
④ 恁（nèn）：怎么。
⑤ 似：胜似。
⑥ 晴丝：游丝、飞丝，虫类所吐的丝缕，常在空中飘游。
⑦ 艳晶晶：光灿灿。
⑧ 爱好：爱美。
⑨ 泥：玷污。
⑩ 姹紫嫣红：形容花的艳丽多彩。
⑪ 断井颓垣（yuán）：断了的井栏，倒了的短墙。
⑫ 忒（tuī）：太。
⑬ 眄（miàn）：斜着眼看。
⑭ 剪：剪刀声。
⑮ 观之不足：看不厌。
⑯ 过遣：打发日子。

赏　析

《牡丹亭》的爱情故事是十分独特的，由情而梦，由梦而死，死而复生，终成眷属。“惊梦”就是这一奇幻情节主脉的第一环。在这里，作者的生花妙笔写出了杜丽娘的青春觉醒，写出了女主人公在“牡丹亭上三生路”上迈出的具有决定意义的第一步。杜丽娘的爱情起步，何以呈现这种特异的形式？就是因情而梦，梦中把爱情追求化为行动。

汤显祖在《惊梦》前的第三、五、七、九出戏里面，从人物的家庭、教养、环境等方面，为读者观众提供了可信的答案。杜丽娘生活在理学泛滥、窒息人性的时代，她父亲杜宝是个恪守礼教的正统官僚，他按照封建社会贵族女子的规范，为女儿精心构筑“拘束身心”的精神牢笼，把丽娘禁锢在与社会、与大自然隔绝的“小庭深院”之中，她在官衙住了三年，竟连后花园也未曾到过；刺绣累了，在闺房中小憩片刻，居然也被看作是非礼并招致训斥。这样的环境，杜绝了她与青年异性发生爱情的一切机缘，使其任何合理的人生愿望都只能化为徒然的渴求。不过，在这种独特环境中成长起来的身为大家闺秀的杜丽娘，并没有也不可能一下子就走上一条反抗和追求自由爱情的叛逆之路，也使她在一定程度上受到了封建传统观念的毒害。但是，阴冷的世界，终究无法冻结青春少女的生命欲望，违背人性的虚伪教育，有时会收到相反的效果——为诗章讲动情肠。正是《诗经·关雎》这首所谓讲“后妃之德”的诗篇，第一次拨动少女爱情的心弦。“关着的雎鸠，尚然有洲渚之兴，可人而不如鸟乎？”为了排遣愁闷，她在春香的鼓动下，不顾家训塾规走出深闺，来到春光明媚的后花园，于是生出了游园惊梦这一幕。

从结构上看，《惊梦》这出戏可分为“游园”和“惊梦”两部分；就内容而言，主要写女主人公杜丽娘的青春觉醒，梦里钟情，是她反抗封建礼教和追求叛逆之路的开始，文采飞扬，历来为人们所传诵。

作者善于刻画杜丽娘的内心世界，准确把握了人物的心理脉搏。展现层次的丰富性和表现手段的多样化是其两大主要特点。杜丽娘像一只笼中小鸟，突然飞进了繁花似锦的花园，看到一个美丽的新天地，触景生情。她痛惜自己的青春埋没在小庭院中，慨叹“锦屏人忒看的这韶光贱”，并引起她的青春觉醒。女主人公游园前的心理活动，处处表现出贵族少女矜持和娇羞的特点。作者着重刻画其春情难遣的寂寞和对环境的隐隐不满。来到园中之后，则着重刻画满园春色在女主人公内心激起的巨大波澜：惊诧、感慨、悲叹、幽怨构成了丰富的心理内涵。在这里，有对自然和青春的热爱，有对春色惊叹和对命运的感伤，也有对礼教的不满和无可奈何的苦闷。作品成功地写出了人物从不断的感情沉积中走向冲破临界状态的心灵历程，其间有踌躇徘徊，也有回旋起伏。

当然，作品的成功还有赖于构思的严谨和描写的传神。作者借助人物欲藏又露的神态动作、主客交融的景物观照、回肠九曲的心灵告白等表现手法，把读者引向人物的内心世界。

情景交融手法的运用尤有特色。本文的景物描写都是通过人物眼睛与人物当时的思绪，来写出人物对景物的感受的。景中情、情中景浑然一体，巧妙迭出，无境不新，达到炉火纯青的地步。

另外，本文化用前人名句、成语也较多。【皂罗袍】里化用了谢灵运、王勃等的诗句。【好姐姐】中化用了皮日休、寇准等的诗词以及王实甫《西厢记》里的成句。其可贵之处在于妙能点化，华美秀丽，声情并茂。

思考练习

1. 《牡丹亭·游园惊梦》是怎么体现“情”的？要求从三个方面回答。
2. 试以《游园惊梦》为例，分析《牡丹亭》的思想和艺术成就。

罗密欧与朱丽叶（节选）

［英］威廉·莎士比亚

文学常识

威廉·莎士比亚（1564 年—1616 年），英国文艺复兴时期伟大的剧作家、诗人，欧洲文艺复兴时期人文主义文学的集大成者。每年 4 月 23 日是其辞世纪念日，后被联合国教科文组织定为“世界读书日”。作为“英国戏剧之父”，他被马克思誉为“人类最伟大的天才之一”，号称“人类文学奥林匹斯山上的宙斯”。

凯普莱特家坟茔所在的墓地。帕里斯及侍童携鲜花火炬上。

帕里斯：孩子，快把你的火把给我；走开，站在远远的地方；还是灭了吧，我不愿给人看见。你到那边的紫杉树底下直躺下来，把你的耳朵贴着中空的地面，地下挖了许多墓穴，土是松的，要是有踉跄①的脚步走到坟地上来，你准能听得见；要是听见有什么声息，你便立刻吹一个呼哨通知我。把那些花给我吧。照我的话做去，走吧。

侍童：（旁白）我简直不敢独自一个人站在这墓地上，可是我还要硬着头皮试一下。（退后）

帕里斯：这些鲜花替你铺盖新床；惨啊，一朵娇红永委沙尘！我要用沉痛的热泪，和着香水，浇溉你的芳坟；夜夜到你墓前散花哀泣，这一段相思啊永无消歇！（侍童吹口哨）啊，这孩子在警告我有人来了。哪一个该死的家伙在这晚上到这儿来打扰我在爱人墓前的凭吊？什么！还拿着火把来吗？——让我先躲在一旁，看看他的动静。（退后）

罗密欧及鲍尔萨泽持火炬锹锄等上。

① 踉跄（liàng qiàng）：走路不稳。

罗密欧：把那锄头跟铁钳给我。且慢，拿着这封信；等天一亮，你就把它送给我的父亲。把火把给我。听好我的吩咐，无论你听见什么瞧见什么，都只好远远地站着不许动，免得妨碍我的事情；要是动一动，我就要你的命。我所以要跑下这个坟墓里去，一部分的原因就是要探望探望我的爱人，可是主要的理由却是要从她的手指上取下一个宝贵的指环，因为我有一个很重要的用途。所以，你赶快给我走开吧；要是你不相信我的话，胆敢回来窥伺我的行动，那么，我可以对天发誓，我要把你的骨骼一节一节扯下来，让这饥饿的墓地上散满了你的肢体。我现在的心境非常狂野，比饿虎或是咆哮的怒海都要凶猛无情，你可不要惹我性起。

鲍尔萨泽：少爷，我走就是了，决不会来打扰您。

罗密欧：这才像个朋友。这些钱你拿去，愿你一生幸福。再会，我的好朋友。

鲍尔萨泽（旁白）：虽然这么说，我还是要躲在附近的地方看着他。他的脸色使我害怕，我不知道他究竟打算做出什么事来。（退后）

罗密欧：你无情的泥土，吞噬了世上最可爱的人儿，我要掰开你的馋吻，（将墓门掘开）索性让你再吃一个饱！

帕里斯：这就是那个已经放逐出去的骄横的蒙太古，他杀死了我爱人的表兄，据说她就是因为伤心他的惨死而夭亡的。现在这家伙又要来盗尸发墓了，待我去抓住他。（上前）万恶的蒙太古！立刻停止你的罪恶的工作，难道你杀了他们还不够，还要在死人身上发泄你的仇恨吗？该死的凶徒，赶快束手就捕，跟我见官去！

罗密欧：我果然该死，所以今天才到这儿来。年轻人，不要激怒一个不顾死活的人，快快离开我走吧；想想这些死了的人，你也该胆寒了。年轻人，请你不要激动我的怒气，使我再犯一次罪。啊，走吧！我可以对天发誓，我爱你远过于爱我自己，因为我来此的目的，就是要跟自己作对。别留在这儿，走吧；好好留着你的活命，以后也可以对人家说，是一个疯子发了慈悲，叫你逃走的。

帕里斯：我不听你这种鬼话；你是一个罪犯，我要逮捕你。

罗密欧：你一定要激怒我吗？那么好吧，来，朋友！（二人格斗）

侍童：哎哟，主啊！他们打起来了，我去叫巡逻的人来！（下）

帕里斯：（倒下）啊，我死了！——你倘有几分仁慈，就打开墓门来，把我放在朱丽叶的身旁吧！（死）

罗密欧：好，我愿意成全你的志愿。让我瞧瞧他的脸；啊，茂丘西奥的亲戚，尊贵的帕里斯伯爵！当我们一路上骑马而来的时候，我的仆人曾经对我说过几句话，那时我因为心绪烦乱，没有听得进去。他说些什么？好像他告诉我说帕里斯本来预备娶朱丽叶为妻。他不是这样说的吗？还是我曾经做过这样的梦？或者还是我神经错乱，听见他说起朱丽叶的名字，所以发生了这一种幻想？啊！把你的手给我吧，你我都是登录在厄运的黑册上的人，我要把你葬在一个胜利的坟墓里。啊，不！被杀害的少年，这是一个灯塔，因为朱丽叶睡在这里，她的美貌已经使这一个墓窟变成了一座充满着光明的欢宴的华堂。死了的人，躺在那儿吧，一个死了的人把你安葬了。（将帕里斯放下墓中）人们临死的时候，往往反会觉得心中愉快，旁观的人便说这是死前的一阵回光返照。啊！这也就是我的回光返照吗？啊，我的爱人！我的妻子！死虽然已经吸去了你呼吸中的芳蜜，却还没有力量摧残你的美貌。你还没有被他征服，你的嘴唇上、面庞上，依然显着红润的美艳，不曾让灰白的死亡进占。提伯尔特，你也裹着你的血淋淋的殓衾[①]躺在那儿吗？啊！你的青春葬送在你仇人的手里，现在我来替你报仇来了，我要亲手杀死那个杀害你的人。原谅我吧，兄弟！啊！亲爱的朱丽叶，你为什么仍然这样美丽？难道那虚无的死亡，那枯瘦可憎的妖魔，也是个多情种子，所以把你藏匿在这幽暗的洞府里做他的情妇吗？为了防止这样的事情，我要永远陪伴着你，再不离开这漫漫长夜的幽宫。我要留在这儿，跟你的侍婢，那些蛆虫们在一起。啊！我要在这儿永久安息下来，从我这厌倦人世的凡躯上挣脱厄运的束缚。眼睛，瞧你的最后一眼吧！手臂，作你最后一次的拥抱吧！嘴唇，啊！你呼吸的门户，用一个合法的吻，跟网罗一切的死亡订立一个永久的契约吧！来，苦味的向导，绝望的领港人，现在赶快把你的厌倦于风涛的船舶向那巉岩上冲撞过去吧！为了我的爱人，我干了这一杯！（饮药）啊！卖药的人果然没有骗我，药性很快地发作了。我就这样在这一吻中死去。（死）

赏　析

《罗密欧与朱丽叶》第五幕第三场，既是全剧的最后一场，也是全剧的高潮。罗密欧和朱丽叶这对有情人受到封建家族世仇的影响，最终未能成为眷属。他们不甘屈服于命运的摆布，双双殉情，用自己年轻的生命演绎了一曲爱情的绝唱。他们的爱情故事感人肺腑，也使无数读者产生十分强烈的共鸣。

《罗密欧与朱丽叶》问世以来，在世界各国的舞台上盛演不衰。从某种意义上说，罗密欧与朱丽叶已经成为了忠贞爱情的象征。为了忠诚于自己的爱情，他们进行了勇敢的抗争，付出了生命的惨重代价。尽管努力失败了，但他们争取自由和爱情的权利的勇敢举动还是激励了无数的青年男女，促使他们去执着地争取自己的幸福。

莎士比亚曾经说过：“真善美是我全部的主题。”他要求自己在实际创作中必须达到“三题合一”的境界。在这方面，《罗密欧与朱丽叶》堪称真善美完美结合的杰作，实现了真实性、倾向性、艺术性的完美融合。节选部分的内心独白极为感人，也有力地塑造了敢爱敢恨的主人公形象。

思考练习

1. 叙述罗密欧与朱丽叶初次见面的场景。
2. 简述朱丽叶假死的情节。

① 衾（qīn）：被子。此处指尸体入殓时盖尸的东西。

偶　然

徐志摩

文学常识

徐志摩（1897 年—1931 年），原名章垿（xù），字槱（yǒu）森，留学美国时改名志摩。曾用过的笔名有南湖、诗哲、海谷、谷、大兵、云中鹤、仙鹤、心手、黄狗等。浙江海宁硖石人。现代诗人、散文家，新月派代表诗人，新月诗社成员。

1915 年毕业于杭州一中，先后就读于上海沪江大学、天津北洋大学和北京大学。1918 年赴美国克拉克大学学习银行学。十个月即告毕业，获学士学位，得一等荣誉奖。同年，转入纽约的哥伦比亚大学的研究院，进经济系。1921 年赴英国留学，入剑桥大学当特别生，研究政治经济学。在剑桥两年深受西方教育的熏陶及欧美浪漫主义和唯美派诗人的影响，奠定其浪漫主义诗风。1923 年成立新月社。1924 年任北京大学教授。1926 年任光华大学（华东师范大学前身）、大夏大学（华东师范大学前身）和南京中央大学（1949 年更名为南京大学）教授。1930 年辞去了上海和南京的职务，应胡适之邀，再度任北京大学教授，兼北京女子师范大学教授。1931 年 11 月 19 日，徐志摩搭乘“济南号”邮政飞机北上，途中因大雾弥漫，飞机触山，不幸罹难。代表作品有《偶然》《再别康桥》《翡冷翠的一夜》。

我是天空里的一片云，
偶尔投影在你的波心——
你不必讶异，
更无须欢喜——
在转瞬间消灭了踪影。
你我相逢在黑夜的海上，
你有你的，我有我的，方向；
你记得也好，
最好你忘掉，
在这交会时互放的光亮！

赏 析

这首两段十行的小诗，在现代诗歌长廊中堪称别具一格。诗史上，一部洋洋洒洒上千行长诗可以随似水流年埋没于无情的历史沉积中，而某些玲珑短诗，却能够超越历史，独放异彩。作为给读者以强烈的“浪漫主义诗人”印象的徐志摩，这首诗歌的象征性（既有总体象征，又有局部性意象象征）也许格外值得注意。“偶然”是一个完全抽象化的时间副词，在这个标题下写什么内容，应当说是自由随意的，而作者在这抽象的标题下，写的是两件比较实在的事情，一是天空里的云偶尔投影在水里的波心，二是“你”“我”（都是象征性的意象）相逢在海上。若用“我和你”“相遇”等谁都能从诗歌中概括出来的相当实际的词语作标题，这抽象和具象之间的张力，自然就荡然无存了。徐志摩能把“偶然”这样一个极为抽象的时间副词形象化，置入象征性的结构中，充满情趣哲理，不但使诗歌珠圆玉润，朗朗上口而且余味无穷，意溢于言外。

思考练习

1. 关于诗歌题目《偶然》，你怎样理解？
2. 诗的第一段第二段各提到了一次“你”“我”，所指有何不同？
3. 谈谈阅读这首诗歌后你的感受。

永远的蝴蝶

陈启佑

文学常识

陈启佑，笔名渡也、江山之助，台湾省嘉义市人，中国文化大学中国文学博士，曾任教于嘉义农专、台湾教育学院。现任彰化师范大学国文系所教授、中兴大学中文系兼任教授、中国修辞学会筹备委员、中华自然文化学会理事等职。陈启佑十六岁开始创作，高中时代即与友人合办《拜灯》诗刊，并曾一度加入“创世纪”诗社。在创作态度上，主张“诗的内容不深奥，题材尽量广阔，关怀民生疾苦，剖析时代沧桑”。80 年代初期，开始走社会写实路线。散文则以小品为主，三十三岁前，陈启佑走的是唯美路线，从《永远的蝴蝶》开始，陈启佑“逐渐离开小我、软性、唯美的象牙塔”。

那时候刚好下着雨，柏油路面湿冷冷的，还闪烁着青、黄、红颜色的灯火。我们就在骑楼下躲雨，看绿色的邮筒孤独地站在街的对面。我白色风衣的大口袋里有一封要寄给南部的母亲的信。

樱子说她可以撑伞过去帮我寄信。我默默点头，把信交给她。

“谁叫我们只带一把小伞哪。”她微笑着说，一面撑着伞，准备过马路去帮我寄信。从她伞骨渗下来的小雨点溅在我眼镜玻璃上。

随着一阵拔尖的刹车声，樱子的一生轻轻地飞了起来，缓缓地，飘荡在湿冷冷的街面，好像一只夜晚的蝴蝶。

虽然是春天，好像已是深秋了。

她只是过马路去帮我寄信。这简单的动作，却要教我终生难忘了。我缓缓睁开眼，茫然站在骑楼下，眼里裹着滚烫的泪水。世上所有的车子都停了下来，人朝涌向马路中央。没有人知道那躺在街面的就是我的蝴蝶。这时她只离我五公尺，竟是那么遥远。更大的雨点溅在我的眼镜上，溅到我的生命里来。

为什么呢？只带一把雨伞？

然而我又看到樱子穿着白色的风衣，撑着伞，静静地过马路了。她是要帮我寄信的，那，那是一封写给在南部的母亲的信，我茫然站在骑楼下，我又看到永远的樱子走到街心。其实雨下得并不大，却是我一生一世中最大的一场雨。而那封信是这样写的，年轻的樱子知不知道呢？

妈：我打算在下个月和樱子结婚。

赏　析

《永远的蝴蝶》写的是一个凄美的爱情故事。全文采用第一人称，让人好像身临其境，引发精神上的共鸣，更容易受到感染。就像一支低沉而哀怨的悲曲，幽幽道来，委婉动人。全文笼罩在一片阴雨的氛围中，伴随着故事情节的发展，人物情感的深入，雨的悲剧氛围也是愈来愈浓。作品的最后一笔，点明那信上告诉妈妈的，正是他俩下月准备结婚的消息。这不仅解开了开头寄信的悬念，而且更加深了“我”对樱子的怀念，加重了作品的悲剧色彩，加深了整个作品的悲哀情绪。

思考练习

1. 小说以“雨”开篇，并以“雨”贯穿全文，这样写的作用是什么？

2. 小说最后再次描写了樱子“穿着白色的风衣，撑着伞”的特征，并交代了给母亲信的内容，这样写的作用是什么？

3. 开始写“小雨点”溅到眼镜上，之后写“更大的雨点”溅到眼镜上，这样描写的作用是什么？

伊豆的舞女

[日] 川端康成

文学常识

川端康成（1899 年—1972 年），1899 年 6 月 14 日生于大阪。日本新感觉派作家，著名小说家。幼年父母双亡，其后姐姐和祖父母又陆续病故，他被称为“参加葬礼的名人”。一生创作小说 100 多篇，中短篇多于长篇。代表作有《伊豆的舞女》《雪国》《千只鹤》《古都》以及《睡美人》等。1957 年被选为日本艺术院会员。1968 年获诺贝尔文学奖，亦是首位获得该奖项的日本作家。

一

道路变得曲曲折折的，眼看着就要到天城山的山顶了，正在这么想的时候，阵雨已经把从密的杉树林笼罩成白花花的一片，以惊人的速度从山脚下向我追来。

那年我二十岁，头戴高等学校的学生帽，身穿藏青色碎白花纹的上衣，围着裙子，肩上挂着书包。我独自旅行到伊豆来，已经是第四天了。在修善寺温泉住了一夜，在汤岛温泉住了两夜，然后穿着高齿的木屐登上了天城山。一路上我虽然出神地眺望着重叠群山，原始森林和深邃幽谷的秋色，胸中却紧张地悸动着，有一个期望催我匆忙赶路。这时候，豆大的雨点开始打在我的身上。我沿着弯曲陡峭的坡道向上奔行。好不容易才来到山顶上北路口的茶馆，我呼了一口气，同时站在茶馆门口呆住了。因为我的心愿已经圆满地达到，那伙巡回艺人正在那里休息。

那舞女看见我伫立在那儿，立刻让出自己的坐垫，把它翻个身摆在旁边。

“啊……”我只答了一声就坐下了。由于跑上山坡一时喘不过气来，再加上有点惊慌，“谢谢”这句话已经到了嘴边却没有说出口来。

我就这样和舞女面对面地靠近在一起，慌忙从衣袖里取出了香烟。舞女把摆在她同伙女人面前的烟灰缸拉过来，放在我的近边。我还是没有开口。

那舞女看去大约十七岁。她头上盘着大得出奇的旧发髻，那发式我连名字都叫不出来，这使她严肃的鹅蛋脸上显得非常小，可是又美又调和。她就像头发画得特别丰盛的历史小说上姑娘的画像。那舞女一伙里有一个四十多岁的女人，两个年轻的姑娘，另外还有一个十五六岁的男人，穿着印有长冈温泉旅店商号的外衣。

到这时为止，我见过舞女这一伙人两次。第一次是在前往汤岛的途中，她们正到修善寺去，在汤川桥附近碰到。当时年轻的姑娘有三个，那舞女提着鼓。我一再回过头去看望她们，感到一股旅情渗入身心。然后是在汤岛的第二天夜里，她们巡回到旅馆里来了。我在楼梯半当中坐下来，一心一意地观看那舞女在大门口的走廊上跳舞。我盘算着：当天在修善寺，今天夜里到汤岛，明天越过天城山往南，大概要到汤野温泉去。

在二十多公里的天城山山道上准能追上她们。我这么空想着匆忙赶来，恰好在避雨的茶馆里碰上了，我心里扑通扑通地跳。

过了一会儿，茶馆的老婆子领我到另一个房间。这房间平时大概不用，没有装上纸门。朝下望去，美丽的幽谷深得望不到底。我的皮肤上起了鸡皮疙瘩，浑身发抖，牙齿在打战。老婆子进来送茶，我说了一声好冷啊，她就像拉着我的手似的，要领我到她们自己的住屋去。

“哎呀，少爷浑身都湿透啦。到这边来烤烤火吧，来呀，把衣服烤烤干。”

那个房间装着火炉，一打开纸隔门，就流出一股强烈的热气。我站在门槛边踌躇了。炉旁盘腿坐着一个浑身青肿，淹死鬼似的老头子，他的眼睛连眼珠子都发黄，像是烂了的样子。他忧郁地朝我这边望。他身边旧信和纸袋堆积如山，简直可以说他是埋在这些破烂纸头里。我目睹这山中怪物，呆呆地站在那里，怎么也不能想象这就是个活人。

“让您看到这样可耻的人样儿……不过，这是家里的老爷子，您用不着担心。看上去好难看，可是他不能动弹了，请您就忍耐一下吧。”

老婆子这样打了招呼，从她的话听来，这老爷子多年害了中风症，全身不遂。大堆的纸是各地治疗中风症的来信，还有从各地购来的中风症药品的纸袋。凡是老爷子从走过山顶的旅人听来的，或是在报纸广告人看到的，他一次也不漏过，向全国各地打听中风症的疗法，购求出售的药品。这些书信和纸袋，他一件也不丢掉，都堆积在身边，望着它们过日子。长年累月下来，这些陈旧的纸片就堆成山了。

我没有回答老婆子的话，在炉炕上俯下身去。越过山顶的汽车震动着房子。我心里想，秋天已经这么冷，不久就将雪盖山头，这个老爷子为什么不下山去呢？从我的衣服上腾起了水蒸气，炉火旺得使我的头痛起来。老婆子出了店堂，跟巡回女艺人谈天去了。

“可不是吗，上一次带来的这个女孩已经长成这个样子，变成了一个漂亮姑娘，你也出头啦！女孩子长得好快，已经这么美了！”

将近一小时之后，我听到了巡回艺人准备出发的声音。我当然很不平静，可只是心里头七上八下的，没有站起身来的勇气。我想，尽管她们已经走惯了路，而毕竟是女人的脚步，即使走出了一两公里之后，我跑一段路也追得上她们，可是坐在火炉旁仍然不安神。不过舞女们一离开，我的空想却像得到解放似的，又开始活跃起来。我向送走她们的老婆子问道：“那些艺人今天夜里在哪里住宿呢？”

“这种人嘛，少爷，谁知道他们住在哪儿呀。哪儿有客人留他们，他们就在哪儿住下了。有什么今天夜里一定的住处啊？”

老婆子的话里带着非常轻蔑的口吻，甚至使我想到，果真是这样的话，我要让那舞女今天夜里就留在我的房间里。

雨势小下来，山峰开始明亮。虽然他们一再留我，说再过十分钟，天就放晴了，可是我却怎么也坐不住。

“老爷子，保重啊。天就要冷起来了。”我恳切地说着，站起身来。老爷子很吃力地动着他的黄色眼睛，微微地点点头。

“少爷，少爷！”老婆子叫着追了出来，“您这么破费，真不敢当，实在抱歉啊。“她抱着我的书包不肯交给我，我一再阻拦她，可她不答应，说要送我到那边。她随在我身后，匆忙迈着小步，走了好大一段路，老是反复着同样的话：“真是抱歉啊，没有好好招待您。我要记住您的相貌，下回您路过的时候再向您道谢。以后您一定要来呀，可别忘记了。”

我只不过留下五角钱的一个银币，看她却十分惊讶，感到眼里都要流出泪来。可是我一心想快点赶上那舞女，觉得老婆子蹒跚的脚步倒是给我添的麻烦。终于来到了山顶的隧道。

“非常感谢。老爷子一个人在家，请回吧。”我这么说，老婆子才算把书包递给我。

走进黑暗的隧道，冰冷的水滴纷纷地落下来。前面，通往南伊豆的出口微微露出了亮光。

二

出了隧道口子，山道沿着傍崖边树立的刷白的栅栏，像闪电似的蜿蜒而下。从这里望下去，山下景物像是一副模型，下面可以望见艺人们的身影。走了不过一公里，我就追上他们了。可是不能突然间把脚步放慢，我装作冷淡的样子越过了那几个女人。

再往前大约二十米，那个男人在独自走着，他看见我就停下来。

“您的脚步好快呀……天已经大晴啦。”

我放下心来，开始同那个男人并排走路。他接连不断地向我问这问那。几个女人看见我们两个在谈话，便从后面奔跑着赶上来。

那个男人背着一个大柳条包，四十岁的女人抱着小狗，年长的姑娘背着包袱，另一个姑娘提着小柳条包，各自都拿着大件行李，舞女背着鼓和鼓架子。四十岁的女人慢慢地也和我谈起来了。

“是位高等学校的学生呢。”年长的姑娘对舞女悄悄地说。我回过头来，听见舞女笑着说：“是呀，这点事，我也懂得的。岛上常有学生来。”这伙艺人是大岛的波浮港人。他们说，春天从岛上出来，一直在路上，天冷起来了，没有做好冬天的准备，所以在下田再停留十来天，就从伊东温泉回到岛上去。我一听说大岛这个地方，愈加感到了诗意，我又看了看舞女的美丽发髻，探问了大岛的各种情况。

“有许多学生到我们那儿来游泳。”舞女向结伴的女人说。

“是在夏天吧。”我说着转过身来。

舞女慌了神，像是在小声回答："冬天也……"

"冬天?"

舞女还是看着结伴的女人笑。

"冬天也游泳吗?"我又说了一遍，舞女脸红起来，可是很认真的样子，轻轻地点着头。

"这孩子，糊涂虫。"四十岁的女人笑着说。

沿着河津川的溪谷到汤野去，约有二十公里下行的路程。越过山顶之后，群山和天空的颜色都使人感到了南国风光，我和那个男人继续不断地谈着话，完全亲热起来了。过了荻乘和梨本等小村庄，可以望见山麓上汤野的茅草屋顶，这时我决心说出了要跟他们一起旅行到下田。他听了非常高兴。

到了汤野的小客栈前面，四十岁的女人脸上露出向我告别的神情时，他就替我说："这一位说要跟我们结伴走哩。"

"是呀，是呀。"旅途结成伴，世上多情谊。"像我们这些无聊的人，也还可以替您排忧解闷呢。那么，您就进来休息一下吧。"她随随便便地回答说。姑娘们一同看了我一眼，脸上没有露出一点意外的神情，沉默着，带点儿害羞的样子望着我。

我和大家一起走上小旅店的二楼，卸下了行李。铺席和纸隔扇都陈旧了，很脏。

从楼下端来了。她坐在我面前，满脸通红，手在颤抖，茶碗正在从茶托上歪下来，她怕倒了茶碗，乘势摆在铺席上，茶已经洒出来。看她那羞愧难当的样儿，我愣住了。

"哎呀，真讨厌！这孩子情窦开啦。这这……"四十岁的女人说着，像是惊呆了似的蹙起眉头，把抹布甩过来。舞女拾起抹布，很呆板地擦着席子。

这番出乎意料的话，忽然使我对自己原来的想法加以反省。我感到由山顶上老婆子挑动起来的空想，一下子破碎了。

这当儿，四十岁的女人频频地注视着我，突然说："这位书生穿的藏青碎白花纹上衣真不错呀。于是她再三盯着问身旁的女人："这位的花纹布和民次穿的花纹是一个的，你说是吧？不是一样的花纹吗?"然后她又对我说："在家乡里，留下了一个上学的孩子，现在我想起了他。这花纹布那孩子身上穿的一样。近来藏青碎白布贵起来了，真糟糕。"

"上什么学校?"

"普通小学五年级。"

"哦，普通小学五年级，实在……"

"现在进的是甲府的学校，我多年住在大岛，家乡却是甲斐的甲府。"

休息了一小时之后，那个男人领我去另一个温泉旅馆。直到此刻，我只想着和艺人们住在同一家小旅店里。我们从街道下行，走过好一大段碎石子路和石板路，过了小河旁边靠近公共浴场的桥。桥对面就是温泉旅馆的院子。

我进入旅馆的小浴室，那个男人从后面跟了来。他说他已经二十四岁，老婆两次流产和早产，婴儿死了，等等。由于他穿着印有长冈温泉商号的外衣，所以我认为他是长冈人。而且看他的面貌和谈吐风度都是相当有知识的，我就想象着他大概是出于好奇或者爱上卖艺的姑娘，才替她们搬运行李跟了来的。

洗过澡我立刻吃午饭。早晨八点钟从汤岛出发，而这时还不到午三时。

那个男人临走的时候，从院子里向上望着我，和我打招呼。

“拿这个买些柿子吃吧。对不起，我不下楼啦。”我说着包了一些钱投下去。他不肯拿钱，就要走出去，可是纸包已经落在院子里，他回过头拾起来。

“这可不行啊。”他说着把纸包抛上来，落在茅草屋顶上。我又一次投下去。

他就拿着走了。

从傍晚起下了一场大雨。群山的形象分不出远近，都染成一片白，前面的小河眼见得混浊了，变成黄色，发出很响的声音。我想，雨这么大，舞女们不会串街卖艺了，可是我坐不住，又进了浴室两三次。住屋微暗不明，和邻室隔的纸扇开了个四方形的口子，上梁吊着电灯，一盏灯供两个房间用。

在猛烈雨声中，远方微微传来了咚咚的鼓声。我像要抓破木板套似的把它拉开了，探出身子去。鼓声仿佛离得近了些，风雨打着我的头。我闭上眼睛侧耳倾听，寻思鼓声通过哪里到这儿来。不久，我听见了三弦的声音；听见了女人长长的呼声；听见了热闹的欢笑声。随后我了解到艺人们被叫到小旅店对面饭馆的大厅去了，可以辨别出两三个女人和三四个男人的声音。我等待着，想那里一演完，就要转到这里来吧。

可是那场酒宴热闹异常，像是要一直闹下去。女人的尖嗓门时时像闪电一般锐利地穿透暗夜。我有些神经过敏，一直敞开着窗子，痴呆地坐在那里。每一听见鼓声，心里就亮堂了。

“啊，那舞女正在宴席上啊。她坐着在敲鼓呢。”

鼓声一停就使人不耐烦。我沉浸到雨声里去了。

不久，也不知道是大家在互相追逐还是在兜圈子舞蹈，纷乱的脚步声持续了好一会，然后又突然静下来。我睁大了眼睛，像要透过黑暗看出这片寂静是怎么回事。

我心中烦恼，那舞女今天夜里不会被糟蹋吗？

我关上木板套窗上了床，内心里还是很痛苦。又去洗澡，胡乱地洗了一阵。雨停了，月亮现出来。被雨水冲洗过的秋夜，爽朗而明亮。我想，即使光着脚走出浴室，也还是无事可做。这样度过了两小时。

三

第二天早晨一过九时，那个男人就到我的房间来了。我刚刚起床，邀他去洗澡。

南伊豆的小阳春天气，一望无云，晴朗美丽，涨水的小河在浴室下方温暖地笼罩于阳光中。我感到自己昨夜的烦恼像梦一样。我对那个男人说。

“昨天夜里你们欢腾得好晚啊。”

“怎么，你听见啊？”

“当然听见了。”

“都是些本地人。这地方上的只会胡闹乱叫，一点也没趣。”

他若无其事的样子，我沉默了。

“那些家伙到对面的浴场来了。你瞧，他们好像注意到这边，还在笑哩。”

顺着他所指的方向，我朝河那边的公共浴场望去。有七八个人光着身子，朦胧地浮现在水蒸气里面。

忽然从微暗的浴场尽头，有个裸体的女人跑出来，站在那里，做出要从脱衣场的突出部位跳到河岸下方的姿势，笔直地伸出了两臂，口里在喊着什么。她赤身裸体，连块毛巾也没有。这就是那舞女。我眺望着她雪白的身子，它像一棵小桐树似的，伸长了双腿，我感到有一股清泉洗净了身心，深深地叹了一口气，哧哧笑出声来。她还是个孩子呢。是那么幼稚的孩子，当她发觉了我们，一阵高兴，就赤身裸体地跑到日光下来了，踮起脚尖，伸长了身子。我满心舒畅地笑个不停，头脑澄清得像刷洗过似的。微笑长时间挂在嘴边。

由于舞女的头发过于丰盛，我一直认为她有十七八岁，再加上她被打扮成妙龄女郎的样子，我的猜想就大错特错了。

我和那个男人回到我的房间，不久，那个年长的姑娘到旅馆的院子里来看菊花圃。

舞女刚刚走在小桥的半当中。四十岁的女人从公共浴场出来，朝她们俩人的方向望着。

舞女忽然缩起了肩膀，想到会挨骂的，还是回去的好，就露出笑脸，加快脚步回头走。

四十岁的女人来到桥边，扬起声音来叫道：“您来玩啊！”

年长的姑娘也同样说着：“您来玩啊！”她们都回去了。可是那个男人一直坐到傍晚。

夜里，我正和一个卸下了纸头的行商下围棋，突然听见旅馆院子里响起了鼓声。

我马上就要站起身来。

“串街卖艺的来了。”

“哼哼，这些角色，没道理。喂，喂，该我下子啦。我已经下在这里。”纸商指点着棋盘说。他入迷地在争胜负。

在我心神恍惚的当儿，艺人们似乎就要回去了，我听见那个男人从院子里喊了一声：“晚上好啊！”

我到走廊里向他招手。艺人们悄声私语了一阵，然后转到旅馆门口。三个姑娘随在那个男人身后，顺序地道了一场“晚上好”，在走廊上垂着手，像艺伎的样子行个礼。

我从棋盘上看出我的棋快要输了。

“已经没有办法了。我认输。”

“哪里会输呢？还是我这方不好啊。怎么说也还是细棋。”

纸商一眼也不朝艺人那边看，一目一目地数着棋盘上的目数，愈加小心在意地下着子。女人们把鼓和三弦摆在房间的墙角里，就在像棋盘上玩起五子棋来。这时我本来赢了的棋已经输了。可是纸商仍然死乞白赖地要求说：

“怎么样？再下一盘，再请你下一盘。”

但是我一点意思也没有，只是笑了笑，纸商断了念，站起身走了。

姑娘们向棋盘这边靠拢来。

“今天夜里还要到哪里去巡回演出吗？”

“还想兜个圈子。”那个男人说着朝姑娘们那边看看。

“怎么样，今天晚上就到此为止，让大家玩玩吧。”

“那可开心，那可开心。”

“不会挨骂吗？”

“怎么会，就是到处跑，反正也不会有客人。”

她们下着五子棋什么的，玩到十二点钟以后才走。

舞女回去之后，我怎么也睡不着，头脑还是清醒异常，我到走廊里大声叫着。

“纸老板，纸老板！”

“噢……”快六十岁的老爷子从房间里跳出来，精神抖擞地答应了一声。

“今天夜里下通宵。跟你说明白。”

我这时充满非常好战的心情。

四

已经约好第二天早晨八点钟从汤野出发。我戴上在公共浴场旁边买的便帽，把高等学校的学生帽塞进书包，向沿街的小旅店走去。二楼的纸隔扇整个地打开着，我毫不在意地走上去，可是艺人们都还睡在铺垫上。我有些慌张，站在走廊里愣住了。

在我脚跟前那张铺垫上，那舞女满面通红，猛然用两只手掌捂住了脸。她和那个较大的姑娘睡在一张铺上，脸上还残留着昨晚的浓妆，嘴唇和眼角渗着红色。这颇有风趣的睡姿沁入我的心胸。她眨了眨眼侧转身去，用手掌遮着脸，从被窝里滑出来，坐到走廊上。

“昨晚谢谢您！”她说着，漂亮地行了礼，弄得我站在那儿不知怎么是好。

那个男人和年长的姑娘睡在一张铺上。在看到这以前，我半点都不知道这两个人是夫妇。

“非常抱歉。本来打算今天走的，可是今天晚上要接待客人，我们准备延长一天。”

“您要是今天非动身不可，到下田还可以和您见面。我们决定住在甲州屋旅店里，您立刻就会找到的，”四十岁的女人在铺垫上抬起身子说。我感到像是被人遗弃了。

“不可以明天走吗？我预先不知道妈妈要延长一天，路上有个伴儿总是好的。明天一块儿走吧。”那个男人说。

四十岁的女人也接着说：“就这么办好啦。特意要和您一道的，没有预先跟您商量，实在抱歉。明天哪怕落雹也要动身。后天是我的小宝宝在路上死去的第四十九天，我心里老是惦念着这断七的日子，一路上匆匆忙忙赶来，想在那天前到下田做断七。跟您讲这件事真是失礼，可我们倒是有意外的缘分，后天还要请您上祭呢。”

因此我延缓了行期，走到楼下去。为了等大家起床，我在肮脏的账房间里跟旅店的人闲谈，那个男人来邀我出去散散步。沿街道稍微向南行，有一座漂亮的小桥。凭着桥栏杆，他谈起了他的身世。他说，他曾经短期参加了东京一个新流派的剧团，听说现在也还常常在大岛港演剧。他说他们的行李包里刀鞘像条腿似的拖在外面。因为在厅房里还要演堂会。大柳条包里装的是衣裳啦，锅子茶碗之类的生活用品。

“我耽误了自己的前程，竟落到这步田地，可是我的哥哥在甲府漂亮地成家立业了，当上一家的继承人。所以我这个人是没人要的了。”

“我一直想您是长冈温泉人呢。”

“是吗？那个年长的姑娘是我的老婆，她比你小一岁，十七啦。在旅途上，她的第二个孩子又早产了，不到一个星期就断了气，我女人的身体还没有复原。那个妈妈是她的生身母亲，那舞女是我的亲妹妹。”

“哦，你说你有个十四岁的妹妹……”

“就是她呀，让妹妹来干这种生计，我很不愿意，可是这里面还有种种缘故。”

然后他告诉我，他名叫荣吉，妻子叫千代子，妹妹叫薰子。另一个十七八岁的姑娘叫百合子，只有她是大岛生人，雇来的。荣吉像是非常伤感，露出要哭的脸色，注视着河滩。

我们回来的时候，洗过了脂粉的舞女正俯身在路边拍着小狗的头。我表示要返回自己的旅馆里去。

“你去玩啊。”

“好的，可是我一个人……”

“你跟哥哥一道去嘛。”

“我马上去。”

没多久，荣吉到我的旅馆来了。

“她们呢？”

“女人们怕妈妈唠叨。”

可是我们刚一摆五子棋，几个女人已经过了桥，急急忙忙上楼来了。像平素一样，她们殷勤地行了礼，坐在走廊上踌躇着，第一个站起来的是千代子。

“这是我的房间。请别客气，进来吧。”

艺人们玩了一小时，到这个旅馆的浴室去。她们一再邀我同去，可是已有三个年轻女人在，我推托了。后来，舞女马上又一个人跑上来，转告了千代子的话：

“姐姐说，要你去，给你擦背。”

我没有去，跟舞女下五子棋，她下得意外地好，同荣吉和别的女人们循环赛，她可以不费力地胜过他们。五子棋我下得很好，一般人下不过我。跟她下，用不着特意让一手，心里很愉快。因为只我们两个人，起初她老远地伸手落子，可是渐渐她忘了形，专心地俯身到棋盘上。她那头美得有些不自然的黑发都要碰到我的胸部了。突然她脸一红。

“对不起，要挨骂啦。”她说着把棋子一推，跑出去了。这时，妈妈站在公共浴场前面。千代子和百合子也慌忙从浴室出来，没上二楼就逃了回去。

这一天，荣吉在我的房间里从早晨玩到傍晚。纯朴而似乎很亲切的旅馆女掌柜忠告我说，请这样的人吃饭是白浪费。

晚上我到小旅店去，舞女正跟妈妈学三弦。她看到我就停下，可是听了妈妈的话又把三弦抱起来。每逢她的歌声略高一些，妈妈就说：

“我不是说过，用不着提高嗓门吗！”

荣吉被对面饭馆叫到三楼厅房去，正在念着什么，从这里可以看得见。

“他念的是什么？”

“谣曲呀。”

“好奇怪的谣曲。”

“那是个卖菜的，随你念什么，他也听不懂。”

这时，住在小旅店里的一个四十岁上下的鸟店商人打开了纸隔扇，叫几个姑娘去吃菜。舞女和百合子拿着筷子到隔壁房间去吃鸟店商人剩下的鸡火锅。她们一起向这个房间回来时，鸟店商人剩下的鸡火锅。她们一起向这个房间回来时，鸟店商人轻轻拍了拍舞女的肩膀。妈妈露出了一副很凶的面孔说：

“喂喂，不要碰这孩子，她还是个黄花闺女啊。”

舞女叫着老伯伯老伯伯，求鸟店商人给她读《水户黄门漫游记》。可是鸟店商人没多久站起身来走了。她一再说“给我读下去呀”，可是这话她不直接跟我说，好像请妈妈开口托我似的。我抱着一种期望，拿起了通俗故事本。舞女果然赶忙靠到我身边。

我一开口读，她就凑过脸来，几乎碰到我的肩头，表情一本正经，眼睛闪闪发光，不眨眼地一心盯住我的前额。这似乎是她听人家读书的习气，刚才她和鸟商人也几乎把脸碰在一起。这个我已经见过了。这双黑眼珠的大眼睛闪着美丽的光辉，是舞女身上最美的地方。双眼皮的线条有说不出来的漂亮。其次，她笑得像花一样，笑得像花一样这句话用来形容她是逼真的。

过了一会儿，饭店的侍女来接舞女了。她换了衣裳，对我说：“我马上就回来，等我一下，还请接着读下去。”

她到外面走廊里，垂下双手行着礼说：“我去啦。”

“你可千万不要唱歌呀。”妈妈说。她提着鼓微微地点头。

妈妈转过身来对我说：“现在她恰巧在变嗓子。”

舞女规规矩矩地坐在饭馆的二楼上，敲着鼓。从这里看去，她的后影好像就在隔壁的厅房里。鼓声使我的心明朗地跃动了。

“鼓声一响，满房里就快活起来了。”妈妈望着对面说。

千代子和百合子也同样到那边大厅去了。

过了一小时的工夫，四个人一同回来。

“就是这么点……“舞女从拳头里向妈妈的手掌上倒出了五角零碎的银币。我又读了一会儿《水户黄门漫游记》。他们又谈起了旅途上死去的婴儿，据说，那孩子生来像水一样透明，连哭的力气都没有，可是还活了一个星期。

我仿佛忘记了他们是巡回艺人之类的人，既没有好奇心，也不加轻视，这种很平常的对他们的好感，似乎沁入了他们的心灵。我决定将来什么时候到他们大岛的家里去。他们彼此商量着：“可以让他住在老爷子的房子里。那里很宽敞，要是老爷子让出来，就很安静，永远住下去也没关系，还可以用功读书。”然后他们对我说：我们有两座小房子，靠山那边的房子是空着的。

而且说，到了正月里，他们要到波浮港去演戏，可以让我帮帮忙。

我逐渐了解到，他们旅途上的心境并不像我最初想象的那么艰难困苦，而是带有田野气息的悠闲自得。由于他们是老小一家人，我更感到有一种骨肉之情维系着他们。

只有雇来的百合子老是羞羞怯怯的，在我的面前闷声不响。

过了夜半，我离开小旅店，姑娘们走出来送我。舞女给我摆好了木屐。她从门口探出头来，望了望明亮的天空。

“啊，月亮出来啦……明天到下田，可真高兴啊，给小孩做断七，让妈妈给我买一把梳子，然后还有好多事情要做哩。你带我去看电影好吧？”

对于沿伊豆地区相模川各温泉场串街的艺人来说，下田港这个城市总是旅途的故乡一样飘浮着使他们恋恋不舍的气息。

五

艺人们像越过天城山时一样，各自携带着同样的行李。妈妈用手腕子搂着小狗的前脚，它露出惯于旅行的神情。走出汤野，又进入了山区。海上的朝日照耀着山腰。我们眺望着朝日的方向。河津的海滨在河津川的前方明朗地展开了。

“那边就是大岛。”

“你看它有多么大，请你来呀。”舞女说。

也许是由于秋季的天空过于晴朗，临近太阳的海面像春天一样笼罩着一层薄雾。

从这里到下田要走二十公里路。这时间海时隐时现。千代子悠闲地唱起歌来。

路上他们问我，是走比较险峻可是约近两公里的爬山小道呢，还是走方便的大道，我当然要走近路。

林木下铺着落叶，一步一滑，道路陡峭得挨着胸口，我走得气喘吁吁，反而有点豁出去了，加快步伐，伸出手掌拄着膝盖。眼看着他们一行落在后面了，紧紧地跟着我跑。她走在后面，离我一两米远，既不想缩短这距离，也不想再落后。我回过头去和她讲话，她好像吃惊的样子，停住脚步微笑着答话。舞女讲话的时候，我等在那里，希望她赶上我，可是她也停住脚步，要等我向前走她才迈步。道路曲曲折折，愈加险阻了，我越发加快了脚步，可是舞女一心地攀登着，依旧保持着一两米的距离。群山静寂。其余的人落在后面很远，连话声也听不见了。

“你在东京家住哪儿？”

“没有家，我住在宿舍里。”

“我也去过东京，赏花时节我去跳舞的。那时还很小，什么也不记得了。”

然后她问东问西：“你父亲还在吗？”“你到甲府吗？”等等。她说到了下田要去看电影，还谈起那死了的婴儿。

这时来到了山顶。舞女在枯草丛中卸下了鼓，放在凳子上，拿手巾擦汗。她要掸掸脚上的尘土，却忽然蹲在我的脚边，抖着我裙子的下摆。我赶忙向后退，她不由得跪下来，弯着腰替我浑身掸尘，然后把翻上来的裙子下摆放下去，对站在那里呼呼喘气的我说：“请您坐下吧。“

就在凳子旁边，成群的小鸟飞了过来。四周那么寂静，只听见停着小鸟的树枝上枯叶沙沙地响。

“为什么要跑得这么快？”

舞女像是觉得身上热起来。我用手指咚咚地叩着鼓，那些小鸟飞走了。

“啊，想喝点水。”

“我去找找看。”

可是舞女马上又从发黄的丛树之间空着手回来了。

“你在大岛的时候做些什么？”

这时舞女很突然地提出了两三个女人的名字，开始谈起一些没头没脑的话。她谈的似乎不是在大岛而是在甲府的事，是她上普通小学二年级时小学校的一些朋友，她想到什么就说什么。

又等了约十分钟，三个年轻人到了山顶，妈妈更落后了十分钟才到。

下山时，我和荣吉特意迟一步动身，慢慢地边谈边走。走了约一里路之后，舞女又从下面跑上来。

“下面有泉水，赶快来吧，我们都没喝，在等着你们呢。”

我一听说有泉水就跑起来。从树荫下的岩石间涌出了清凉的水。女人们都站在泉水的四周。

“快点，请您先喝吧。我怕一伸手进去会把水弄浑了，跟在女人后面喝，水就脏啦。”妈妈说。

我用双手捧着喝了冷冽的水，女人们不愿轻易离开那里，拧着手巾擦干了汗水。

下了山一走进下田的街道，出现了好多股烧炭的烟。大家在路旁的木头上坐下来休息。舞女蹲在路边，用桃红色的梳子在梳小狗的长毛。

“这样不是把梳子的齿弄断了吗？”妈妈责备她说。

“没关系，在下田要买把新的。”

在汤野的时候，我就打算向舞女讨取插在她前发上的这把梳子，所以我认为不该用它梳狗毛。

道路对面堆着好多捆细竹子，我和荣吉谈起正好拿它们做手杖用，就抢先一步站起身来。舞女跑着追过来，抽出一根比她人还长的粗竹子。

“你干什么？”荣吉问她，她踌躇了一下，把那根竹子递给我。

“给你做手杖。我挑了一根挺粗的。”

“不行啊！拿了粗的，人家立刻会看出是偷的，被人看见不糟糕吗？送回去吧。”

舞女回到堆竹子的地方，又跑回来。这一次，她给我拿来一根有中指粗的竹子。接着，她在田埂上像脊背给撞了一下似的，跌倒在地，呼吸困难地等待那几个女人。

我和荣吉始终走在前头十多米。

“那颗牙可以拔掉，换上一颗金牙。”忽然舞女的声音送进我的耳朵里。我回过头一看，舞女和千代子并排走着，妈妈和百合子稍稍落后一些。千代子好像没有注意到我在回头看，继续说：

“那倒是的。你去跟他讲，怎么样？”

他们好像在谈我，大概千代子说我的牙齿长得不齐整，所以舞女说可以换上金牙。

她们谈的不外乎容貌上的，说不上对我有什么不好，我都不想竖起耳朵听，心里只感到亲密。她们还在悄悄地继续谈，我听见舞女说：

“那是个好人呢。”

“是啊，人倒是很好。”

“真正是个好人。为人真好。”

这句话听来单纯而又爽快，是幼稚地顺口流露出感情的声音。我自己也能天真地感到我是一个好人了。我心情愉快地抬起眼来眺望着爽朗的群山，眼睑里微微觉得痛。

我这个二十岁的人，一再严肃地反省到自己由于孤儿根性养成的怪脾气，我正因为受不了那种令人窒息的忧郁感，这才走上到伊豆的旅程。因此，听见有人从社会的一般意义说我是个好人，真是说不出的感谢。快到下田海边，群山明亮起来，我挥舞着刚才拿到的那根竹子，削掉秋草的尖子。

路上各村庄的入口竖着牌子：“乞讨的江湖艺人不得入村。”

六

一进下田的北路口，就到了甲州屋小旅店。我随着艺人们走上二楼，头上就是屋顶，没有天花板，坐在面临街道的窗口上，头要碰到屋顶。

“肩膀不痛吧？“妈妈好几次盯着舞女问，“手不痛吧？”

舞女做出敲鼓时的美丽手势。

“不痛。可以敲，可以敲。”

“这样就好啦。”

我试着要把鼓提起来。

“哎呀，好重啊！”

“比你想象的要重。比你的书包要重些。”舞女笑着说。

艺人们向小旅店里的人们亲热地打着招呼。那也尽是一些艺人和走江湖的。下田这个港口像是些候鸟的老窝。舞女拿铜板给那些摇摇晃晃走进房间来的小孩子。我想走出甲州屋，舞女就抢先跑到门口，给我摆好木屐，然后自言自语似的悄声说：“带我去看电影啊。”

我和荣吉找一个游手好闲的人领路，一直把我们送到一家旅馆去，据说旅馆主人就是以前的区长。洗过澡之后，我和荣吉吃了有鲜鱼的午饭。

“你拿这个去买些花给明天忌辰上供吧。”我说着拿出个纸包，装着很少的一点钱，叫荣吉带回去，因为为了我必须乘明天早晨的船回东京，我的旅费已经用光了。我说是为了学校的关系，艺人们也就不好强留我。

吃过午饭还不到三小时就吃了晚饭，我独自从下田向北走，过了桥。我登上下田的富士山，眺望着港湾。回来的路上顺便到了甲州屋，看见艺人们正在吃鸡肉火锅。

“哪怕吃一口也好吗？女人们用过的筷子虽然不干净，可是过后可以当作笑话谈。”妈妈说着从包裹里拿出小碗和筷子叫百合子去洗。

大家又都谈起明天恰好是婴儿死去的第四十九天，请我无论怎样也要延长一天再动身，可是我拿学校做借口，没有应允。妈妈翻来覆去地说：“那么，到冬天休假的时候，我们划着船去接您。请先把日期通知我们，我们等着。住在旅馆里多闷人，我们用船去接您。”

屋里只剩下千代和百合子的时候，我请她们去看电影，千代子用手按着肚子说：“身子不好过，走了那么多的路，吃不消啦。”她脸色苍白，身体像是要瘫下来了。百合子拘谨地低下头去。舞女正在楼下跟着小旅店的孩子们一起玩。她一看到我，就去央求妈妈让她去看电影，可是接着垂头丧气的，又回到我身边来，给我摆好了木屐。

“怎么样，就叫她一个人陪了去不好吗？”荣吉插嘴说。但是妈妈不应允。为什么带一个人去不行呢，我实在觉得奇怪。我正要走出大门口的时候，舞女抚摸着小狗的头。我难以开口，只好做出冷淡的神情。她连抬起头来看我一眼的力气好像都没有了。

我独自去看电影。女讲解员在灯泡下面念着说明书。我立即走出来回到旅馆去。

我胳膊肘拄在窗槛上，好久好久眺望着这座夜间的城市，城市黑洞洞的。我觉得从远方不断微微地传来了鼓声。眼泪毫无理由地扑簌簌落下来。

七

出发的早晨七点钟，我正在吃早饭，荣吉就从马路上招呼我了。他穿着印有家徽的黑外褂，穿上这身礼服似乎专为给我送行。女人们都不见，我立即感到寂寞。荣吉走进房间里来说：“本来大家都想来送行的，可是昨天夜里睡得很迟，起不了床，叫我来道歉，并且说冬天等着您，一定要请您来。”

街上秋天的早晨是冷冽的。荣吉在路上买了柿子，四包敷岛牌香烟和熏香牌口中清凉剂送给我。

"因为我妹妹的名字叫薰子，"他微笑着说，"在船上橘子不大好，柿子对于晕船有好处，可以吃的。"

"把这个送给你吧。"

我摘下便帽，把它戴在荣吉头上，然后从书包里取出学生帽，拉平皱褶，两个人都是笑了。

快到船码头的时候，舞女蹲在海滨的身影扑进我的心头。在我们走近她身边以前，她一直在发愣，沉默地垂着头。她还是昨夜的化妆，愈加动了我的感情，眼角上的胭脂使她那像是生气的脸上显了一股幼稚的严峻神情。荣吉说："别的人来了吗？"

舞女摇摇头。

"她们还都在睡觉吗？"

舞女点点头。

荣吉去买船票和舢板票的当儿，我搭讪着说了好多话，可是舞女往下望着运河入海的地方，一言不发。只是我每句话还没有说完，她就连连用力点头。这时，有一个小工打扮的人走过来，听他说："老婆婆，这个人可不错。"

"学生哥，你是去东京的吧，打算拜托你把这个婆婆带到东京去，可以吗？蛮可怜的一个老婆婆。她儿子原先在莲台寺的银矿做工，可是倒霉碰上这次流行感冒，儿子和媳妇都死啦，留下了这么三个孙子。怎么也想不出办法，我们商量着还是送她回家乡去。她家乡在水户，可是老婆婆一点也不认识路，要是到了灵岸岛，请你把她送上开往上野去的电车就行啦。麻烦你呀，我们拱起双手重重拜托。唉，你看到这种情形，也要觉得可怜吧。"

老婆婆痴呆呆地站在那里，她背上绑着一个奶寻娃儿，左右手各牵着一个小姑娘，小的大概三岁，大的不过五岁的样子。从她那龌龊的包袱皮里，可以看见有大饭团子和咸梅子。五六个矿工在安慰着老婆婆。我爽快地答应照料她。

"拜托你啦。"

"谢谢啊！我们本应当送她到水户，可是又做不到。"

矿工们说了这类话向我道谢。

舢板摇晃得很厉害，舞女还是紧闭双唇向一边凝视着。我抓住绳梯回过头来，想说一声再见，可是也没说出口，只是又一次点了点头。舢板回去了。荣吉不断地挥动着刚才我给他的那顶便帽。离开很远之后，才看见舞女开始挥动白色的东西。

轮船开出下田的海面，伊豆半岛南端渐渐在后方消失，我一直依倚着栏杆，一心一意地眺望着海面上的大岛。我觉得跟舞女的离别仿佛是很久很久以前的事了。老婆婆怎么样啦？我探头向船舱里看，已经有好多人围坐在她身旁，似乎在百般安慰她。我安下心来，走进隔壁的船舱。相模滩上风浪很大，一坐下来，就常常向左右歪倒。船员在到处分发小铁盆。我枕着书包躺下了。头脑空空如也，没有了时间的感觉。泪水扑簌簌地滴在书包上，连脸颊都觉得凉了，只好把枕头翻转过来。我的身旁睡着一个少年。

他是河津的一个工场老板的儿子，前往东京准备投考，看见我戴着第一高等学校的学生帽，对我似乎很有好感。谈过几句话之后，他说："您遇到什么不幸的事吗？"

"不，刚刚和人告别。"我非常坦率地说。让人家见到自己在流泪，我也满不在乎。

我什么都不想，只想在安逸的满足中静睡。

海上什么时候暗下来我也不知道，网代和热海的灯光已经亮起来。皮肤感到冷，肚里觉得饿了，那少年给我打开了竹皮包着的菜饭。我好像忘记了这不是自己的东西，拿起紫菜饭卷就吃起来，然后裹着少年的学生斗篷睡下去。我处在一种美好的空虚心境里，不管人家怎样亲切对待我，都非常自然地承受着。我想明天清早带那老婆婆到上野车站给她买票去水户，也是极其应当的。我感到所有的一切都融合在一起了。

船舱的灯光熄灭了。船上载运的生鱼和潮水的气味越来越浓。在黑暗中，少年的体温暖着我，我听任泪水向下流。我的头脑变成一泓清水，滴滴答答地流出来，以后什么都没有留下，只感觉甜蜜的愉快。

赏　析

《伊豆的舞女》是川端康成早期的代表作，也是一篇杰出的中篇小说。1926年1月至2月间由《文艺时代》发表，在各国读者中产生了深远的影响。作品描写了一段经典的日式爱情："我"是一个孤儿出身的青年学生，在伊豆孤身旅行，邂逅了天真无邪而又别具风情的年少舞女。在孤寂忧郁的心灵中，在似恋非恋的爱慕中，在伊豆的青山秀水和"我"的迷离的情思中，一段令"我"终生难忘的爱情故事淡淡地演绎着。

思考练习

1. 在"我"与"舞女"的再相见的情节中，小说塑造"我"主要用了什么手法？对表现人物有什么作用？

2. 简析川端康成《伊豆的舞女》的艺术特色。

桑梓情深篇

八声甘州

柳　永

八声甘州

文学常识

柳永，宋代词人。字耆卿，原名三变，字景庄，崇安（今属福建省武夷山市）人。景祐元年（1034年）进士。官至屯田员外郎。排行第七，世称柳七或柳屯田。为人放荡不羁，终身潦倒。善为乐章，长于慢词。其词多描绘城市风光与歌伎生活，尤长于抒写羁旅行役之情。词风婉约，词作甚丰，是北宋第一个专力写词的词人。创作慢词独多，发展了铺叙手法，在词史上产生了较大的影响，特别是对北宋慢词的兴盛和发展有重要作用。词作流传极广，有“凡有井水饮处皆能歌柳词”之说。生平亦有诗作，惜传世不多。著有《乐章集》。

对潇潇①暮雨洒江天，一番洗清秋②。渐③霜风④凄紧⑤，关河冷落，残照⑥当楼。是

① 潇潇：形容风雨急骤。
② 清秋：清冷的秋天景色。
③ 渐：一会儿，紧跟着，宋代白话。
④ 霜风：秋风。
⑤ 凄紧：凄凉得很。形容秋风的寒冷逼人。紧：很，表程度，宋代白话。
⑥ 残照：落日的余晖。

处①红衰翠减②，苒苒③物华④休⑤，惟有长江水，无语东流。不忍登高临远，望故乡渺邈⑥，归思⑦难收。叹年来踪迹，何事苦淹留⑧？想佳人⑨，妆楼长望⑩，误几回、天际识归舟⑪。争⑫知我、倚阑干处⑬，正恁⑭凝愁⑮。

译文

伫立江边面对着潇潇暮雨，暮雨仿佛在洗涤清冷的残秋。渐渐地雨散云收，秋风逐渐寒意逼人，关山江河一片冷清萧条，落日余晖映照着江楼。到处是万花纷谢，花叶凋零，那些美好的景色都已经歇休，只有长江水默默地向东流淌。

其实我实在不忍心登高眺望，想到故乡遥远不可及之处，一颗归乡的心迫切难以自抑。叹息这几年来四处奔波流浪，究竟是什么使我苦苦到处滞留？佳人一定天天登上江边画楼眺望，多次把别人从远处驶来的行船误认作我的归舟。你可知道我正在倚高楼眺望，心中充满了思念家乡的忧愁苦闷。

赏析

《八声甘州》是宋代词人柳永的作品。此词抒写了作者漂泊江湖的愁思和仕途失意的悲慨。上片描绘了雨后清秋的傍晚，关河冷落，夕阳斜照的凄凉之景；下片抒写词人久客他乡急切思念归家之情。全词语浅而情深，融写景、抒情为一体，通过描写羁旅行役之苦，表达了强烈的游子思归情绪，写出了封建社会知识分子怀才不遇的典型感受，从而成为传诵千古的名篇。

思考练习

1. 上阕与下阕词人分别表达了怎样的情感?
2. “渐霜风凄惨”中的“凄惨”，一作“凄紧”，你认为用哪个词语好？请说明理由。

① 是处：到处、处处。
② 红衰翠减：万花纷谢，花叶凋零。
③ 苒苒（rǎn）：同冉冉，（时间）渐渐过去。
④ 物华：美好的景物。
⑤ 休：衰残。
⑥ 渺邈（miǎo）：渺茫遥远。
⑦ 归思：渴望回家团聚的心思。
⑧ 淹留：长期停留。
⑨ 佳人：美女，也常代指自己深深怀念的对象。
⑩ 长望：长久地凝望。又作颙（yōng）望。颙是向慕、仰望的意思，颙望，即举头凝望。
⑪ 此句的意思是：佳人多次误把远处驶来的船只当作心上人的归舟。天际：天边，目力所能达到的最远处。
⑫ 争：怎。
⑬ 处：这里表示时间。
⑭ 恁（nèn）：如此。
⑮ 凝愁：愁肠凝结不能排解的忧愁。

故乡的野菜

周作人

文学常识

周作人（1885年—1967年），原名櫆寿（后改为奎绶），字星杓，又名启明、启孟、起孟，笔名遐寿、仲密、岂明，号知堂、药堂、独应等，浙江绍兴人。鲁迅（周树人）之弟，周建人之兄。中国现代著名散文家、文学理论家、评论家、诗人、翻译家、思想家，中国民俗学开拓人，新文化运动的杰出代表。历任国立北京大学教授、东方文学系主任，燕京大学新文学系主任、客座教授。新文化运动中，他是《新青年》的重要作者，并曾任“新潮社”主任编辑。与郑振铎、沈雁冰、叶绍钧、许地山发起成立“文学研究会”。与鲁迅、林语堂、孙伏园创办《语丝》周刊，任主编和主要撰稿人。曾担任北平世界语学会会长。

我的故乡不止一个，凡我住过的地方都是故乡。故乡对于我并没有什么特别的情分，只因钓于斯游于斯的关系，朝夕会面，遂成相识，正如乡村里的邻舍一样，虽然不是亲属，别后有时也要想念到他。我在浙东住过十几年，南京、东京都住过六年，这都是我的故乡，现在住在北京，于是北京就成了我的家乡了。

日前我的妻往西单市场买菜回来，说起有荠菜[①]在那里卖着，我便想起浙东的事来。荠菜是浙东人春天常吃的野菜，乡间不必说，就是城里只要有后园的人家都可以随时采食，妇女小儿各拿一把剪刀一只“苗篮”，蹲在地上搜寻，是一种有趣味的游戏的工作。那时小孩们唱道：“荠菜马兰头，姊姊嫁在后门头。”后来马兰头有乡人拿来进城售卖了，但荠菜还是一种野菜，须得自家去采。关于荠菜向来颇有风雅的传说，不过这似乎以吴地为主。《西湖游览志》云：“三月三日男女皆戴荠菜花。谚云：三春戴荠花，桃李羞繁华。”顾禄的《清嘉录》上亦说：“荠菜花俗呼野菜花，因谚有三月三蚂蚁上灶山之语，三日人家皆以野菜花置灶陉上，以厌虫蚁。清晨村童叫卖不绝。或妇女簪髻[②]上以祈清目，俗号眼亮花。”但浙东人却不很理会这些事情，只是挑来做菜或炒年糕吃罢了。

黄花麦果通称鼠曲草，系菊科植物，叶小微圆互生，表面有白毛，花黄色，簇生梢头。春天采嫩叶，捣烂去汁，和粉作糕，称黄花麦果糕。小孩们有歌赞美之云：

“黄花麦果韧结结，

关得大门自要吃，

① 荠（jì）菜：是双子叶植物纲、十字花科、荠属植物荠的通称。

② 簪髻（zān jì）：簪，用来绾住头发的一种首饰。髻，中国古代女子将头发绾结于头顶的发式。

半块拿弗出，
一块白要吃。”

清明前后扫墓时，有些人家——大约是保存古风的人家——用黄花麦果作供，但不作饼状，做成小颗如指顶大，或细条如小指，以五六个作一攒，名曰茧果，不知是什么意思，或因蚕上山时设祭，也用这种食品，故有是称，亦未可知。自从十二三岁时外出不参与外祖家扫墓以后，不复见过茧果，近来住在北京，也不再见黄花麦果的影子了。日本称作“御形”，与荠菜同为春天的七草之一，也采来做点心用，状如艾饺，名曰“草饼”，春分前后多食之，在北京也有，但是吃去总是日本风味，不复是儿时的黄花麦果糕了。

扫墓时候所常吃的还有一种野菜，俗称草紫，通称紫云英。农人在收获后，播种田内，用做肥料，是一种很被贱视的植物，但采取嫩茎瀹食，味颇鲜美，似豌豆苗。花紫红色，数十亩接连不断，一片锦绣，如铺着华美的地毯，非常好看，而且花朵状若蝴蝶，又如鸡雏，尤为小孩所喜，间有白色的花，相传可以治痢。很是珍重，但不易得。日本《俳句[①]大辞典》云：“此草与蒲公英同是习见的东西，从幼年时代便已熟识。在女人里边，不曾采过紫云英的人，恐未必有罢。”中国古来没有花环，但紫云英的花球却是小孩常玩的东西，这一层我还替那些小人们欣幸的。浙东扫墓用鼓吹，所以少年常随了乐音去看“上坟船里的姣姣”；没有钱的人家虽没有鼓吹，但是船头上篷窗下总露出些紫云英和杜鹃的花束，这也就是上坟船的确实的证据了。

十三年二月

赏　析

《故乡的野菜》熔知识性、趣味性于一炉，使民俗童趣在平淡中娓娓道来，其语言平和冲淡、淡雅悠远，其文风飘逸潇洒、雅趣盎然，堪称一幅淡雅悠远的风俗画。《故乡的野菜》文笔质朴，立意新奇，通篇都透出一股精巧的艺术魅力，思乡怀旧是文章的主题，而贯穿全文的线索却是野菜。野菜是最被贱视的，它登不得大雅之堂，又不为一般富有阶级所爱。在作者心中，“故乡”是极富吸引力的字眼，野菜成为作者笔下抒情之物，然而这种强烈的思乡之情，怀旧之感，在文章中并没有像火山岩浆一般地喷发出来，而是如同一位丹青妙手把一幅清淡的浙东风俗画展现在读者眼前，使人睹景思情，油然生出思乡之心，而点缀画面的便是平凡的野菜。

思考练习

1. 如何理解最后一句话流露出来地“失望”感？
2. 《故乡的野菜》在抒情方式上有何特点？

① 俳（pái）句：是日本的一种古典短诗。以三句十七音为一首，首句五音，次句七音，末句五音。

爱尔克的灯光

巴　金

文学常识

巴金（1904 年—2005 年），本名李尧棠，字芾甘，笔名除巴金外，还有王文慧、欧阳镜蓉、黄树辉、余一等，1904 年 11 月 25 日出生于四川省成都市，中国当代作家。

1921 年 4 月 1 日，巴金第一篇文章《怎样建设真正自由平等的社会》发表在《半月》刊第 17 号刊载。1922 年冬，在成都外国语专门学校预科和本科班（英文）肄业。1929 年，第一次以“巴金”的笔名在《小说月报》发表长篇小说《灭亡》，引起文坛的关注。1932 年 5 月 23 日，长篇小说《雾》出版。1933 年 1 月，长篇小说《雨》出版；同年 5 月，长篇小说《家》出版。1935 年 3 月，中篇小说《电》出版。1936 年 4 月，《爱情三部曲》（《雾·雨·电》）出版。1938 年 3 月，长篇小说《春》出版。1949 年 10 月 1 日，在天安门参加开国大典。1954 年 9 月 15 日—29 日，参加第一届全国人民代表大会。1960 年 4 月，散文集《赞歌集》出版；同年，当选为全国文联副主席。“文化大革命”期间受到冲击。1979 年 12 月，杂文集《随想录》（第一集）出版。1982 年 10 月，《随想录》（第三集）出版。1983 年起，任全国政协副主席，中国作家协会主席。1990 年，获得苏联人民友谊勋章；同年获第一届福冈亚洲文化奖特别奖。1998 年 3 月，当选为第九届全国政协副主席。2003 年 11 月，被国务院授予“人民作家”荣誉称号。2005 年 10 月 17 日，因病在上海逝世。

傍晚，我靠着逐渐黯淡的最后的阳光的指引，走过十八年前的故居。这条街、这个建筑物开始在我的眼前隐藏起来，像在躲避一个久别的旧友。但是它们的改变了的面貌于我还是十分亲切。我认识它们，就像认识我自己。还是那样宽的街，宽的房屋。巍峨的门墙代替了太平缸和石狮子，那一对常常做我们坐骑的背脊光滑的雄狮也不知逃进了哪座荒山。然而大门开着，照壁上“长宜子孙”四个字却是原样地嵌在那里，似乎连颜色也不曾被风雨剥蚀。我望着那同样的照壁，我被一种奇异的感情抓住了，我仿佛要在这里看出过去的十九个年头，不，我仿佛要在这里寻找十八年以前的遥远的旧梦。

守门的卫兵用怀疑的眼光看我。他不了解我的心情。他不会认识十八年前的年轻人。他却用眼光驱逐一个人的许多亲密的回忆。

黑暗来了。我的眼睛失掉了一切。于是大门内亮起了灯光。灯光并不曾照亮什么，反而增加了我心上的黑暗。我只得失望地走了。我向着来时的路回去。已经走了四五步，我忽然掉转头，再看那个建筑物。依旧是阴暗中一线微光。我好像看见一个盛满希望的水碗一下子就落在地上打碎了一般，我痛苦地在心里叫起来。在这条被夜幕覆盖着的近代城市的静寂的街中，我仿佛看见了哈立希岛上的灯光①。那应该是姐姐爱尔克点的灯吧。她用这灯光来给她的航海的兄弟照路，每夜每夜灯光亮在她的窗前，她一直到死都在等待那个出远门的兄弟回来。最后她带着失望进入坟墓。

街道仍然是清静的。忽然一个熟悉的声音在我耳边轻轻地唱起了这个欧洲的古传说。在这里不会有人歌咏这样的故事。应该是书本在我心上留下的影响。但是这个时候我想起了自己的事情。

十八年前在一个春天的早晨，我离开这个城市、这条街的时候，我也曾有一个姐姐，也曾答应过有一天回来看她，跟她谈一些外面的事情。我相信自己的诺言。那时我的姐姐还是一个出阁才只一个多月的新嫁娘，都说她有一个性情温良的丈夫，因此也会有长久的幸福的岁月。

然而人的安排终于被“偶然”毁坏了。这应该是一个“意外”。但是这“意外”却毫无怜悯地打击了年轻的心。我离家不过一年半光景，就接到了姐姐的死讯。我的哥哥用了颤抖的哭诉的笔叙说一个善良女性的悲惨的结局，还说起她死后受到的冷落的待遇。从此那个做过她丈夫的所谓温良的人改变了，他往一条丧失人性的路走去。他想往上爬，结果却不停地向下面落，终于到了用鸦片烟延续生命的地步。对于姐姐，她生前我没有好好地爱过她，死后也不曾做过一样纪念她的事。她寂寞地活着，寂寞地死去。死带走了她的一切，这就是在我们那个地方的旧式女子的命运。

我在外面一直跑了十八年。我从没有向人谈过我的姐姐。只有偶尔在梦里我看见了爱尔克的灯光。一年前在上海我常常睁起眼睛做梦。我望着远远的在窗前发亮的灯，我面前横着一片大海，灯光在呼唤我，我恨不得腋下生出翅膀，即刻飞到那边去。沉重的梦压住我的心灵，我好像在跟许多无形的魔手挣扎。我望着那灯光，路是那么远，我又没有翅膀。我只有一个渴望：飞！飞！那些熬煎着心的日子！那些可怕的梦魇！

但是我终于出来了。我越过那堆积着像山一样的十八年的长岁月，回到了生我养我而且让我刻印了无数儿时回忆的地方。我走了很多的路。十九年，似乎一切全变了，又似乎都没有改变。死了许多人，毁了许多家。许多可爱的生命葬入黄土。接着又有许多新的人继续扮演不必要的悲剧。浪费，浪费，还是那许多不必要的浪费——生命，精力，感情，财富，甚至欢笑和眼泪。我去的时候是这样，回来时看见的还是一样的情形。关在这个小圈子里，我禁不住几次问我自己：难道这十八年全是白费？难道在这许多年中间所改变的

① 哈立希岛上的灯光：这是一个欧洲古老的传说。巴金在另一篇散文《灯》中也曾复述过这个传说：“孤寂的海上的灯塔挽救了许多船只的沉没，任何航行的船只都可以得到那灯光的指引。哈立希岛上的姐姐为着弟弟点在窗前的长夜孤灯，虽然不曾唤回那个航海远去的弟弟，可是不少捕鱼归来的邻人都得到了它的帮助。”

就只是装束和名词？我痛苦地搓自己的手，不敢给一个回答。

在这个我永不能忘记的城市里，我度过了五十个傍晚。我花费了自己不少的眼泪和欢笑，也消耗了别人不少的眼泪和欢笑。我匆匆地来，也将匆匆地去。用留恋的眼光看我出生的房屋，这应该是最后的一次了。我的心似乎想在那里寻觅什么。但是我所要的东西绝不会在那里找到。我不会像我的一个姑母或者嫂嫂，设法进到那所已经易了几个主人的公馆，对着园中的花树垂泪，慨叹着一个家庭的盛衰。摘吃自己栽种的树上的苦果，这是一个人的本分。我没有跟着那些人走一条路，我当然在这里找不到自己的脚迹。几次走过这个地方，我所看见的还只是那四个字："长宜子孙"。

"长宜子孙"这四个字的年龄比我的不知大了多少。这也该是我祖父留下的东西吧。最近在家里我还读到他的遗嘱。他用空空两手造就了一份家业。到临死还周到地为儿孙安排了舒适的生活。他叮嘱后人保留着他修建的房屋和他辛苦地搜集起来的书画。但是儿孙们回答他的还是同样的字：分和卖。我很奇怪，为什么这样聪明的老人还不明白一个浅显的道理：财富并不"长宜子孙"，倘使不给他们一个生活技能，不向他们指示一条生活道路！"家"这个小圈子只能摧毁年轻心灵的发育成长，倘使不同时让他们睁起眼睛去看广大世界；财富只能毁灭崇高的理想和善良的气质，要是它只消耗在个人的利益上面。

"长宜子孙"，我恨不能削去这四个字①！许多可爱的年轻生命被摧残了，许多有为的年轻心灵被囚禁了。许多人在这个小圈子里面憔悴地挨着日子。这就是"家"！"甜蜜的家"！这不是我应该来的地方。爱尔克的灯光不会把我引到这里来的。

于是在一个春天的早晨，依旧是十八年前的那些人把我送到门口，这里面少了几个，也多了几个。还是和那次一样，看不见我姐姐的影子，那次是我没有等待她，这次是我找不到她的坟墓。一个叔父和一个堂兄弟到车站送我，十八年前他们也送过我一段路程。

我高兴地来，痛苦地去。汽车离站时我心里的确充满了留恋。但是清晨的微风，路上的尘土，马达的叫吼，车轮的滚动，和广大田野里一片盛开的菜子花，这一切驱散了我的离愁。我不顾同行者的劝告，把头伸到车窗外面，去呼吸广大天幕下的新鲜空气。我很高兴，自己又一次离开了狭小的家，走向广大的世界中去！

忽然在前面田野里一片绿的蚕豆和黄的菜花中间，我仿佛又看见了一线光，一个亮，这还是我常常看见的灯光。这不会是爱尔克的灯里照出来的，我那个可怜的姐姐已经死去了。这一定是我的心灵的灯，它永远给我指示我应该走的路。

一九四一年三月在重庆

① 1959年收入文集时作者注："1956年12月我终于走进了这个'公馆'。'长宜子孙'四个字果然跟着'照壁'一起消灭了"。

赏析

巴金的《爱尔克的灯光》是一篇具有鲜明艺术特点的散文。

第一，结构巧妙。这篇散文写作家阔别旧家十八年后探访旧居时，思绪万千，并对人生道路进行思考。围绕着这个问题，展开了两条情绪线。

一条情绪线是旧居照壁上“长宜子孙”四个字。作者把它作为封建家庭的象征，从这四个字看到了封建家庭的罪恶。作者通过姐姐的悲剧，以及关在家这个圈子中而发生的许多悲剧，揭示了封建家庭囚禁了许多可爱的年轻生命，从而从理性和感情上彻底否定了这条“长宜子孙”的道路，并高兴于自己走上了冲破封建家庭，“走向广大的世界中去”的道路。

第二条情绪线是各种灯光。旧居的灯光，爱尔克的灯光，心灵的灯光，不同的长河，不同心境下的灯光成为本文的线索，尤其是爱尔克的灯光，贯串作品始终，把不同地点、不同时间的生活材料有机串联起来，最后以心灵的灯作结，体现了作者思想和感情的推进与深化。

第二，象征手法的运用。这篇散文多处运用了象征手法。“长宜子孙”四个字是写实的，但也具有象征意蕴，正是那个“家”的象征。而象征意义更明显的是灯光：旧居的灯光象征着“家”的阴暗，象征着失望；爱尔克的灯光更具有丰富的象征意蕴，它是照路的灯——为弟弟照路；是希望的灯——盼望航海的弟弟平安归来；又是生活悲剧和希望破灭的灯——一直到她死，弟弟还是没有回来。心灵的灯则是作者对生活的信念和对理想追求的象征，它指引作者离开狭小的家，走向广大的世界中去。

第三，感情浓烈。巴金是一位情感型作家。散文《爱尔克的灯光》正体现了他作品感情浓烈的特点。文章中对“长宜子孙”四字的由来及否定；对姐姐悲剧命运的叙述，对爱尔克的灯的传说的转述，对自己“又一次离开狭小的家，走向广大的世界中去”的叙述，都熔叙事、抒情、议论于一炉，感情浓烈，抒情性强，以真挚的情感感染着读者。

思考练习

1. 文中“长宜子孙”这四个字的含义是什么?
2. 分析并说明全文思想内容。
3. 文中三种灯光的象征意蕴是什么?
4. 解析本文所展示的两条完全不同的人生道路。

听听那冷雨[1]

余光中

文学常识

余光中（1928 年—2017 年），现代诗人、散文家。祖籍福建永春。1928 生于江苏南京，1947 年入金陵大学外语系（后转入厦门大学），1949 年随父母迁香港，次年赴台，就读于台湾大学外文系。1953 年，与覃子豪、钟鼎文等共创“蓝星”诗社。后赴美进修，获爱荷华大学艺术硕士学位。返台后任诗大、政大、台大及香港中文大学教授，去世前任台湾中山大学文学院院长。余光中一生从事诗歌、散文、评论、翻译，自称为自己写作的“四度空间”，涉猎广泛，被誉为“艺术上的多栖主义者”。其文学生涯悠远、辽阔、深沉，为当代诗坛健将、散文重镇、著名批判家、优秀翻译家。他的作品风格极不统一。他的诗风是因题材而异的，表达意志和理想的诗，一般都显得壮阔铿锵，而描写乡愁和爱情的作品，一般都显得细腻而柔绵。代表作有诗集《舟子的悲歌》、《蓝色的羽毛》、《钟乳石》、《万圣节》、《白玉苦瓜》等十余种。

惊蛰[2]一过，春寒加剧。先是料料峭峭，继而雨季开始，时而淋淋漓漓，时而淅淅沥沥，天潮潮地湿湿，即使在梦里，也似乎把伞撑着。而就凭一把伞，躲过一阵潇潇的冷雨，也躲不过整个雨季。连思想也都是潮润润的。每天回家，曲折穿过金门街[3]到厦门街迷宫式的长巷短巷，雨里风里，走入霏霏令人更想入非非。想这样子的台北凄凄切切完全是黑白片的味道，想整个中国整部中国的历史无非是一张黑白片子，片头到片尾，一直是这样下着雨的。这种感觉，不知道是不是从安东尼奥尼[4]那里来的。不过那一块土地[5]是久违了，二十五年，四分之一的世纪，即使有雨，也隔着千山万山，千伞万伞。二十五年，一切都断了，只有气候，只有气象报告还牵连在一起。大寒流从那块土地上弥天卷来，这种酷冷吾与古大陆分担。不能扑进她怀里，被她的裾边扫一扫吧也算是安慰孺

① 选自《余光中选集·散文集》（安徽教育出版社 1999 年版）。

② 惊蛰（zhé）：二十四节气之一，在每年的三月。

③ 金门街：与下文的厦门街等都是台北的街道名。

④ 安东尼奥尼：全名米开朗琪罗·安东尼奥尼（Michelangelo Antonioni），1912 年出生，意大利著名导演。在影片中着力表现人物情绪，并善于用色彩暗示情感。

⑤ 那一块土地：指中国大陆。

慕[①]之情。

这样想时，严寒里竟有一点温暖的感觉了。这样想时，他希望这些狭长的巷子永远延伸下去，他的思路也可以延伸下去，不是金门街到厦门街，而是金门到厦门。他是厦门人，至少是广义的厦门人，二十年来，不住在厦门，住在厦门街，算是嘲弄吧，也算是安慰。不过说到广义，他同样也是广义的江南人，常州人，南京人，川娃儿，五陵少年[②]。杏花春雨江南，那是他的少年时代了。再过半个月就是清明。安东尼奥尼的镜头摇过去，摇过去又摇过来。残山剩水犹如是，皇天后土犹如是。纭纭黔首纷纷黎民从北到南犹如是。那里面是中国吗？那里面当然还是中国永远是中国。只是杏花春雨已不再，牧童遥指已不再，剑门细雨渭城轻尘也都已不再。然则他日思夜梦的那片土地，究竟在哪里呢？

在报纸的头条标题里吗？还是香港的谣言里？还是傅聪的黑键白键马思聪[③]的跳弓拨弦？还是安东尼奥尼的镜底勒马洲[④]的望中？还是呢，故宫博物院的壁头和玻璃橱内，京戏的锣鼓声中太白和东坡的韵里？

杏花，春雨，江南。六个方块字，或许那片土就在那里面。而无论赤县也好神州也好中国也好，变来变去，只要仓颉的灵感不灭美丽的中文不老，那形象，那磁石一般的向心力当必然长在。因为一个方块字是一个天地。太初有字，于是汉族的心灵他祖先的回忆和希望便有了寄托。譬如凭空写一个“雨”字，点点滴滴，滂滂沱沱，淅沥淅沥淅沥，一切云情雨意，就宛然其中了。视觉上的这种美感，岂是什么 rain 也好 pluie[⑤] 也好所能满足？翻开一部《辞源》或《辞海》，金木水火土，各成世界，而一入“雨”部，古神州的天颜千变万化，便悉在望中，美丽的霜雪云霞，骇人的雷电霹雹，展露的无非是神的好脾气与坏脾气，气象台百读不厌门外汉百思不解的百科全书。

听听，那冷雨。看看，那冷雨。嗅嗅闻闻，那冷雨，舔舔吧那冷雨。雨在他的伞上这城市百万人的伞上雨衣上屋上天线上，雨下在基隆[⑥]港在防波堤在海峡的船上，清明这季雨。雨是女性，应该最富于感性。雨气空濛而迷幻，细细嗅嗅，清清爽爽新新，有一点点薄荷的香味，浓的时候，竟发出草和树沐发后特有的淡淡土腥气，也许那竟是蚯蚓蜗牛的腥气吧，毕竟是惊蛰了啊。也许地上的地下的生命，也许古中国层层叠叠的记忆皆蠢蠢而蠕，也许是植物的潜意识和梦吧，那腥气。

第三次去美国，在高高的丹佛他山居了两年。美国的西部，多山多沙漠，千里干旱，天，蓝似盎格鲁·萨克逊人[⑦]的眼睛；地，红如印第安人的肌肤；云，却是罕见的白鸟。

---

① 孺（rú）慕：本指幼童对亲人的思慕，后喻为仰望敬爱之意。

② 五陵少年：长安少年。五陵，西汉的五座皇帝陵墓，此处代指当时的都城长安。

③ 马思聪（1912—1987）：作曲家，小提琴家。

④ 勒马洲：又名落马洲。位于香港、深圳交界的西段，与深圳市福田区皇岗仅一河之隔。曾一度是港、台同胞眺望祖国大陆的驻足点。

⑤ pluie：法语单词“雨”。

⑥ 基隆：台湾岛上的一个港口城市。

⑦ 盎格鲁·萨克逊人：英语 Anglo-Saxon 的音译，指公元 5 世纪时迁居英国不列颠的以盎格鲁和萨克逊为主的日耳曼人。

落基山簇簇耀目的雪峰上，很少飘云牵雾。一来高，二来干，三来森林线以上，杉柏也止步，中国诗词里“荡胸生曾云”，或是“商略黄昏雨”的意趣，是落基山上难睹的景象。落基山岭之胜，在石，在雪。那些奇岩怪石，相叠互倚，砌一场惊心动魄的雕塑展览，给太阳和千里的风看。那雪，白得虚虚幻幻，冷得清清醒醒，那股皑皑不绝一仰难尽的气势，压得人呼吸困难，心寒眸酸。不过要领略“白云回望合，青霭入看无”的境界，仍须回来中国，台湾湿度很高，最饶云气氤氲雨意迷离的情调。两度夜宿溪头，树香沁鼻，宵寒袭肘，枕着润碧湿翠苍苍交叠的山影和万籁都歇的岑寂，仙人一样睡去。山中一夜饱雨，次晨醒来，在旭日未升的原始幽静中，冲着隔夜的寒气，踏着满地的断柯折枝和仍在流泻的细股雨水，一径探入森林的秘密，曲曲弯弯，步上山去，溪头的山，树密雾浓，蓊郁的水汽从谷底冉冉升起，时稠时稀，蒸腾多姿，幻化无定，只能从雾破云开的空处，窥见乍现即隐的一峰半壑，要纵览全貌，几乎是不可能的。至少入山两次，只能在白茫茫里和溪头诸峰玩捉迷藏的游戏，回到台北，世人问起，除了笑而不答心自闲，故作神秘之外，实际的印象，也无非山在虚无之间罢了。云缭烟绕，山隐水迢的中国风景，由来予人宋画的韵味。那天下也许是赵家的天下①，那山水却是米家的山水②。而究竟，是米氏父子下笔像中国的山水，还是中国的山水上纸像宋画。恐怕是谁也说不清楚了吧？

雨不但可嗅，可观，更可以听。听听那冷雨。听雨，只要不是石破天惊的台风暴雨，在听觉上总是一种美感。大陆上的秋天，无论是疏雨滴梧桐或是骤雨打荷叶，听去总有一点凄凉，凄清，凄楚，于今在岛上回味，则在凄楚之外，更笼上一层凄迷了。

雨打在树上和瓦上，韵律都清脆可听。尤其是铿铿敲在屋瓦上，那古老的音乐，属于中国。王禹偁③在黄冈，破如椽的大竹为屋瓦。据说住在竹楼上面，急雨声如瀑布，密雪声比碎玉，而无论鼓琴，咏诗，下棋，投壶，共鸣的效果都特别好。这样岂不像住在竹筒里面，任何细脆的声响，怕都会加倍夸大，反而令人耳朵过敏吧。

雨天的屋瓦，浮漾湿湿的流光，灰而温柔，迎光则微明，背光则幽暗，对于视觉，是一种低沉的安慰。至于雨敲在鳞鳞千瓣的瓦上，由远而近，轻轻重重轻轻，夹着一股股的细流沿瓦槽与屋檐潺潺泻下，各种敲击音与滑音密织成网，谁的千指百指在按摩耳轮。“下雨了。”温柔的灰美人来了，她冰冰的纤手在屋顶拂弄着无数的黑键啊灰键，把晌午一下子奏成了黄昏。

在古老的大陆上，千屋万户是如此。二十多年前，初来这岛上，日式的瓦屋亦是如此。先是天暗了下来．城市像罩在一块巨幅的毛玻璃里，阴影在户内延长复加深。然后凉凉的水意弥漫在空间，风自每一个角落里旋起，感觉得到，每一个屋顶上呼吸沉重都覆着灰云。雨来了，最轻的敲打乐敲打这城市，苍茫的屋顶，远远近近，一张张敲过去，古老

① 赵家的天下：宋代皇帝姓赵，作者故有此说。

② 米家的山水：北宋书画家米芾（1051 年—1107 年），画山水不求工细，多用水墨点染。自谓“信笔作之”“意似便已”，呈朦胧景象，故画史上有“米家山”“米氏云山”“米派”之称。

③ 王禹偁（chēng）（954 年—1001 年）：北宋诗人、散文家。

的琴，那细细密密的节奏，单调里自有一种柔婉与亲切，滴滴点点滴滴，似幻似真，若孩时在摇篮里，一曲耳熟的童谣摇摇欲睡，母亲吟哦鼻音与喉音。或是在江南的泽国水乡，一大筐绿油油的桑叶被啮于千百头蚕，细细琐琐屑屑，口器与口器咀咀嚼嚼。雨来了，雨来的时候瓦这么说，一片瓦说千亿片瓦说，说轻轻地奏吧沉沉地弹，徐徐地叩吧挞挞地打，间间歇歇敲一个雨季，即兴演奏从惊蛰到清明，在零落的坟上冷冷奏挽歌，一片瓦吟千亿片瓦吟。

在日式的古屋里听雨，听四月，霏霏不绝的黄梅雨，朝夕不断，旬月绵延，湿黏黏的苔藓从石阶下一直侵到他舌底，心底。到七月，听台风台雨在古屋顶上一夜盲奏，千层海底的热浪沸沸被狂风挟来，掀翻整个太平洋只为向他的矮屋檐重重压下，整个海在他的蜗壳上哗哗泻过。不然便是雷雨夜，白烟一般的纱帐里听羯鼓一通又一通，滔天的暴雨滂滂沛沛扑来，强劲的电琵琶忐忐忑忑忐忑忑，弹动屋瓦的惊悸腾腾欲掀起。不然便是斜斜的西北雨斜斜，刷在窗玻璃上，鞭在墙上打在阔大的芭蕉叶上，一阵寒潮泻过，秋意便弥漫日式的庭院了。

在日式的古屋里听雨，春雨绵绵听到秋雨潇潇，从少年听到中年，听听那冷雨，雨是一种单调而耐听的音乐是室内乐是室外乐，户内听听，户外听听，冷冷，那音乐。雨是一种回忆的音乐，听听那冷雨，回忆江南的雨下得满地是江湖下在桥上和船上，也下在四川在秧田和蛙塘下肥了嘉陵江下湿布谷咕咕的啼声，雨是潮潮润润的音乐下在渴望的唇上舐舐那冷雨。

因为雨是最最原始的敲打乐从记忆彼端敲起。瓦是最最低沉的乐器灰蒙蒙的温柔覆盖着听雨的人，瓦是音乐的雨伞撑起。但不久公寓的时代来临，台北你怎么一下子长高了，瓦的音乐竟成了绝响。千片万片的瓦翩翩，美丽的灰蝴蝶纷纷飞走，飞入历史的记忆。现在雨下下来下在水泥的屋顶和墙上，没有音韵的雨季。树也砍光了，那月桂，那枫树，柳树和擎天的巨椰，雨来的时候不再有丛叶嘈嘈切切，闪动湿湿的绿光迎接。鸟声减了啾啾，蛙声沉了咯咯，秋天的虫吟也减了唧唧。七十年代的台北不需要这些，一个乐队接一个乐队便遣散尽了。要听鸡叫，只有去《诗经》的韵里寻找。现在只剩下一张黑白片，黑白的默片。

正如马车的时代去后，三轮车的时代也去了。曾经在雨夜，三轮车的油布篷挂起，送她回家的途中，篷里的世界小得多可爱，而且躲在警察的辖区以外。雨衣的口袋越大越好，盛得下他的一只手里握一只纤纤的手。台湾的雨季这么长，该有人发明一种宽宽的双人雨衣，一人分穿一只袖子，此外的部分就不必分得太苛。而无论工业如何发达，一时似乎还废不了雨伞。只要雨不倾盆，风不横吹，撑一把伞在雨中仍不失古典的韵味。任雨点敲在黑布伞或是透明的塑胶伞上，将骨柄一旋，雨珠向四方喷溅，伞缘便旋成了一圈飞檐。跟女友共一把雨伞，该是一种美丽的合作吧。最好是初恋，有点兴奋，更有点不好意思，若即若离之间，雨不妨下大一点。真正初恋，恐怕是兴奋得不需要伞的，手牵手在雨中狂奔而去，把年轻的长发和肌肤交给漫天的淋淋漓漓，然后向对方的唇上颊上尝凉凉甜甜的雨水。不过那要非常年轻且激情，同时，也只能发生在法国的新潮片里吧。

大多数的雨伞想不会为约会张开。上班下班，上学放学，菜市来回的途中，现实的伞，灰色的星期三。握着雨伞，他听那冷雨打在伞上。索性更冷一些就好了，他想。索性把湿湿的灰雨冻成千千爽爽的白雨，六角形的结晶体在无风的空中回回旋旋地降下来，等须眉和肩头白尽时，伸手一拂就落了。二十五年，没有受故乡白雨的祝福，或许发上下一点白霜是一种变相的自我补偿吧。一位英雄，经得起多少次雨季？他的额头是水成岩削成还是火成岩？他的心底究竟有多厚的苔藓？厦门街的雨巷走了二十年与记忆等长，一座无瓦的公寓在巷底等他，一盏灯在楼上的雨窗子里，等他回去，向晚餐后的沉思冥想去整理青苔深深的记忆。前尘隔海。古屋不再。听听那冷雨。

1974年春分之夜

赏析

这篇散文抒写的是深深的思乡情绪，这种乡情主要是通过雨声的描写流淌而出的，借冷雨抒情，将自己身处台湾，不能回大陆团聚的思乡情绪娓娓倾诉，但另一方面这种乡情也表现在文中化用的诗词里面，中国古典诗词的意趣在被赋予生命的冷雨中表现得更为淋漓尽致。

思考练习

1. 作者写岛上听雨比大陆听雨更多了一层凄迷，这是为什么呢？

2. 文段最后一句话“窗外在喊谁”，请根据文意推测：“谁”在喊呢？“喊”的是什么呢？

自然感怀篇

山园小梅二首

林　逋

文学常识

林逋（968 年—1028 年），字君复，钱塘（今浙江杭州）人。早岁浪游江淮间，后归隐杭州西湖孤山，种梅养鹤，终身不仕，也不婚娶，旧时称其“梅妻鹤子”。天圣六年卒，仁宗赐谥和靖先生。《宋史》《东都事略》《名臣碑传琬琰集》均有传。逋善行书，喜为诗，与钱易、范仲淹、梅尧臣、陈尧佐均有诗酬答。其诗风格淡远，有《林和靖诗集》四卷，《补遗》一卷。《全宋词》录其词三首。

其　一

众芳摇落独暄妍①，占尽风情向小园。
疏影横斜水清浅②，暗香浮动月黄昏③。
霜禽欲下先偷眼④，粉蝶如知合断魂⑤。
幸有微吟可相狎⑥，不须檀板共金樽⑦。

---

① 暄（xuān）妍：景物明媚鲜丽，这里是形容梅花。

② 疏影横斜：梅花疏疏落落，斜横枝干投在水中的影子。疏影，指梅枝的形态。

③ 暗香浮动：梅花散发的清幽香味在飘动。黄昏：指月色朦胧，与上句“清浅”相对应，有双关义。

④ 霜禽：羽毛白色的禽鸟。根据林逋“梅妻鹤子”的趣称，理解为“白鹤”更佳。偷眼：偷偷地窥看。

⑤ 合：应该。断魂：形容神往，犹指销魂。

⑥ 狎（xiá）：玩赏，亲近。

⑦ 檀（tán）板：檀木制成的拍板，歌唱或演奏音乐时用以打拍子，这里泛指乐器。金樽（zūn）：豪华的酒杯，此处指饮酒。

其二

剪绡零碎点酥乾①，向背稀稠画亦难②。
日薄从甘春至晚③，霜深应怯夜来寒。
澄鲜只共邻僧惜④，冷落犹嫌俗客看。
忆着江南旧行路，酒旗斜拂堕吟鞍⑤。

译文

其一

百花落尽后只有梅花绽放得那么美丽、明艳，成为小园中最美丽的风景，梅枝在水面上映照出稀疏的倒影，淡淡的芳香在月下的黄昏中浮动飘散。冬天的鸟要停落在梅枝上先偷偷观看，夏日的蝴蝶如果知道这梅花的美丽应该大概会喜爱至销魂。幸好可以吟诗与梅花亲近，既不需要拍檀板歌唱，也不用金樽饮酒助兴。

其二

像剪碎的丝绸点缀着酥酪般的枝干，要画出那姿态和布局确实为难。尽情享受着日落春晚，影单应当怯怕霜重夜寒。澄洁鲜艳只与相邻的高僧共惜，冷落孤傲犹嫌被俗人一看。想起旧时在江南的旅途上，香魂飘落于酒旗下行吟的马鞍。

赏析

《山园小梅二首》是宋代诗人林逋创作的七言律诗组诗作品。这首组诗突出地写出梅花特有的姿态美和高洁的品性，以梅的品性比喻自己孤高幽逸的生活情趣。作者赋予梅花以人的品格，作者与梅花的关系达到了精神上的无间契合。

第一首诗开头先写梅花的品质不同凡花。颔联从姿态和香气上完美地表现出梅花的淡雅和娴静。颈联从霜禽、粉蝶对梅花的态度，侧面加深了前一联描绘出来的梅花的美。最后说幸喜还有低吟诗句那样的清雅可以亲近梅花，而不需要酒宴歌舞这样的豪华。

第二首诗首联写梅花像是剪碎的丝织品，自然且画不出来。颔联写梅花享受春晚日落而受不住寒冷霜夜，表达出诗人对梅花的无比深情。颈联把“邻僧”和“俗客”对举，用以赞美梅花孤高绝俗的品性。尾联描写落下的梅花打着走在江南路上吟诗者的马鞍，以此作结，饶有情趣。

这组诗着意写意传神，采用侧面烘托的方法，渲染梅花清绝高洁的风骨，极富神韵。

---

① 绡（xiāo）：生丝绸。酥：酥酪一般的。乾（gān）：枝干。
② 向背：面向和背对的姿态。稀稠：疏疏密密的布局。
③ 日薄：日落。从：任从。甘：甘心。
④ 澄鲜：清新。
⑤ 吟鞍：指吟诗者所骑的马鞍。

思考练习

1. 请简析第一首诗首联中突出梅花特点的“独”字。
2. 两首咏梅诗中间两联是怎样写梅花之美的?
3. 第二首的尾联运用了何种表达方式?起了什么作用?

登池上楼

登池上楼

谢灵运

文学常识

谢灵运，陈郡阳夏（今河南省太康县附近）人。他是第一个大力摹写山水的作家，描写自然景物非常细腻，革除了东晋诗坛玄言诗弥漫的风气。著有《谢康乐集》。

潜虬媚幽姿①，飞鸿响远音②。
薄霄愧云浮③，栖川怍渊沉④。
进德智所拙⑤，退耕力不任⑥。
徇禄反穷海⑦，卧痾对空林⑧。
衾枕昧节候⑨，褰开暂窥临⑩。
倾耳聆波澜⑪，举目眺岖嵚⑫。
初景革绪风⑬，新阳改故阴⑭。

① 虬（qiú）：同“虬”，传说中有两只角的龙。媚：有自我怜惜的意思。幽姿：潜隐的姿态。
② 远音：因为鸿雁飞得高，所以它的鸣鸣叫声听起来就觉得很远。
③ 薄：迫近。薄霄：指高飞迫近云霄的鸿鸟。
④ 怍：惭愧。
⑤ 进德智所拙：《周易・乾卦》说：“君子进德修业，欲及时也。”这句的意思是说，要想及时增进德业，做一番事业，但又不是自己的智能所及。
⑥ 力不任：体力担当不了。
⑦ 徇禄：追求禄位。穷海：荒僻的滨海地区，指永嘉。
⑧ 痾（ē）：病。
⑨ 昧节候：不明白季节。
⑩ 褰（qiān）：拉开。窥临：临窗眺望。
⑪ 聆：听。
⑫ 岖嵚（qū qīn）：山高貌。此处指山。
⑬ 初景：初春的日光。绪风：余风，指冬天残余下来的寒风。
⑭ 新阳：指春。故阴：指冬。

池塘生春草，园柳变鸣禽①。
祁祁伤豳歌②，萋萋感楚吟③。
索居易永久④，离群难处心。
持操岂独古⑤，无闷征在今。

译文

沉潜的龙，姿态是多么的幽闲多么的美妙啊！高飞的鸿鸟，声音是多么的响亮多么的传远啊！我想要停留在天空（仕进功名），却愧对天上的飞鸿；我想要栖息川谷（隐退沉潜），却惭对深渊的潜龙。我仕进修德，却智慧拙劣；我退隐耕田，却又力量无法胜任。为了追求俸禄，我来到这偏远的海边做官，兼又卧病在床，面对着光秃秃的树林。（每天）蒙着被子，睡着枕头，浑不知季节气候的变化。偶然间揭开窗帷，暂且登楼眺望。倾耳细听有那流水波动的声音，举目眺望有那巍峨高峻的山岭。初春的阳光已经代替了残余的冬风，新来的阳气也更替了去冬的阴冷。（不知不觉）池塘已经长满了春草，园中柳条上的鸣禽也变了种类、换了声音。想起《出车》这首豳诗，真使我伤悲，想到《春草生兮萋萋》这首楚歌，更是让我感慨。唉！独居的生活真容易让人觉得时间难挨、特别长久，而离开群体的处境也真是让人难以安心。坚持节操哪里仅仅是古人才做得到呢？所谓的“遁世无闷”今天在我的身上已经验证、实践了。

赏析

全诗可分为三个层次。第一层写他出任永嘉太守的矛盾心情，懊悔自己既不能像潜藏的虬那样安然退隐，又不可能像高飞的鸿那样声震四方，建功立业。第二层写他在病中临窗远眺。第三层写他的思归之情。

思考练习

1. 诗的开头两句“潜虬媚幽姿，飞鸿响远音”，采用了什么表现手法？应该怎样鉴赏这两句？

2. 如何赏析诗中“池塘生春草，园柳变鸣禽”这两句？

3. 本诗抒发了诗人怎样的思想感情？

---

① 变：指禽鸟的种类有了变化。

② 祁祁伤豳歌：《诗经·豳风·七月》：“春日迟迟，采蘩祁祁，女心伤悲，殆及公子同归。”祁祁：众多的样子。

③ 萋萋感楚吟：《楚辞·招隐士》：“王孙游兮不归，春草生兮萋萋。”萋萋，草色繁茂的样子。

④ 索居：离群独居。易永久：容易感到日子长久。

⑤ 持操：保持高尚的节操。

你是人间四月天

林徽因

你是人间四月天

文学常识

林徽因（1904 年—1955 年），汉族，祖籍福建闽侯（今福建福州），出生于浙江杭州，建筑学家、诗人和作家。原名徽音，其名出自《诗经·大雅·思齐》："大姒嗣徽音，则百斯男"。后因常被人误认为当时一男作家"林微音"，故改名为"徽因"。建筑学家梁思成的第一任妻子。

在文学上，著有散文、诗歌、小说、剧本、译文和书信等，代表作品有《你是人间的四月天》《莲灯》《九十九度中》等。

林徽因是中华人民共和国国徽主要设计者，人民英雄纪念碑设计领导小组成员。

我说你是人间的四月天；
笑响点亮了四面风；
轻灵在春的光艳中交舞着变。
你是四月早天里的云烟，
黄昏吹着风的软，
星子在无意中闪，
细雨点洒在花前。
那轻，那娉婷①，你是，
鲜妍②百花的冠冕③你戴着，
你是天真，庄严，
你是夜夜的月圆。
雪化后那片鹅黄，你像；
新鲜初放芽的绿，你是；
柔嫩喜悦，
水光浮动着你梦期待中白莲。
你是一树一树的花开，

① 娉婷（pīng tíng）：女子容貌姿态美好的样子。
② 鲜妍（yán）：光彩美艳的样子。
③ 冠冕（guān miǎn）：古代皇冠或官员的帽子，比喻第一、体面、光彩。

是燕在梁间呢喃①，
——你是爱，是暖，是希望，
你是人间的四月天！

赏 析

《你是人间的四月天》是诗人林徽因的经典诗作，最初发表于《学文》一卷一期（1934 年 4 月 5 日）。作品将内容与形式完美地结合，将中国诗歌传统中的音乐感、绘画感与英国古典商籁体诗歌对韵律的追求完美地结合起来，是一首可以不断吟诵、可以不断生长出新意的天籁之作。这首诗的魅力和优秀并不仅仅在于意境的优美和内容的纯净，还在于形式的纯熟和语言的华美。

诗中采用重重叠叠的比喻，意象美丽而丝毫无雕饰之嫌，反而愈加衬出诗中的意境和纯净——在华美的修饰中更见清新自然的感情流露。

诗歌采用新月诗派的诗美原则：讲求格律的和谐、语言的雕塑美和音律的乐感。这首诗可以说是这一原则的完美体现，词语的跳跃和韵律的和谐几乎达到了极致。

思考练习

1. 诗歌主要选取了哪些意象？突出了“四月天”的哪些特点？
2. 这首诗歌抒发了诗人怎样的思想感情？

赤 壁 赋

苏 轼

文学常识

苏轼（1037 年—1101 年），字子瞻，号东坡居士，眉州眉山（今属四川）人。北宋著名文学家、书画家，“唐宋八大家”之一，与父苏洵、弟苏辙合称“三苏”。宋仁宗嘉祐二年（1057 年）进士。神宗熙宁年间，因与王安石政见不合，自请外放，历任杭州通判，密州、徐州、湖州知州。元丰二年（1079 年），因被诬作诗“谤讪朝廷”被捕入狱，史称“乌台诗案”。后贬为黄州团练副使。绍圣初，又以“为文讥斥朝廷”的罪

① 呢喃（ní nán）：象声词，形容燕子的叫声。

名远谪今广东惠州、海南儋州。元符三年（1100 年），徽宗即位，才遇赦内迁，次年卒于常州。南宋时追谥“文忠”。一生宦海沉浮、历经坎坷，思想上常有出世与入世的矛盾，失意时每能达观自解，始终保持积极进取、欲有所为的精神。

苏轼在文艺创作的各方面都有突出的成就。诗启宋诗新风，清俊爽健，元气淋漓，与黄庭坚并称“苏黄”；散文自然畅达，随物赋形，如行云流水；词开豪放一派，突破了唐五代以来的艳词藩篱，与辛弃疾并称“苏辛”；绘画、书法亦有很高造诣。有《苏东坡集》《东坡乐府》等。

壬戌之秋①，七月既望②，苏子与客泛舟游于赤壁之下。清风徐来③，水波不兴④。举酒属客⑤，诵明月之诗⑥，歌窈窕之章⑦。少焉⑧，月出于东山之上，徘徊于斗牛之间⑨。白露横江⑩，水光接天。纵一苇之所如，凌万顷之茫然⑪。浩浩乎如冯虚御风⑫，而不知其所止；飘飘乎如遗世独立⑬，羽化而登仙⑭。

于是饮酒乐甚，扣舷而歌之⑮。歌曰：“桂棹兮兰桨⑯，击空明兮溯流光⑰。渺渺兮予怀⑱，望美人兮天一方⑲。”客有吹洞箫者，倚歌而和之⑳。其声呜呜然，如怨如慕㉑，如

---

① 壬戌（rén xū）：元丰五年，岁次壬戌。古代以干支纪年，该年为壬戌年。

② 既望：农历每月十六。农历每月十五日为“望日”，十六日为“既望”。

③ 徐：缓缓地。

④ 兴：起。

⑤ 属（zhǔ）：倾注，引申为劝酒。

⑥ 明月之诗：指《诗经·陈风·月出》。

⑦ 窈窕（yǎo tiǎo）之章：《陈风·月出》诗首章为：“月出皎兮，佼人僚兮，舒窈纠兮，劳心悄兮。”“窈纠”同“窈窕”。

⑧ 少焉：一会儿。

⑨ 斗牛：星座名，即斗宿（南斗）、牛宿。

⑩ 白露：白茫茫的水汽。横江：横贯江面。

⑪ “纵一苇”二句：任凭小船在宽广的江面上漂荡。纵，任凭。一苇，比喻极小的船。《诗经·卫风·河广》：“谁谓河广，一苇杭（航）之。”如，往。凌，越过。万顷，极为宽阔的江面。茫然，旷远的样子。

⑫ 冯（píng）虚御风：乘风腾空而遨游。冯虚，凭空，凌空。冯，通“凭”，乘。人教版高中语文教科书改为“凭”，但原文应为“冯”。虚，太空。御，驾御。

⑬ 遗世：离开尘世。

⑭ 羽化：传说成仙的人能像长了翅膀一样飞升。登仙：登上仙境。

⑮ 扣舷（xián）：敲打着船边，指打节拍。

⑯ 桂棹（zhào）兰桨：桂树做的棹，兰木做的桨。

⑰ 空明：月亮倒映水中的澄明之色。溯：逆流而上。流光：在水波上闪动的月光。

⑱ 渺渺：悠远的样子。

⑲ 美人：比喻心中美好的理想或好的君王。

⑳ 倚歌：按照歌曲的声调节拍。和：同声相应，唱和。

㉑ 怨：哀怨。慕：眷恋。

泣如诉；余音袅袅①，不绝如缕②。舞幽壑之潜蛟③，泣孤舟之嫠妇④。

苏子愀然⑤，正襟危坐⑥，而问客曰："何为其然也⑦？"客曰："'月明星稀，乌鹊南飞。'此非曹孟德之诗乎？西望夏口⑧，东望武昌⑨，山川相缪⑩，郁乎苍苍⑪，此非孟德之困于周郎者乎⑫？方其破荆州，下江陵，顺流而东也⑬，舳舻千里⑭，旌旗蔽空，酾酒临江⑮，横槊赋诗⑯，固一世之雄也，而今安在哉？况吾与子渔樵于江渚之上，侣鱼虾而友麋鹿⑰，驾一叶之扁舟⑱，举匏尊（樽）以相属⑲。寄蜉蝣于天地⑳，渺沧海之一粟㉑。哀吾生之须臾㉒，羡长江之无穷。挟飞仙以遨游，抱明月而长终㉓。知不可乎骤得㉔，托遗响于悲风㉕。"

苏子曰："客亦知夫水与月乎？逝者如斯㉖，而未尝往也；盈虚者如彼㉗，而卒莫消长也㉘。盖将自其变者而观之，则天地曾不能以一瞬㉙；自其不变者而观之，则物与我皆无尽也，而又何羡乎！且夫天地之间，物各有主，苟非吾之所有，虽一毫而莫取。惟江上之

---

① 余音：尾声。袅袅（niǎo）：形容声音婉转悠长。

② 缕：细丝。

③ 幽壑：深谷，这里指深渊。此句意谓：潜藏在深渊里的蛟龙为之起舞。

④ 嫠（lí）妇：寡妇。白居易《琵琶行》写孤居的商人妻云："去来江口守空船，绕船明月江水寒。夜深忽梦少年事，梦啼妆泪红阑干。"这里化用其事。

⑤ 愀（qiǎo）然：容色改变的样子。

⑥ 正襟危坐：整理衣襟，（严肃地）端坐着。

⑦ 何为其然也：箫声为什么会这么悲凉呢？

⑧ 夏口：故城在今湖北武昌。

⑨ 武昌：今湖北鄂州市。

⑩ 缪（liáo）：通"缭"，盘绕。

⑪ 郁：茂盛的样子。

⑫ 孟德之困于周郎：指汉献帝建安十三年（208 年），吴将周瑜在赤壁之战中击溃曹操号称的八十万大军。周郎，周瑜二十四岁为中郎将，吴中皆呼为周郎。

⑬ "方其"三句：指建安十三年刘琮率众向曹操投降，曹军不战而占领荆州、江陵。方，当。荆州，辖南阳、江夏、长沙等八郡，今湖南、湖北一带。江陵，当时的荆州首府，今湖北县名。

⑭ 舳舻（zhú lú）：战船前后相接，这里指战船。

⑮ 酾（shī）酒：滤酒，这里指斟酒。

⑯ 横槊（shuò）：横执长矛。槊，长矛。

⑰ 侣：以……为伴侣，这里为意动用法。麋（mí）：鹿的一种。

⑱ 扁（piān）舟：小舟。

⑲ 匏（páo）尊：用葫芦做成的酒器。匏，葫芦。尊，同"樽"。

⑳ 寄：寓托。蜉蝣（fú yóu）：一种朝生暮死的昆虫。此句比喻人生之短暂。

㉑ 渺：小。沧海：大海。此句比喻人类在天地之间极为渺小。

㉒ 须臾：片刻，形容生命之短。

㉓ 长终：至于永远。

㉔ 骤：多。

㉕ 遗响：余音，指箫声。悲风：秋风。

㉖ 逝者如斯：流逝的像这江水。语出《论语·子罕》："子在川上曰：'逝者如斯夫，不舍昼夜。'"逝，往。斯，斯，指水。

㉗ 盈虚者如彼：指月亮的圆缺。

㉘ 卒：最终。消长：增减。

㉙ 曾（zēng）不能：固定词组，连……都不够。曾，连……都。一瞬：一眨眼的工夫。

清风，与山间之明月，耳得之而为声，目遇之而成色，取之无禁，用之不竭。是造物者之无尽藏也①，而吾与子之所共食②。”

客喜而笑，洗盏更酌。肴核既尽③，杯盘狼藉。相与枕藉乎舟中④，不知东方之既白。

译文

壬戌年秋天，七月十六日，我与友人在赤壁下泛舟游玩。清风阵阵拂来，水面波澜不起。举起酒杯向同伴劝酒，吟诵《明月》中“窈窕”这一章。不一会儿，明月从东山后升起，在斗宿与牛宿之间缓步徐行。白茫茫的雾气横贯江面，水光连着天际。放纵一片苇叶似的小船随意漂浮，越过茫茫的江面。浩浩渺渺好像乘风凌空而行，并不知道到哪里才会停栖，飘飘摇摇好像要离开尘世飘飞而起，羽化成仙进入仙境。

在这时喝酒喝得非常高兴，敲着船边唱起歌来。歌中唱道：“桂木船棹啊香兰船桨，击打着月光下的清波，在泛着月光的水面逆流而上。我的情思啊悠远茫茫，眺望美人啊，却在天的另一方。”有会吹洞箫的客人，配着节奏为歌声伴和，洞箫的声音呜呜咽咽：有如哀怨有如思慕，既像啜泣也像倾诉，余音在江上回荡，像细丝一样连续不断。能使深谷中的蛟龙为之起舞，能使孤舟上的寡妇为之饮泣。

我的神色也愁惨起来，整好衣襟坐端正，向客人问道：“箫声为什么这样哀怨呢?”客人回答：“‘月明星稀，乌鹊南飞’，这不是曹公孟德的诗吗?这里向西可以望到夏口，向东可以望到武昌，山河接壤连绵不绝，目力所及，一片郁郁苍苍。这不正是曹孟德被周瑜所围困的地方吗?当初他攻陷荆州，夺得江陵，沿长江顺流东下，麾下的战船首尾相连延绵千里，旗子将天空全都蔽住，面对大江斟酒，横执长矛吟诗，本来是当世的一位英雄人物，然而现在又在哪里呢?何况我与你在江中的小洲打鱼砍柴，以鱼虾为侣，以麋鹿为友，在江上驾着这一叶小舟，举起杯盏相互敬酒，如同蜉蝣置身于广阔的天地中，像沧海中的一粒粟米那样渺小。唉，哀叹我们的一生只是短暂的片刻，不由羡慕长江的没有穷尽。想要同仙人携手遨游各地，与明月相拥而永存世间。知道这些终究不能实现，只得将憾恨化为箫音，托寄在悲凉的秋风中罢了。”

我问道：“你可也知道这水与月?时间流逝就像这水，其实并没有真正逝去；时圆时缺的就像这月，终究没有增减。可见，从事物易变的一面看来，那么天地间万事万物时刻在变动，连一眨眼的工夫都不停止；而从事物不变的一面看来，万物同我们来说都是永恒

① 是：这。造物者：天地自然。无尽藏（zàng）：无穷无尽的宝藏。

② 食：享用。《释典》谓六识以六入为养，其养也胥谓之食，目以色为食，耳以声为食，鼻以香为食，口以味为食，身以触为食，意以法为食。清风明月，耳得成声，目遇成色。故曰“共食”。易以“共适”，则意味索然。当时有问轼“食”字之义，轼曰：“如食吧之‘食’，犹共用也。”轼盖不欲以博览上人，故权词以答，古人谦抑如此。明代版本将“共食”妄改为“共适”，以致现行人教版高中语文教科书误从至今。

③ 肴核：菜肴、果品。

④ 枕藉：相互靠着。

的，又有什么可羡慕的呢？何况天地之间，万物各有主宰者，若不是自己应该拥有的，即使一分一毫也不能求取。只有江上的清风，以及山间的明月，听到便成了声音，进入眼帘便绘出形色，取得这些不会有人禁止，感受这些也不会有竭尽的忧虑。这是大自然恩赐的没有穷尽的宝藏，我和你可以共同享受。”

客人高兴地笑了，洗净酒杯重新斟酒。菜肴果品都已吃完，杯子盘子杂乱一片。大家互相枕着垫着睡在船上，不知不觉东方已经露出白色的曙光。

赏　析

苏轼经历“乌台诗案”，被贬任黄州团练副使后，生活穷困，人生失意，心境复杂。诸种因素在胸中积淀，终于酝酿成这篇千古传诵的《赤壁赋》。

本文从泛游大江之乐写起，转到顾念人生之悲，再复归于精神解脱的愉悦，在乐—悲—乐转换之中，提出了人生有何意义这样一个哲理命题，表现了作者虽然身处逆境，却能忘却一时得失、随遇而安的人生态度。

文章继承了赋家常用的“主客问答，抑客伸主”的表现手法。作者借客之口宣泄政治失意、人生无常的苦闷；借主之口表达潇洒超脱、返归自然的情怀。这是独具匠心的艺术构思过程。

文章因景生情，借景喻理。江水、清风、明月，这三个自然意象，在文中贯串映现，或引起遗世独立的遐想，或引发惆怅哀怨的悲情，或喻指万物皆具“变”与“不变”的两重性，生发出“即使在坎坷之中，有为的生命仍有其永恒价值”的人生哲理，从而使形象性、情感性和哲理性统一于文本之中。

文赋是赋的一种，体式介于韵文与散文之间。作者在行文中大量运用了排比和对偶，但句式时骈时散，用韵时疏时密，在参差错落之中，见出行文的舒卷自如，声调的和谐优美。

思考练习

1. 简述《赤壁赋》的表现手法。
2. 简述苏轼《赤壁赋》如何做到景、情、理有机结合，体现出理趣之美的。

始得西山宴游记[1]

柳宗元

文学常识

柳宗元（773 年—819 年），字子厚，唐代著名文学家、思想家。祖籍河东（今山西省芮城、运城一带），柳宗元出身于官宦家庭，少有才名，早有大志。早年为考进士，文以辞采华丽为工。唐宋八大家之一，与韩愈共同倡导唐代古文运动，并称“韩柳”。刘禹锡与之并称“刘柳”。王维、孟浩然、韦应物与之并称“王孟韦柳”。柳宗元一生留下六百多篇诗文作品，其哲学思想中具有朴素的唯物论成分，政治思想主要表现为重“势”的社会历史观和儒家的民本思想，文学作品语言朴素自然、风格淡雅而意味深长，代表作有《黔之驴》《捕蛇者说》《永州八记》及绝句《江雪》等。

自余为僇人[2]，居是州[3]，恒惴慄[4]。其隙也[5]，则施施而行[6]，漫漫而游[7]。日与其徒上高山[8]，入深林，穷回溪，幽泉怪石，无远不到。到则披草而坐，倾壶而醉，醉则更相枕以卧，卧而梦。意有所极[9]，梦亦同趣[10]。觉而起，起而归。以为凡是州之山水有异态者，皆我有也，而未始知西山之怪特[11]。

今年九月二十八日，因坐法华西亭[12]，望西山，始指异之[13]。遂命仆人，过湘江[14]，缘

---

① 本篇为作者“永州八记”之首。西山：在今湖南永州西湘江外二里。

② 僇（lù）人：受刑戮的人，犹言罪人，因作者贬官永州，故称。僇：同“戮”，刑辱的意思。

③ 是州：此州，即永州（今属湖南）。

④ 恒：常常。惴（zhuì）慄：忧惧不安。

⑤ 其隙也：在闲暇的时候。隙：指公务之暇。

⑥ 施（yí）施：缓慢行走的样子。

⑦ 漫漫：舒散无拘的样子。

⑧ 日：每天。其徒：自己的随从。

⑨ 极：至。

⑩ 趣：通“趋”，往。

⑪ 未始：未尝，不曾。怪特：奇怪独特。

⑫ 法华西亭：法华，寺名，在永州城内东山上。作者于元和四年（809 年）建亭于寺西，因称西亭，并曾作《永州法华寺新作西亭记》记其事。

⑬ 指异：指点而以为异。

⑭ 湘江：源出广西，流经今湖南省境。

染溪①，斫榛莽②，焚茅茷③，穷山之高而止④。攀援而登，箕踞而遨⑤，则凡数州之土壤，皆在衽席之下⑥。其高下之势，岈然洼然⑦，若垤若穴⑧。尺寸千里⑨，攒蹙累积⑩，莫得遁隐。萦青缭白⑪，外与天际⑫，四望如一。然后知是山之特立，不与培塿为类⑬。悠悠乎与颢气俱⑭，而莫得其涯；洋洋乎与造物者游⑮，而不知其所穷。引觞满酌⑯，颓然就醉，不知日之入。苍然暮色，自远而至，至无所见，而犹不欲归。心凝形释⑰，与万化冥合⑱。然后知吾向之未始游⑲，游于是乎始⑳。故为之文以志㉑。是岁，元和四年也㉒。

译文

自从我成为被贬受辱的人，就居住在永州，常常忧惧不安。在闲暇的时候，就缓步行走，没有目的地出游，每天和自己的随从爬高山、钻深林，走到迂回曲折的山间小溪，只要有清幽的泉水，奇形怪状的石头，没有（因为）远而不到的。到了就拨开杂草坐下，倾尽壶中的酒。喝得大醉。喝醉后便进一步相互枕靠着睡在地上，躺下就做梦。心中想到了哪里，梦也就做到哪里。醒来之后就回家。我原以为永州山水中稍有特异的地方，都已被我游览了，而未曾知道西山的怪异和奇特。

今年九月二十八日，由于坐在法华寺西亭，遥望西山，才指点西山并感到它的奇特。我于是命令仆人越过湘江，沿染溪而行，砍去杂乱丛生的草木，烧掉茂盛的茅草，不达到西山之巅决不罢休。攀缘着爬上山顶，像簸箕一样坐着，观赏风景，周围几个州的土地都聚集在我的衽席下。它高处之下的地势，（高的地方）像深山一样深邃，（低的地方）像

① 缘：沿着。染溪：潇水支流，在永州西南。一名冉溪，柳宗元改其名为愚溪。
② 斫（zhuó）：砍伐。榛莽：草木丛。
③ 茅茷（fá）：茅草之类。茷：草叶茂盛。
④ 穷：尽。
⑤ 箕踞：古人席地而坐，两脚伸直岔开，呈簸箕形，称箕踞。遨：游，此指游目四望。
⑥ 衽（rèn）席之下：形容离自己很近，如在身旁。衽席：坐席。
⑦ 岈（xiā）然：山深邃的样子。洼然：溪谷低凹的样子。
⑧ 垤（dié）：蚂蚁做穴形成的积土。
⑨ 尺寸千里：千里之远仿佛仅有尺寸大小。
⑩ 攒蹙（cuán cù）：聚集收缩。
⑪ 萦青缭白：青山与白水相互萦绕。
⑫ 际：接；合。
⑬ 培塿（pǒu lǒu）：小土堆。
⑭ 悠悠乎：渺远的样子。颢（hào）气：即浩气，天地自然之气。俱：在一起。
⑮ 洋洋乎：广大的样子。造物者：创造万物的神灵，此指大自然。
⑯ 引觞：拿起酒杯。
⑰ 心凝形释：指精神专一，忘掉自我。
⑱ 万化：自然界万物。冥合：犹言浑然一体。
⑲ 向：以前。
⑳ 于是：从此。
㉑ 志：记。
㉒ 元和：唐宪宗李纯年号（806—820 年）。

深池一样低陷，有的像是蚁穴外隆起的小土堆，有的像是蚂蚁洞，千里之遥如在尺寸之间，聚集收拢，层层堆叠，没有一个景象能逃脱（我的眼光）而隐藏起来的。青山白水相互萦绕，远处与天边交会，从四面望去，浑然一体。这样以后才知道这座山确实特立不群，与一般的小土丘大不一样。（西山的）高大邈远与天地间的浩瀚大气一样，永无边际；（西山的）广阔无边可与天地自然结友交游，永无尽期。我于是拿起酒壶，斟满酒杯，畅怀痛饮，醉倒在地，不觉间日薄西山。苍茫暮色，自远而近，慢慢地天黑得什么也看不见了，而我却了无归意。精神凝聚安定，形体得到解脱，和万物的变化暗暗相合，我这才认识到过去等于没有游览，真正的游览从此（时）开始。所以我特意把这件事记下来。这一年是元和四年（809 年）。

赏　析

本文是柳宗元《永州八记》的第一记，是柳宗元山水游记的代表作，也是我国古代山水游记中的名篇。文章通过记叙游览西山的经过，突出了作者在游览中获得的精神感悟。

文章中，作者以自然山水之美与作者人格之美相互映照，体现出作者在革新失败、身受贬谪后依然坚持特立独行的思想品格，从而使这篇山水游记具备了一定的思想价值和人格力量。

作者善于绘景状物，笔墨简洁而描述形象生动。且通过西山与众山的高下对比，从侧面烘托西山的高峻及非凡气势。

文章题目中有“始得”二字，既是全文的文眼，又是全文的线索。

思考练习

1. 文章开篇概括地指出了卓立不群的西山的特征的词语是什么?
2. 第二段写始游西山，着重写在山顶的所见所闻，其中写登高眺望全景的句子是什么?
3. 如何理解“山之特立，不与培塿为类”既是对西山“怪特”的概括，也是作者的自我象征?

庐 山 游 记

胡　适

文学常识

胡适（1891 年—1962 年），徽州绩溪（今安徽绩溪）人。原名嗣糜，昵称糜儿，学名洪骍，字希疆，后改名胡适，字适之，笔名天风、藏晖等。胡适提倡文学改良而成为新文化运动的领袖之一，是第一位提倡白话文、新诗的学者，五四运动的核心人物，对中国近代史产生较为深远的影响。1919 年被选为“国语统一筹备委员会”委员，同年接办《每周评论》。1922 年创办《努力周报》，1924 年创办《现代评论》，1932 年创办《独立评论》。1945 年 3 月任中国出席联合国大会代表。1949 年 1 月，被聘为总统府资政。曾担任中华民国驻美大使和北京大学校长、院长等职。著有《中国古代哲学史》《白话文学史》《胡适文存》《尝试集》《中国哲学史大纲》等书。胡适在文学、哲学、史学、考据学、教育学、伦理学、红学等诸多领域都有深入的研究。1939 年获得诺贝尔文学奖的提名。

昨夜大雨，终夜听见松涛声与雨声，初不能分别，听久了才分得出有雨时的松涛与雨止时的松涛，声势皆很够震动人心，使我终夜睡眠甚少。

早起雨已止了，我们就出发。从海会寺到白鹿洞的路上，树木很多，雨后青翠可爱。满山满谷都是杜鹃花，有两种颜色，红的和轻紫的，后者更鲜艳可喜。去年过日本时，樱花已过，正值杜鹃花盛开，颜色种类很多，但多在公园及私人家宅中见之，不如今日满山满谷的气象更可爱。因作绝句记之：

长松鼓吹寻常事，最喜山花满眼开。

嫩紫鲜红都可爱，此行应为杜鹃来。

到白鹿洞。书院旧址前清时用作江西高等农业学校，添有校舍，建筑简陋潦草，真不成个样子。农校已迁去，现设习林事务所。附近大松树都钉有木片，写明保存古松第几号。此地建筑虽极不堪，然洞外风景尚好。有小溪，浅水急流，铮淙可听；溪名贯道溪，上有石桥，即使道桥，楷朱子起的名字。桥上望见洞后诸松中一松有紫藤花，直上到树杪，藤花正盛开，艳丽可喜。

白鹿洞本无洞，正德中，南康守王溱开后山作洞，知府何凿石鹿置洞中。这两人真是大笨伯！

白鹿洞在历史上占一个特殊地位，有两个原因。第一，因为白鹿洞书院是最早一个书院。南唐升元中（937 年—942 年）建为庐山国学，置田聚徒，以李善道为洞主。宋初因置为书院，与睢阳石鼓岳麓三书院落并称为“四大书院”，为书院的四个祖宗。第二，因为朱子重建白鹿洞书院，明定学远规，遂成后世几百年“讲学式”的书院的规模。宋末以至清初的书院皆属于这一种。到乾隆以后，朴学之风气已成，方才有一种新式的书院起来；阮元所创的诂经精舍、学海堂，可算是这种新式书院的代表。南宋的书院祀北宋周邵和诸先生；元明的书院祀和朱；晚明的书院多祀阳明；王学衰后，书院多祀和朱。乾嘉以后的书院乃不祀理学家而改祀许慎郑玄等。所祀的不同便是这两大派书院的根本不同。祀许慎郑玄等。所祀的不同便是这两大派书院的根本不同。

朱子立白鹿洞书院在淳熙己亥（1178 年），他极看重此事，曾札上丞相说：愿得比祠官例，为白鹿洞主，假之稍廪，使得终与诸生讲习其中，犹愈于崇奉异教香火，无事而食也（《庐山志》八，页二，引《洞志》）。

他明明指斥宋代为道教宫观设祀官的制度，想从白鹿洞开一个儒门创例来抵制道教。他后来奏对孝宗，申说请赐书院额，并赐书的事，说：今老佛之宫布满天下，大都逾百，小邑亦不下数十，而公私增益势犹未已。至于学校，则一郡一邑仅置一区，附廓之县又不复有。盛衰多寡相悬如此！（同上，页三）这都可见他当日的用心。他定的《白鹿洞规》，简要明白，遂成为后世七百年的教育宗旨。

庐山有三处史迹代表三大趋势：（一）慧远的东林，代表中国“佛教化”与佛教“中国化”的大趋势。（二）白鹿洞，代表中国近世七百年的宋学大趋势。（三）牯岭，代表西方文化侵入中国的趋势。

从白鹿洞到万杉寺。古为庆去庵，为“律”居，宋景德中有大超和尚手种杉树万株，天圣中赐名万杉。后禅学盛行，遂成“禅寺”。南宋张孝祥有诗云：

老干参天一万株，庐山佳处浮着图。

只因买断山中景，破费神龙百斛珠。

（《志》五，页六十四，引《程史》）

今所见杉树，粗又如瘦碗，皆近两年年种的，有几株大樟树，其一为“五爪樟”，大概有三四百年的生命了；《指南》（编者按指《庐山指南》）说“皆宋时物”，似无据。

从万杉寺西地约二三里，到秀峰寺。吴氏旧《志》无秀峰寺，只有开光寺。毛德琦《庐山新起》（康熙五十九年成书。我在海会寺买得一部，有同治十年，宣统二年，民国四年补版。我的日记内注的卷页数，皆指此书）说：

康熙丁亥（1707 年）寺僧超渊往淮迎驾，御书秀峰寺赐额，改今名。明光寺起于南唐中主李璟李主年少好文学，读书于庐山；后来先主代杨氏而建国，李璟为世子，遂嗣位。他想念庐山书堂，遂于其地立寺，因有开国之祥，故名开先寺，以绍宗和尚主之。宋初赐名开先华藏；后有善暹，为禅门大师，有众数百人。至行瑛，有治事才，黄山谷称“其材器能立事，任人役物如转石于千仞之溪，无不如意。”行瑛发愿重新此寺。

开先之屋无虑四百楹，成于瑛世者十之六，穷壮极丽，迄九年乃即功（黄庭坚《开先禅院修造记》，《志》五，页十六至十八）。

此是开先极盛时。康熙间改名时，皇帝赐额，赐御书《心经》，其时“世之人无不知有秀峰”（郎廷极《秀峰寺记》，《志》五，页六至七）。其时也可称是盛世。到了今日，当时所谓“穷壮极丽”的规模只剩败屋十几间，其余只是颓垣废址了。读书台上有康熙帝临米芾书碑，尚完好；其下有石刻黄山谷书《七佛偈》，及王阳明正德庚辰（1520 年）三月《纪功题名碑》，皆略有损坏。

寺中虽颓废令人感叹，然寺外风景则绝佳。为山南诸处的最好风景。寺址在鹤鸣峰下，其西为龟背峰，又西为刘军岩，又西为又剑峰，又西南为香炉峰，都嵌奇可喜。鹤鸣与龟背之间有马尾泉瀑布，双剑之左有瀑布水；两个瀑泉遥遥相对，乎行齐下，下流入壑，汇合为一水，迸出山峡中，遂成最著名的青玉峡奇景。水流出峡，入于龙潭。昆山与祖望先到青玉峡，徘徊不肯去，叫人来催我们去看。我同梦旦到了那边，也徘徊不肯离去。峡上石刻甚多，有米芾书“第一山”大字，今钩摹作寺门题榜。

徐凝诗“今古长如白练飞，一条界破青山色”，即是咏瀑布的。李白《瀑布泉》诗也是指此瀑。旧《志》载瀑布水的诗甚多，但总没有能使人满意的。

由秀峰往西约十二里，到归宗寺。我们在此午餐，时已下午三点多钟，饿得不得了。归宗寺为庐山大寺，也很衰落了。我向寺中借得《归宗寺志》四卷，是民国甲寅先勤本坤重修的，用活字排印，错误不少，然可供我的参考。

我们吃了饭，往游温泉。温泉在柴桑桥附近，离归宗寺约五六里，在一田沟里。雨后沟水浑浊，微见有两处起水泡，即是温泉。我们下手去试探，一处颇热，一处稍减。向农家买得三个鸡蛋，放在两处，约七八分钟，因天下雨了，取出鸡蛋，内里已温而未熟。日垄间有新碑，我去看，乃是星子县的告示，署民国十二年，中说，接康南海先生函述在此买田十亩，立界碑为记的事。康先生去年死了。他若不死，也许能在此建立一所浴室，他买的地横跨温泉的两岸。今地为康氏私产，而业归海会寺管理，那班和尚未必有此见识做此事了。

此地离栗里不远，但雨已来了，我们要赶回归宗，不能去寻访陶渊明的故里了。道上见一石碑，有“柴桑桥”大字。旧《志》已说，“渊明故居，今不知处”（四，页七）。桑乔疏说，去柴桑桥一里许有渊明的醉石（四，页六）。旧《志》又说，醉石谷中有五柳馆，归去来馆。归去来馆是朱子建的，即在醉石之侧。朱子为手书颜真卿《醉石诗》，并作长跋，皆刻石上，其年月为淳熙辛丑（1181 年）七月（四，页八）。此二馆令皆不存，醉石也不知去向了。庄百俞先生《庐山游记》说他曾访醉石，乡人皆不知。记之以告后来的游者。

今早轿上读旧《志》所载周必大《庐山后录》，其中说他访栗里，求醉石，上人直云，“此去有陶公祠，无栗里也”（十四，页十八乙）。南宋时已如此，我们在七百年后更不易寻此地了，不如阙疑为上。《后录》有云：

尝记前人题诗云：

五字高吟酒一瓢，庐山千古想风标。

至今门外青青柳，不为东风肯折腰。

惜乎不记其姓名。

我读此诗，忽起一感想：陶渊明不肯折腰，为什么却爱那最会折腰的柳树？今日从温泉回来，戏用此意作一首诗：

陶渊明同他的五柳

当年有个陶渊明，不惜性命只贪酒。

骨硬不能深折腰，弃官回来空两手。

瓮中无米琴无弦，老妻娇儿赤脚走。

先生吟诗自嘲讽，笑指篱边五株柳：

“看他风里尽低昂！这样腰肢我无有。”

晚上在归宗寺过夜。

十七，四，九

赏　析

本文选自胡适《庐山游记》（商务印书馆，1937 年版）。胡适素来不喜欢游山玩水，他在北京 9 年竟然没去过长城。但他却花了整整 3 天时间游览庐山，留下许多真知灼见和学术思想。1928 年 4 月 7 日，胡适受上海商务印书馆老板邀请上庐山。他借助《庐山指南》用 3 天时间跑了庐山山上山下 17 处景区景点，又对照《庐山志》进行考察论证。可以说他的庐山之行是一次文化之旅、考据之行。

《庐山游记》是胡适参考了大量历史文献，纠讹正误，缜密思考的考据之作，体现他一贯的严谨治学的作风和几近痴迷的考据癖好。他提出很多见解独到、议论深刻的尖锐观点，提出应有的治学态度。胡适虽然只在庐山游览了几天，以后也没有再来庐山，但他却留下了 3 句很精辟而深刻的话：庐山有 3 处史迹代表 3 大趋势：慧远的东林，代表中国"佛教化"和佛教中国化的大趋势；白鹿洞，代表中国近世七百年的宋学大趋势；牯岭，代表西方文化侵入中国的大趋势。"三大趋势论"高度概括了庐山的地域文化特征和在中国文化史上的地位，直到现在仍被认为是对庐山颇具代表性和权威性的评价而被不断提起和引用。

《庐山游记》将自然、历史和文化有机融合，透视出胡适深厚的国学功底和严谨的治学品质。从艺术的角度来看，胡适散文通俗易懂，明白晓畅，宛如行云流水。

思考练习

1. 本文体现作者哪些写作特点?
2. 品味文中的诗，谈谈作者引用的目的。

箱　子　岩[①]

沈从文

文学常识

沈从文（1902 年—1988 年），男，原名沈岳焕，乳名茂林，字崇文，笔名休芸芸、甲辰、上官碧、璇若等，湖南凤凰县人，中国著名作家、历史文物研究者。

① 本文选自散文集《湘行散记》。

14 岁时，他投身行伍，浪迹湘川黔交界地区。1924 年开始进行文学创作，撰写出版了《长河》《边城》等小说。1931 年至 1933 年在青岛大学任教，抗战爆发后到西南联大任教，1946 年回到北京大学任教，新中国成立后在中国历史博物馆和中国社会科学院历史研究所工作，主要从事中国古代历史与文物的研究，著有《中国古代服饰研究》。1988 年 5 月 10 日病逝于北京，享年 86 岁。

十五年以前，我有机会独坐一只小篷船，沿辰河上行，停船在箱子岩脚下。一列青黛崭削的石壁[①]，夹江高矗，被夕阳烘炙成为一个五彩屏障。石壁半腰约百米高的石缝中，有古代巢居者的遗迹，石罅隙间横横地悬撑起无数巨大横梁[②]，暗红色长方形大木柜[③]尚依然好好地搁在木梁上。岩壁断折缺口处，看得见人家茅棚同水码头，上岸喝酒下船过渡人也得从这缺口通过。那一天正是五月十五，河中人过大端阳节。箱子岩洞窟中最美丽的三只龙船，早被乡下人拖出浮在水面上。船只狭而长，船舷描绘有朱红线条，全船坐满了青年桨手，头腰各缠红布。鼓声起处，船便如一支没羽箭，在平静无波的长潭中来去如飞。河身大约一里路宽，两岸皆有人看船，大声呐喊助兴。且有好事者，从后山爬到悬岩顶上去，把“铺地锦”百子鞭炮从高崖上抛下，尽鞭炮在半空中爆裂，形成一团团五彩碎纸云尘，嘭嘭嘭嘭的鞭炮声与水面船中锣鼓声相应和。引起人对于历史回溯发生一种幻想，一点感慨。

当时我心想：多古怪的一切！两千年前那个楚国逐臣屈原，若本身不被放逐，疯疯癫癫来到这种充满了奇异光彩的地方，目击身经这些惊心动魄的景物，两千年来的读书人，或许就没有福分读《九歌》[④] 那类文章，中国文学史也就不会如现在的样子了。在这一段长长岁月中，世界上多少民族皆堕落了，衰老了，灭亡了。即如号称东亚大国的一片土地，也已经有过多少次被来自西北方沙漠中的蛮族，骑了膘壮的马匹，手持强弓硬弩，长枪大戟[⑤]，到处践踏蹂躏！（辛亥革命前夕，在这苗蛮杂处的一个边镇上，向土民最后一次大规模施行杀戮的统治者，就是一个北方清朝的宗室！辛亥以后，老袁[⑥]梦想做皇帝时，又有两师北老在这里和滇军作战了大半年。）然而这地方的一切，虽在历史中照样发生不断的杀戮。争夺，以及一到改朝换代时，派人民担负种种不幸命运，死的因此死去，活的被逼迫留发，剪发，在生活上受新朝代种种限制与支配。然而细细一想，这些人根本上又似乎与历史毫无关系。从他们应付生存的方法与排泄感情的娱乐看上来，竟好像今古相同，不分彼此。这时节我所眼见的光景，或许就和两千年前屈原所见的完全一样。

① 青黛崭削的石壁：青黑色高峻的石壁。黛：青黑的颜色。
② 石罅（xià）：石头中的裂缝。
③ 暗红色长方形大木柜：指悬棺，古代某些地区的一种殡葬形式。
④ 《九歌》：《楚辞》篇名，战国时楚国大诗人屈原根据民间祭祀乐歌改作或进行艺术加工而成。
⑤ 大戟（jǐ）：古代兵器的一种，长杆头附有月牙状的利刃。
⑥ 老袁：指袁世凯。

那次我的小船停泊在箱子岩石壁下，附近还有十来只小渔船，大致打鱼人也有玩龙船竞渡的，所以渔船上妇女小孩们，无不十分兴奋，各站在尾梢上或船篷上锐声呼喊。其中有几个小孩子，我只担心他们太快乐兴奋，会把住家的小船跳沉。

日头落尽云影无光时，两岸渐渐消失在温柔暮色里。两岸看船人呼喝声越来越少，河面被一片紫雾笼罩，除了从锣鼓声中尚能辨别那些龙船方向，此外已别无所见。然而岩壁缺口处却人声嘈杂，且闻有小孩子哭声，有妇女们尖锐叫唤声，综合给人一种悠然不尽的感觉。天已经夜了，吃饭是正经事。我原先尚以为再等一会儿，那龙船一定就会傍近岩边来休息，被人拖进石窟里，在快乐呼喊中结束这个节日了。谁知过了许久，那种锣鼓声尚在河面飘扬着，表示一班人还不愿意离开小船，回转家中。待到我把晚饭吃过后，爬出舱外一望，呀，天上好一轮圆月。月光下石壁同河面，一切如镀了银，已完全变换了一种调子。岩壁缺口处水码头边，正有人用废竹缆或油柴燃着火燎，火光下只见许多穿白衣人的影子移动。问问船上水手，方知道那些人正把酒食搬移上船，预备分派给龙船上人。原来这些青年人白日里划了一整天船，看船的已慢慢散尽了，划船的还不尽兴，并且谁也不愿意扫兴示弱，先行上岸，因此三只长船还得在月光下玩个上半夜。

提起这件事，使我重新感到人类文字语言的贫俭。那一派声音，那一种情调，真不是用文字语言可以形容的事情。要一个长年身在城市里住下，以读读《楚辞》就“神往意移”的人，来描绘那月下竞舟的一切，更近于徒然的努力。我可以说的，只是自从我把这次水上所领略的印象保留到心上后，一切书本上的动人记载，全看得平平常常，不至于发生任何惊讶了。这正像我另外一时，看过人类许多不同花样的愚蠢杀戮，对于其余书上叙述到这件事情时，同样不能再给我如何感动。

十五年后我又有了机会乘坐小船沿辰河上行，应当经过箱子岩。我想温习温习那地方给我的印象，就要管船的不问迟早，把小船在箱子岩下停泊。这一天是十二月七号，快要过年的光景。没有太阳的阴沉酿雪天，气候异常寒冷。停船时还只下午三点钟左右，岩壁上藤萝草木叶子多已萎落，显得那一带斑驳岩壁十分瘦削。悬岩高处红木柜，只剩下三四具，其余早不知到哪儿去了。小船最先泊在岩壁下洞窟边，冬天水落得太多，洞口已离水面两三丈以上。我从石壁裂罅爬上洞口，到搁龙船处看了一下，旧船已不知坏了还是早被水冲去了，只见有四只新船搁在石梁上，船头还贴有鸡血同鸡毛，一望就明白是今年方下水的。出得洞口时，见岩下左边泊定五只渔船，有几个老渔婆缩颈敛手在船头寒风中修补渔网。上船后觉得这样子太冷落了，可不是个办法，就又要船上水手为我把小船撑到岩壁断折处有人家地方去，就便上岸，看看乡下人过年以前是什么光景。

四点钟左右，黄昏已逐渐腐蚀了山峦与树石轮廓，占领了屋角隅。我独自坐在一家小饭铺柴火边烤火。我默默地望着那个火光煜煜[①]的枯树根，在我脚边很快乐地燃着，爆炸出轻微的声音。铺子里人来来往往，有些说两句话又走了，有些就来镶在我身边长凳上，

① 火光煜煜（yù yù）：火光照耀。

坐下吸他的旱烟。有些来烘烘脚，把穿着湿草鞋的脚去热灰里乱搅。看看每一个人的脸子，我都发生一种奇异的乡情。这里是一群会寻快乐的正直善良乡下人，有捕鱼的，打猎的，有船上水手和编制竹缆工人。若我的估计不错，那个坐在我身旁，伸出两只手向火，中指节有个放光顶针的，肯定还是一位乡村里的成衣人。这些人每到大端阳时节，都得下河去玩一整天的龙船。平常日子特别是隆冬严寒天气，却在这个地方，按照一种分定，很简单地把日子过下去。每日看过往船只摇橹扬帆来去，看落日同水鸟。虽然也同样有人事上的得失，到恩怨纠纷成一团时，就陆续发生庆贺或仇杀。然而从整个说来，这些人生活却仿佛同“自然”已相融合，很从容地各在那里尽其性命之理，与其他无生命物质一样，惟在日月升降寒暑交替中放射，分解。而且在这种过程中，人是如何渺小的东西，这些人比起世界上任何哲人，也似乎还知道的更多一些。

听他们谈了许多，我心中有点忧郁起来了。这些不辜负自然的人，与自然妥协，对历史毫无担负，活在这无人知道的地方。另外尚有一些人，与自然毫不妥协，想出种种方法来支配自然，违反自然的习惯。同样也那么尽寒暑交替，看日月升降。然而后者却在慢慢改变历史，创造历史。一份新的日月，行将消灭旧的一切。我们用什么方法，就可以使这些人心中感觉一种对“明天”的“惶恐”，且放弃过去对自然和平的态度，重新来一股劲儿，用划龙船的精神活下去？这些人在娱乐上的狂热，就证明这种狂热能换个方向，就可使他们还配在世界上占据一片土地，活得更愉快更长久一些。不过有什么办法，可以改造这些人的狂热到一件新的竞争方面去，可是个费思索的问题。

一个跛脚青年人，手中提了一个老虎牌新桅灯，灯罩光光的，洒着摇着从外面走进屋子。许多人见了他都同声叫唤起来：“什长①，你发财回来了！好个灯！”

那跛子年纪虽很轻，脸上却刻画了一种兵油子的油气与骄气，在乡下人中仿佛身份特高一层。把灯搁在木桌上，大洋洋地坐近火边来，拉开两腿摊出两只大手烘火，满不高兴地说：“碰鬼，运气坏，什么都完了。”

“船上老八说你发了财，瞒我们。怕我们开借。”

“发了财，哼。用得着瞒你们？本钱去七角，桃源行市只一块零，除了上下开销，二百两货有什么捞头，我问你。”

这个人接着且连骂带唱地说起桃源后江娘儿们种种有趣的情形，使得一般人活泼兴奋起来。话说得正有兴味时，一个人来找他，说“什长，猪蹄膀炖好了，酒已热好了，”他搓搓手，说声“有偏各位”，提起那个新桅灯就走了。

原来这个青年汉子，是个打鱼人的独生子。三年前被省城里募兵委员看中了招去，训练了三个月，就开到江西边境去同共产党打仗。打了半年仗，一班兄弟中只剩下他一个人好好地活着，奉令调回后防招募新军补充时，他因此升了班长。第二次又训练三个月，再开到前线去打仗。于是碎了一只腿，抬回省中军医院诊治，照规矩这只腿得用锯子锯去。

① 什长：古代户籍与军队的编制，户籍以五家为伍，十家为什；军队以五人为伍，二伍为什。什长即十人之长，相当于班长。

一群同乡都以为从辰州地方出来的家乡人，“辰州符”比截割高明得多了，信他个洋办法像话吗？就把他从医院中抢出，在外边用老办法找人敷水药治疗。说也古怪，不到三个月，那只腿居然不必截割全好了。战争是个什么东西他也明白了。取得了本营证明，领得了些伤兵抚恤费后，于是回到家乡来，用什长名义受同乡恭维，又用伤兵名义做点特别生意。这生意也就正是有人可以赚钱，有人可以犯法，政府也设局收税，也制定法律禁止，又可以杀头又可以发财那种从各方面说来都似乎极有出息的生意。我想弄明白那什长的年龄，从那个当地唯一成衣人口中，方知道这什长今年还只二十一岁。

那成衣人还说：“这小子看事有眼睛，做事有魄力，蹶了一只腿，还会一月一个来回下常德府，吃喝玩乐发财走好运。若两只脚全弄坏，那就更好了。”

有个水手插口说：“这是什么话。”

“什么画，壁上挂。穷人打光棍，一只腿打坏了不顶事。如两只腿全打坏了，他就不会卖烟土走私赚了钱，再到桃源县后江玩花姑娘了！”

成衣人末后一句打趣话，把大家都弄笑了。

回船时，我一个人坐在灌满冷气的小小船舱中，屈指计算那什长年龄，二十一岁减十五，得到个数目是六。我记起十五年前，那个夜里一切光景，那落日返照，那狭长而描绘朱红线条的船只，那锣鼓与热情兴奋的呼喊……尤其是临近几只小渔船上欢乐跳掷的小孩子，其中一定就有一个今晚我所见到的跛脚什长。唉，历史，多么古怪的事物。生恶性痈疽①的人，照旧式治疗方法，可用一星一点毒药敷上，尽它溃烂，到溃烂净尽时，再用药物使新的肌肉生长，人也就恢复健康了。这跛脚什长，我对他的印象虽异常恶劣，想起他就是一个可以溃烂这乡村居民灵魂的人物，不由人不寄托一种幻想……

二十年前澧州镇守使王正雅部队一个平常马夫，姓贺名龙，兵乱时，一菜刀切下了一个散兵的头颅，二十年后就得惊动三省集中十万军队来解决这马夫。谁个人会注意这个小小节目，谁个人想象得到人类历史是用什么写成的！

赏　析

沈从文的《箱子岩》是一篇充满时间感又不断解构时间感的作品。一丝关于历史的淡淡哀愁与忧郁思考贯穿其间。这曾属于屈原，曾属于乡下人，现在又属于兵油子的箱子岩，使作者“对于历史回溯发生一种幻想，一点感慨”。

思考练习

1. 本文体现作者哪些写作特点？
2. 谈谈作者提到《九歌》《楚辞》的目的。

---

① 痈疽（yōng jū）：毒疮。

劳动筑梦篇

豳风[①]·七月

《诗经》

文学常识

《豳风·七月》的主旨，《毛诗序》认为是“陈后稷、先公风化之所由，致王业之艰难”；陈奂《诗毛氏传疏》则认为是“周公遭管蔡之变而作”。崔述《丰镐考信录》认为：“此诗当为大王以前豳之旧诗，盖周公述之以戒成王，而后世因误为周公所作耳。”方玉润《诗经原始》也说：“《豳》仅《七月》一篇所言皆农桑稼穑之事。非躬亲陇亩，久于其道者，不能言之亲切有味也如是。周公生长世胄，位居冢宰，岂暇为此？且公刘世远，亦难代言。此必古有其诗，自公始陈王前，俾知稼穑艰难，并王业所自始，而后人遂以为公作也。”《汉书·地理志》云：“昔后稷封斄，公刘处豳，太王徙岐，文王作酆，武王治镐，其民有先王遗风，好稼穑，务本业，故豳诗言农桑衣食之本甚备。”据此，此篇当作于西周初期，即公刘处豳时期，彼时周之先民还是一个农业部落，其作者当是部落中的成员。

① 豳（bīn）风：《诗经》十五国风之一，共七篇。豳：古邑名，在今陕西旬邑、彬县一带。

七月流火[①]，九月授衣[②]。一之日觱发[③]，二之日栗烈[④]。无衣无褐[⑤]，何以卒岁[⑥]。三之日于耜[⑦]，四之日举趾[⑧]。同我妇子[⑨]，馌彼南亩[⑩]，田畯至喜[⑪]。

七月流火，九月授衣。春日载阳[⑫]，有鸣仓庚[⑬]。女执懿筐[⑭]，遵彼微行[⑮]，爰求柔桑[⑯]。春日迟迟[⑰]，采蘩祁祁[⑱]。女心伤悲，殆及公子同归[⑲]。

七月流火，八月萑苇[⑳]。蚕月条桑[㉑]，取彼斧斨[㉒]，以伐远扬[㉓]，猗彼女桑[㉔]。七月鸣鵙[㉕]，八月载绩。载玄载黄[㉖]，我朱孔阳[㉗]，为公子裳。

四月秀葽[㉘]，五月鸣蜩[㉙]。八月其获，十月陨萚[㉚]。一之日于貉[㉛]，取彼狐狸，为公子

---

① 七月流火：火：或称大火，星名，即心宿。流：流动。每年夏历五月，黄昏时候，这星当正南方，也就是正中和最高的位置。过了六月就偏西向下了，这就叫作“流”。

② 授衣：将裁制冬衣的工作交给女工。九月丝麻等事结束，所以在这时开始做冬衣。

③ 一之日：十月以后第一个月的日子。为豳历纪日法。觱（bì）发：大风触物声。

④ 栗烈：或作“凛冽”，形容气寒。

⑤ 褐：粗布衣。

⑥ 卒岁：终岁。

⑦ 于耜（sì）：修理耒耜（耕田起土之具）。于：犹“为”。

⑧ 举趾：举脚而耕。趾：足。

⑨ 妇子：妻子和小孩。

⑩ 馌（yè）：馈送食物。亩：指田身。田耕成若干垄，高处为亩，低处为甽。田垄东西向的叫作“东亩”，南北向的叫作“南亩”。

⑪ 田畯（jùn）：农官名，又称农正或田大夫。

⑫ 春日：指二月。载：始。阳：温暖。

⑬ 仓庚：鸟名，就是黄莺。

⑭ 懿（yì）：深。

⑮ 微行：小径，小路。

⑯ 爰（yuán）：语词，犹“曰”。柔桑：初生的桑叶。

⑰ 迟迟：天长的意思。

⑱ 蘩（fán）：菊科植物，即白蒿。古人用于祭祀，女子在嫁前有“教成之祭”。一说用蘩“沃”蚕子，则蚕易出，所以养蚕者需要它。其法未详。祁祁：众多（指采蘩者）。

⑲ 殆及公子同归：是说怕被公子强迫带回家去。一说指怕被女公子带去陪嫁。公子，指国君之子。

⑳ 萑（huán）苇：芦苇。八月萑苇长成，收割下来，可以做箔。

㉑ 蚕月：指夏历三月。条桑：修剪桑树。

㉒ 斨（qiāng）：方孔的斧头。

㉓ 远扬：指长得太长而高扬的枝条。

㉔ 猗（yǐ）：《说文》《广雅》作“掎”（jǐ），牵引。“掎桑”是用手拉着桑枝来采叶。南朝乐府诗《采桑度》云：“系条采春桑，采叶何纷纷”，似先用绳系桑然后拉着绳子采。女桑：小桑。

㉕ 鵙（jú）：鸟名，即伯劳。

㉖ 玄：黑而赤的颜色。玄、黄指丝织品与麻织品的染色。

㉗ 朱：赤色。阳：鲜明。

㉘ 秀葽（yāo）：言远志结实。葽：植物名，今名远志。

㉙ 蜩（tiáo）：蝉。

㉚ 陨萚（tuò）：落叶。

㉛ 于貉：《郑笺》：“于貉，往博貉以自为裘也。”貉（hé）：哺乳动物。外貌像狐狸，昼伏夜出。

裘。二之日其同①，载缵武功②，言私其豵③，献豜于公④。

五月斯螽动股⑤，六月莎鸡振羽⑥，七月在野，八月在宇，九月在户，十月蟋蟀入我床下。穹窒熏鼠⑦，塞向墐户⑧。嗟我妇子，曰为改岁⑨，入此室处。

六月食郁及薁⑩，七月亨葵及菽⑪，八月剥枣⑫，十月获稻，为此春酒⑬，以介眉寿⑭。七月食瓜，八月断壶⑮，九月叔苴⑯，采荼薪樗⑰，食我农夫。

九月筑场圃⑱，十月纳禾稼⑲。黍稷重穋⑳，禾麻菽麦㉑。嗟我农夫，我稼既同，上入执宫功㉒。昼尔于茅，宵尔索绹㉓。亟其乘屋㉔，其始播百谷。

二之日凿冰冲冲㉕，三之日纳于凌阴㉖。四之日其蚤㉗，献羔祭韭㉘。九月肃霜㉙，十月涤场㉚。朋酒斯飨㉛，曰杀羔羊。跻彼公堂㉜，称彼兕觥㉝，万寿无疆㉞。

---

① 同：聚合，言狩猎之前聚合众人。

② 缵（zuǎn）：继续。武功：指田猎。

③ 私其豵（zōng）：言小兽归猎者私有。豵：一岁小猪，这里用来代表比较小的兽。

④ 豜（jiān）：三岁的猪，代表大兽。大兽献给公家。

⑤ 斯螽（zhōng）：虫名，蝗类，即蚱蜢、蚂蚱。动股：言斯螽发出鸣声。旧说斯螽以两股相切发声。

⑥ 莎鸡：虫名，今名纺织娘。振羽：言鼓翅发声。

⑦ 穹窒（zhì）：言将室内满塞的角落搬空，搬空了才便于熏鼠。穹：穷尽，清除；一说空隙。窒：堵塞。

⑧ 向：朝北的窗户。墐（jìn）：用泥涂抹。贫家门扇用柴竹编成，涂泥使它不通风。

⑨ 曰：《汉书》引作“聿”，语词。改岁：旧年将尽，新年快到。

⑩ 郁：植物名，唐棣之类。树高五六尺，果实像李子，赤色。薁（yù）：植物名，果实大如桂圆。一说为野葡萄。

⑪ 菽（shū）：豆的总名。

⑫ 剥（pū）：通“扑”，打，击。

⑬ 春酒：冬天酿酒经春始成，叫作“春酒”。枣和稻都是酿酒的原料。

⑭ 介：祈求。眉寿：长寿，人老眉间有豪毛，叫秀眉，所以长寿称眉寿。

⑮ 壶：葫芦。

⑯ 叔：拾。苴（jū）：秋麻之籽，可以吃。

⑰ 荼（tú）：菜名，即苦菜。薪樗（chū）：言采樗木为薪。樗：木名，臭椿。

⑱ 场：打谷的场地。圃：菜园。春夏做菜园的地方秋冬就做成场地，所以场圃连成一词。

⑲ 纳：收进谷仓。稼：古读如“故”。禾稼：谷类通称。

⑳ 重（tóng）：即“穜”，是先种后熟的谷。穋（lù）：即“稑”（lù），稑是后种先熟的谷。

㉑ 禾：此处专指一种谷，即今之小米。

㉒ 宫功：指建筑宫室，或指室内的事。功：事。

㉓ 索绹（táo）：打绳子。索：动词，指制绳。绹：绳索。

㉔ 亟：急。乘屋：盖屋。茅和绳都是盖屋需用的东西。

㉕ 冲冲：凿冰之声。

㉖ 凌：指聚集的水。阴：指藏冰之处。

㉗ 蚤：取。一说通“早”，古代的一种祭祖仪式。

㉘ 献羔祭韭：用羔羊和韭菜祭祖。《礼记·月令》说仲春献羔开冰，四之日正是仲春。

㉙ 肃霜：犹“肃爽”，深秋清凉的样子。

㉚ 涤场：清扫场地。一说即“涤荡”，草木摇落无余。

㉛ 朋酒：两樽酒。

㉜ 跻（jī）：登。公堂：或指公共场所，不一定是国君的朝堂。

㉝ 称：举起。兕（sì）觥（gōng）：角爵。古代用兽角做的酒器。

㉞ 万：大。无疆：无穷。

译文

七月大火星向西落，九月妇女缝寒衣。十一月北风劲吹，十二月寒气袭人。没有好衣没粗衣，怎么度过这年底？正月开始修锄犁，二月下地去耕种。带着妻儿一同去，把饭送到向阳的土地上去，田官赶来吃酒食。

七月大火星向西落，九月妇女缝寒衣。春天阳光暖融融，黄鹂婉转唱着歌。姑娘提着深竹筐，一路沿着小道走。伸手采摘嫩桑叶，春来日子渐渐长。人来人往采白蒿，姑娘心中好伤悲，害怕要随贵人嫁他乡。

七月大火星向西落，八月要把芦苇割。三月修剪桑树枝，取来锋利的斧头。砍掉高高长枝条，攀着细枝摘嫩桑。七月伯劳声声叫，八月开始把麻织。染丝有黑又有黄，我的红色更鲜亮，献给贵人做衣裳。

四月远志开了花，五月知了阵阵叫。八月田间收获忙，十月树上叶子落。十一月上山猎貉，猎取狐狸皮毛好，送给贵人做皮袄。十二月猎人会合，继续操练打猎功。打到小猪归自己，猎到大猪献王公。

五月蚱蜢弹腿叫，六月纺织娘振翅。七月蟋蟀在田野，八月来到屋檐下。九月蟋蟀进门口，十月钻进我床下。堵塞鼠洞熏老鼠，封好北窗糊门缝。叹我妻儿好可怜，岁末将过新年到，迁入这屋把身安。

六月食李和葡萄，七月煮葵又煮豆。八月开始打红枣，十月下田收稻谷。酿成春酒美又香，为了主人求长寿。七月里面可吃瓜，八月到来摘葫芦。九月拾起秋麻籽，采摘苦菜又砍柴，养活农夫把心安。

九月修筑打谷场，十月庄稼收进仓。黍稷早稻和晚稻，粟麻豆麦全入仓。叹我农夫真辛苦，庄稼刚好收拾完，又为官家筑宫室。白天要去割茅草，夜里赶着搓绳索。赶紧上房修好屋，开春还得种百谷。

十二月凿冰冲冲，正月搬进冰窖中。二月开初祭祖先，献上韭菜和羊羔。九月寒来始降霜，十月清扫打谷场。两樽美酒敬宾客，宰杀羊羔大家尝。登上主人的庙堂，举杯共同敬主人，齐声高呼寿无疆。

赏析

《豳风·七月》是《诗经·国风》中最长的一首诗。此诗反映了周部落一年四季的劳动生活，涉及衣食住行各个方面。因为它的作者是部落成员，所以口吻酷肖，角度极准，从各个侧面展示了当时社会的风俗画，凡春耕、秋收、冬藏、采桑、染绩、缝衣、狩猎、建房、酿酒、劳役、宴飨，无所不写。中国古代诗歌一向以抒情诗为主，叙事诗较少。这首诗却以叙事为主，在叙事中写景抒情，形象鲜明，诗意浓郁。通过诗中人物娓娓动听的叙述，又真实地展示了当时的劳动场面、生活图景和各种人物的面貌，以及农夫与公家的相互关系，构成了西周早期社会一幅男耕女织的风俗画。《诗经》的表现手法有赋、比、兴三种，这首诗正是采用赋体，“敷陈其事”“随物赋形”，反映了真实的生活。我们仔细吟诵其中任何一章，都会有这样的感觉。

思考练习

1. 《豳风·七月》的风格特点是什么？

2. 关于《豳风·七月》，《毛诗序》认为是周公所作，新中国成立后的学者多以为是被剥削的农奴在倾诉自己的痛苦悲哀，试结合作品和有关典籍，阐述一下你自己对《豳风·七月》的理解。

周南·芣苢[①]

《诗经》

周南·芣苢

文学常识

《周南·芣苢》是周代人们采集芣苢时所唱的歌谣，应是社会比较清明、阶级矛盾比较缓和、人们尚能安居乐业的周公时代的作品。《毛诗序》：“《芣苢》，后妃之美也，和平则妇人乐有子矣。”后人多不赞成毛序的说法。其他说法有所谓“伤夫有恶疾”说、“室家乐完聚”说、“喻求贤才”说、“祈子求福”说、“童儿斗草嬉戏”说、普通劳动歌谣说以及歌颂夏禹说等。

采采[②]芣苢，薄言采之。采采芣苢，薄言[③]有[④]之。
采采芣苢，薄言掇[⑤]之。采采芣苢，薄言捋[⑥]之。
采采芣苢，薄言袺[⑦]之。采采芣苢，薄言襭[⑧]之。

---

① 芣苢（fú yǐ）：又作“芣苡”，野生植物名，可食。毛传认为是车前草，其叶和种子都可以入药，有明显的利尿作用，并且其穗状花序结籽特别多，可能与当时的多子信仰有关。这种说法与《山海经》《逸周书·王会》以及《说文解字》相矛盾，但得到郭璞、王基等人的支持，宋代朱熹《诗集传》亦采此说。近现代学者如闻一多、宋湛庆、游修龄等则认为芣苢是薏苡，可以人工栽培，其果实去壳后即薏仁米。

② 采采：茂盛的样子。

③ 薄言：“薄”“言”发语词，无义。这里主要起补充音节的作用。

④ 有：取得，获得。

⑤ 掇（duō）：拾取，摘取。

⑥ 捋（luō）：从茎上成把地采取。

⑦ 袺（jié）：提起衣襟兜东西。

⑧ 襭（xié）：把衣襟扎在腰带上兜东西。

译文

鲜艳繁盛的芣苢呀，采呀采呀采起来。鲜艳繁盛的芣苢呀，采呀采呀采得来。

鲜艳繁盛的芣苢呀，一片一片摘下来。鲜艳繁盛的芣苢呀，一把一把捋下来。

鲜艳繁盛的芣苢呀，提起衣襟兜起来。鲜艳繁盛的芣苢呀，掖起衣襟兜回来。

赏析

《诗经》中的民间歌谣，有很多用重章叠句的形式，但像《芣苢》这篇重叠得如此厉害却也是绝无仅有的。这是一曲劳动的欢歌，是当时人们采芣苢（一说即车前草，一说为薏苡）时所唱的歌谣。全诗三章，每章四句，全是重章叠句，仅仅变换了少数几个动词，其余一概不变，反复地表达劳动的过程，劳动成果的由少至多也就表达出来，充满了劳动的欢欣，洋溢着劳动的热情。

思考练习

1. 这首诗生动地表现了采集野菜的劳作过程。这种过程在诗中是怎样具体表现出来的?

2. 前人读这首诗说：反复吟咏，“自然生其气象”。你读这首诗，眼前出现了什么样的景象？请概括描述。

种树郭橐[1]驼传

柳宗元

文学常识

本文选自《柳河东集》，写于柳宗元早年在长安为官时，虽题为“传”，却不是一般意义上的人物传记，而是一篇兼具寓言性质和强烈的政论色彩的散文。针对中唐官吏繁政扰民的各种现实弊端，作者巧借小人物传主（郭橐驼）之口，由种树的经验引申到为官治民的根本原理，通过对种树者郭橐驼既善种树又善管树的“养树术”的记叙，说明“顺木之天，以致其性”是“养树”的法则，并由此推论出“养人”也必须“顺性”，不能“好烦其令”的道理，以此来批评当时地方官吏的各种扰民、伤民行为，表达了作者同情人民的思想和力求改革当时弊政的愿望。

① 橐（tuó）驼：骆驼。这里指驼背。

郭橐驼，不知始[①]何名。病瘘[②]，隆然伏行[③]，有类[④]橐驼者，故乡人号之[⑤]“驼”。驼闻之[⑥]，曰：“甚善。名我固当[⑦]。”因[⑧]舍其名，亦自谓[⑨]橐驼云。

其乡曰丰乐乡，在长安[⑩]西。驼业[⑪]种树，凡长安豪富人为观游[⑫]及卖果者，皆争迎取养[⑬]。视驼所种树，或[⑭]移徙，无不活，且硕茂[⑮]，早实[⑯]以蕃。他植者[⑰]虽窥伺效慕，莫[⑱]能如也。

有问之，对曰：“橐驼非能使木[⑲]寿且孳也，能顺木[⑳]之天[㉑]，以致其性焉尔。凡[㉒]植木之性，其本[㉓]欲舒，其培欲平，其土欲故[㉔]，其筑[㉕]欲密。既然[㉖]已，勿动勿虑[㉗]，去[㉘]不复顾。其莳[㉙]也若子，其置[㉚]也若弃，则其天者全而其性得矣[㉛]。故吾不害其长[㉜]而已，非

---

① 始：最初。

② 病偻（lǚ）：患了脊背弯曲的病。

③ 伏行：脊背突起而弯腰行走。

④ 有类：有些像。

⑤ 号之：给他起个外号叫。号，起外号。

⑥ 之：代词，指起外号事。

⑦ 名我固当：这样称呼我确实恰当。名，称呼，名词作动词，意动用法。固：确实。当：恰当。

⑧ 因：于是，就，副词。舍：舍弃。其名：他原来的名字。

⑨ 谓：称为。云：句末语气词，此处可译“了”。

⑩ 长安：今西安市，唐王朝首都。

⑪ 业：以……为业。这里是意动用法。

⑫ 为观游：经营园林游览。为，从事，经营。

⑬ 争迎取养：争着迎接雇用（郭橐驼），取养：雇用。

⑭ 或：有的。移徙：指移植。徙，迁移。

⑮ 硕茂：高大茂盛。

⑯ 早实：早结果实。实，结果实，名词做动词。以：而且，连词，作用同“而”。蕃：多。

⑰ 他植者：其他种树的人。窥伺：偷偷地察看。效慕：仿效，慕也是"效"的意思。窥伺效慕：暗中观察，羡慕效仿。

⑱ 莫：没有谁，代词。如：比得上，动词。

⑲ 有问之：有人问他（种树的经验）。

⑳ 木：树。橐驼：古人最郑重最恭敬的自称法，是自称其名，可译“我”。寿且孳（zī）：活得长久而且繁殖茂盛。孳，繁殖。

㉑ 天：指自然生长规律。致其性：使它按照自己的本性成长。致，使达到。焉尔：罢了，句末语气词连用。

㉒ 凡：凡是，所有，表示概括，副词。植木之性：按树木的本性种植。性，指树木固有的特点。

㉓ 本：树根。欲：要。舒：舒展。培：培土。

㉔ 故：旧。

㉕ 筑：捣土。密：结实。

㉖ 既然：已经这样。已：（做）完了。勿动：不要再动它。

㉗ 勿虑：不要再担心它。

㉘ 去：离开。顾：回头看。其：如果，连词。

㉙ 莳（shì）：栽种。若子：像对待子女一样精心。

㉚ 置：放在一边。若弃：像丢弃了一样不管。

㉛ 则其天者全而其性得矣：那么树木的生长规律可以保全而它的本性得到了。则：那么，连词。者：助词，无义。

㉜ 不害其长：不妨碍它的生长。而已：罢了，句末语气词连用。

有能硕茂①之也；不抑耗其实②而已，非有能早而蕃③之也。他植者则不然，根拳④而土易，其培之也，若不过焉则不及⑤。苟⑥有能反是者，则又爱之太恩⑦，忧之太勤⑧，且视而暮抚，已去而复顾，甚者⑨爪其肤⑩以验其生枯，摇其本以观其疏密⑪，而木之性日以离⑫矣。虽曰爱之，其实害之；虽曰忧之，其实仇之，故不我若⑬也。吾又何能为哉！"

问者曰："以子之⑭道，移之官理⑮，可乎？"驼曰："我知种树而已⑯，官理⑰，非吾业也。然吾居乡，见长人者⑱好烦其令，若甚怜⑲焉，而⑳卒以祸。旦暮吏来而呼曰：'官命㉑促尔耕，勖㉒尔植，督㉓尔获，早缫㉔而绪，早织而缕㉕，字㉖而幼孩，遂而鸡豚㉗。'鸣鼓而聚之㉘，击木㉙而召之。吾小人㉚辍飧饔以劳吏者，且不得暇，又何以㉛蕃吾生而安

---

① 硕茂：使动用法，使高大茂盛。

② 不抑耗其实：不抑制、损耗它的果实（的成熟过程）。

③ 早而蕃（fán）：使动用法，使……（结实）早而且多。

④ 根拳：树根蜷曲。土易：更换新土。

⑤ 若不过焉则不及：如果不是过多就是不够。若……则……，如果……那么（就），连接假设复句的固定结构。焉：句中语气词，无义。

⑥ 苟：如果，连词。反是者：与此相反的人。

⑦ 爱之太恩：爱它太情深。恩，有情义。这里可引申为"深"的意思。

⑧ 忧之太勤：担心它太过分。

⑨ 甚者：更严重的。甚，严重。

⑩ 爪其肤：掐破树皮。爪，掐，作动词用。以：表目的，连词，用来。验：检验，观察。生枯：活着还是枯死。

⑪ 疏密：指土的松与紧。

⑫ 日以离：一天天地失去。以，连词，连接状语和动词，不译。

⑬ 不我若：不若我，比不上我。否定句中代词作宾语时一般要置于动词前。若，及，赶得上，动词。

⑭ 之：助词，的。道：指种树的经验。

⑮ 之：代词，指种树之"道"。官理：为官治民。理，治理，唐人避高宗李治名讳，改"治"为"理"。

⑯ 而已：罢了。

⑰ 官理：一作"理"。理：治理百姓。

⑱ 长（zhǎng）人者：为人之长者，指当官治民的地方官。大县的长官称"令"，小县的长官称"长"。烦其令：不断发号施令。烦，使繁多。

⑲ 若甚怜：好像很爱（百姓）。焉：代词，同"之"。

⑳ 而：但，连词。卒以祸：以祸卒，以祸（民）结束。卒，结束。

㉑ 官命：官府的命令。促尔耕：催促你们耕田。

㉒ 勖（xù）：勉励。植：栽种。

㉓ 督：督促。获：收割。

㉔ 缫（sāo）：煮茧抽丝。而：通"尔"，你们。绪：丝头。早缫而绪：早点缫好你们的丝。

㉕ 早织而缕：早点纺好你们的线。缕，线。

㉖ 字：养育。

㉗ 遂而鸡豚（tún）：喂养好你们的鸡和猪。遂，顺利地成长。豚，猪。

㉘ 聚之：召集百姓。聚：使聚集。

㉙ 木：这里指木梆。

㉚ 吾小人：我们小百姓。辍飧（sūn）饔（yōng）：不吃饭。辍，停止。飧，晚饭。饔，早饭。以：来，连词。劳吏者：慰劳当差的。且：尚且。暇：空暇。

㉛ 何以：以何，靠什么。蕃吾生：繁衍我们的生命，即使我们的人口兴旺。安吾性：安定我们的生活。性，生命。

吾性耶？故病①且怠。若是②，则与吾业者③其亦有类乎？”

问者曰：“嘻④，不亦善夫⑤！吾问养树，得养人⑥术。”传⑦其事以为官戒。

译文

郭橐驼，不知道他起初叫什么名字。他患了脊背弯曲的病，脊背突起而弯腰行走，就像骆驼一样，所以乡里人称呼他叫“橐驼”。橐驼听说后，说：“这个名字很好啊，这样称呼我确实恰当。”于是他舍弃了他原来的名字，也自称起“橐驼”来。

他的家乡叫丰乐乡，在长安城西边。郭橐驼以种树为职业，凡是长安城里的富豪人家，从事园林游览和做水果买卖的人，都争着迎接他，雇佣他。观察橐驼种的树，即使是移植来的，也没有不成活的；而且长得高大茂盛，结果实早而且多。其他种树的人即使暗中观察，羡慕效仿，也没有谁能比得上。

有人问他种树种得好的原因，他回答说：“橐驼我不是能够使树木活得长久而且长得很快，只不过能够顺应树木的天性，来实现其自身的习性罢了。但凡种树的方法，它的树根要舒展，它的培土要平匀，它根下的土要用原来培育树苗的土，它捣土要结实。已经这样做了，就不要再动，不要再忧虑它，离开它不再回顾。栽种时要像对待孩子一样细心，栽好后置于一旁要像抛弃了它们一样，那么树木的天性就得以保全，它的习性就得以实现。所以我只不过不妨害它的生长罢了，并不是有能使它长得高大茂盛的办法；只不过不抑制、减少它的结果罢了，也并不是有能使它果实结得早又多的办法。别的种树人却不是这样，树根蜷曲又换了生土；他培土的时候，不是过紧就是太松。如果有能够和这种做法相反的人，就又太过于吝惜它们了，在早晨去看了，在晚上又去摸摸，已经离开了，又回头去看看。更严重的，甚至掐破树皮来观察它是死是活着，摇晃树干来看它是否栽结实了，这样树木的天性就一天天远去了。虽然说是喜爱它，这实际上是害了它，虽说是担心它，这实际上是仇恨它。所以他们都不如我。我又能做什么呢？”

问的人说：“把你种树的方法，转用到做官治民上，可行吗？”橐驼说：“我只知道种树罢了，做官治民，不是我的职业。但是我住在乡里，看见那些官吏喜欢不断地发号施令，好像是很怜爱（百姓）啊，但百姓最终反因此受到祸害。在早上在晚上那些小吏跑来大喊：‘长官命令：催促你们耕地，勉励你们种植，督促你们收获，早些煮茧抽丝，早些织你们的布，养育你们的小孩，喂大你们的鸡和猪。’一会儿打鼓招聚大家，一会儿鼓梆召集大家，我们这些小百姓停止吃早、晚饭去慰劳那些小吏尚且不得空暇，又怎能使我们

① 病：困苦。怠：疲倦。病且怠：困苦又疲劳。

② 若是：像这样。

③ 与吾业者：与我同行业的人，指“他植者”。其：大概，语气词。类：相似。

④ 嘻：感叹词，表示高兴。

⑤ 不亦善夫：不是很好吗？夫，句末语气词。

⑥ 养人：养民，唐人避唐太宗李世民名讳，改“民”为“人”。

⑦ 传：作传。以为：以（之）为，把它作为。戒：鉴戒。

繁衍生息、民心安定呢？所以我们既困苦又疲乏，像这样（治民反而扰民），它与我种树的行当大概也有相似的地方吧？”

问的人说：“不也是很好吗！我问种树的方法，得到了治民的方法。”我记录这件事把它作为官吏们的警诫。

赏　析

从体裁上看，本文既是人物传记，也是一篇寓言体的叙事性散文。本文题目虽称为“传”，但并非是一般的人物传记。文章以老庄学派的无为而治、顺乎自然的思想为出发点，借郭橐驼之口，由种树的经验说到为官治民的道理，说明封建统治阶级有时打着爱民、忧民或恤民的幌子，却收到适得其反的效果，却仍旧民不聊生。这种思想实际上就是“圣人不死，大盗不止”“剖斗折衡，而民不争”的老庄思想的具体反映。唐代从安史之乱以后，老百姓处于水深火热之中，苦不堪言。只有休养生息，才能恢复元气。如果封建统治者仍借行政命令瞎指挥，使老百姓疲于奔命，或者以行“惠政”为名，使广大百姓既要送往迎来，应酬官吏；又不得不劳神伤财以应付统治者摊派的任务，这只能使人民增加财物负担和精神痛苦。如果我们了解中唐时期的社会现实，知道柳宗元写这篇文章的针对性，则能体会到这篇文章的进步意义。

思考练习

1. 本文的主旨是什么？
2. 本文第三段的对比手法有什么作用？

平凡的世界（节选）

路　遥

平凡的世界

文学常识

路遥（1949 年—1992 年），原名王卫国，中国当代作家，生于陕北榆林清涧县，代表作有长篇小说《平凡的世界》《人生》等。

路遥 1949 年 12 月 3 日生于陕西陕北山区清涧县一个贫困的农民家庭，7 岁时因为家里困难被过继给延川县农村的伯父。曾在延川县立中学学习，1969 年回乡务农。这段时间里他做过许多临时性的工作，并在农村一小学中教过一年书。1973 年进入延安大学中文系学习，其间开始文学创作。大学毕业后，任《陕西文艺》（今为《延河》）

编辑。1980 年发表《惊心动魄的一幕》，获得第一届全国优秀中篇小说奖。1982 年发表中篇小说《人生》，后被改编为电影。1991 年完成百万字的长篇巨著《平凡的世界》，这部小说以其恢宏的气势和史诗般的品格，全景式地表现了改革时代中国城乡的社会生活和人们思想情感的巨大变迁，还未完成即在中央人民广播电台广播。路遥因此而荣获茅盾文学奖。1992 年 11 月 17 日，路遥因肝硬化腹水医治无效在西安逝世，年仅 42 岁。

第二部　十一章

在村里和家里的生活发生翻天覆地变化的时候，孙少平却陷入了极大的苦恼之中。

三年的教师生涯结束了，他不得不回家当了农民。

他倒不仅仅是为此而苦恼。迄今为止，他还不敢想象改变自己的农民身份。当农民就当农民，这没有什么可说的。无数像他这样的青年，不都是用双手劳动来生活吗？他，农民孙玉厚的儿子，继承父业也可以说是一件十分自然的事。但他不能排除自己的苦恼。

这些苦恼首先发自一个青年自立意识的巨大觉醒。

是的，他很快就满二十二岁——这个年龄，对于农村青年来说，已经完全可以独当门户了。

可是，他现在仍像一个不成事的孩子一样生活在一大家人之中。父母亲和大哥是主事人，他只是在他们设计的生活框架中干自己的一份活。作为一个已经意识到自己男性尊严的人，孙少平在心灵深处感到痛苦。这决不是说他想在家里“掌权”。不，在这一大家人中，父亲和大哥当然应该是当家人。说实话，即便是现在让他来主持这个“集体”，他也干不了……

由此看来，他无法从这个现实中挣脱。

但他的确渴望独立地寻找自己的生活啊！这并不是说他奢想改变自己的地位和处境——不，哪怕比当农民更苦，只要他像一个男子汉那样去生活一生，他就心满意足了。

无论是幸福还是苦难，无论是光荣还是屈辱，让他自己来遭遇和承受吧！

他向往的正是这一点。

其实，我们知道，这种意识在他高中毕业时就产生了，只不过随着年龄的增长和生活的变迁，他内心这种要求表现得更为强烈罢了。

按说，要做一个安分守己的农民，眼下这社会正是创家立业的好时候。只要心头攒劲，哪怕纯粹在土地上刨挖，也能过好光景。更何况，像他们家现在还有能力办起一个烧砖窑，那前程不用说大有奔头。发家致富，这是所有农民现在的生活主题。只要有饭吃，有衣穿，有钱花，身体安康，儿女双全，人活一世再还要求什么呢？

谁让你读了那么些书，又知道了双水村以外还有个大世界……如果你从小就在这个天地里日出而作，日落而息，那你现在就会和众乡亲抱同一理想：经过几年的辛劳，像大哥一样娶个满意的媳妇，生个胖儿子，加上你的体魄一定会成为一名相当出色的庄稼人。

不幸的是，你知道的太多了，思考的太多了，因此才有了这种不能为周围人所理解的苦恼……既然周围的人不能理解他的苦恼，少平也就不会把自己的苦恼表现出来。在日常生活中，他尽量要求自己用现实主义态度来对待一切。

毫无疑问，对孙少平来说，在学校教书和在山里劳动，这差别还是很大的。当老师不必忍受体力劳动的熬苦，而且还有时间读书看报……虽说身在双水村，但他的精神可以自由地生活在一个广大的天地里。如今，从早到晚天天得出山，再也没有什么消闲的时光看任何书报了。一整天在山里挣命，肉体的熬苦使精神时常处于麻痹状态——有时干脆把思维完全“关闭”了。晚上回到家里，唯一的向往就是倒在土炕上睡觉，连胡思乱想的工夫都没有。一个有文化有知识而爱思考的人，一旦失去了自己的精神生活，那痛苦是无法言语的。

这些也倒罢了。最使他憋闷的仍然是不能按照自己的意愿去安排自己的生活。他很羡慕村中那些单身独户的年轻庄稼人，要累就累得半死不活，毕了，无论赶集上会，还是干别的什么事情，都由自己支配，这一切他都不能。理性约束着他，使他不能让父亲和哥哥对他的行为失望。他尽量做得让他们满意，即是受点委屈，也要竭力克制，使自己服从这个大家庭的总体生活。

农村的家庭也是一部复杂的机器啊！

他一个人在山里劳动歇息的时候，头枕手掌仰面躺在黄土地上，长久地望着高远的蓝天和悠悠飘飞的白云，眼里便会莫名地盈满了泪水，山里寂静无声，甚至能听见自己鬓角的血管在哏哏地跳动。这样的时候，他记忆的风帆会反复驶进往日的岁月。石圪节中学，原西县高中……尽管那时饥肠辘辘，有无数的愁苦，但现在想起来，那倒是他一生中度过的最美妙的时光。他也不时地想起高中时班上的同学们：金波、顾养民、郝红梅、田晓霞、侯玉英……眼下这些人都各走了各的路。金波正在黄原跟他父亲学开汽车；红梅和他一样，回村后当了小学教师，听说现在仍然当着；侯玉英的情况他现在不很清楚——他和跛女子早已断绝了“关系”。

顾养民和田晓霞如同学们预料的那样，去年秋天都考上了大学。养民如愿地考进了省医学院，晓霞进了黄原师专中文系。

每当想起田晓霞，他总是感到一种惆怅和苦涩。自她进入大学后，他就再也没给她写信，主动断绝了关系。有什么必要再联系呢？归根结底，他们走的是两条道路，而且是永远不会交叉的两条路。晓霞给他的最后一封信寄自黄原师专，他没有给她回信，也就没有再收到她的信。他们的关系随之结束了。对于他来说，这也是自己一个人生阶段的结束……他一个人独处这天老地荒的山野，一种强烈的愿望就不断从内心升起：他不能甘心在双水村静悄悄地生活一辈子！他老感觉远方有一种东西在向他召唤，他在不间断地做着远行的梦。

外面等待他的生活是什么样子？他难以想象。当然，有一点是肯定的——一切都将无比艰难；他赤手空拳，无异于一丛飘蓬。

唉！有时他又动摇了，还是顺从命运的安排吧！生活在家里虽说精神不痛快，但一日三餐总不要自己操心；再说，有个头疼脑热，也有亲人的关怀和照料。倘若流落在他乡异地，生活中的一切都将失去保障，得靠自己一个人去对付冷酷而严峻的现实了……

可是，到外面去闯荡世界的想法，还是一直不能从他心灵中勾销。随着他在双水村的苦闷不断加深，他的这种愿望却越来越强烈了。他内心为此而炽热地燃烧，有时激动得像打摆子似的颤抖。他意识到，要走就得赶快走！要不，他就可能丧失时机和勇气，那个梦想就将永远成为梦想。现在正当年轻气盛，他为什么不去实现他的梦想呢？哪怕他闯荡一回，碰得头破血流再回到双水村来，他也可以对自己的人生聊以自慰了；如果再过几年，迫不得已成了家，那他的手脚就会永远被束缚在这个“高加索山”了！

经过不断的内心斗争，孙少平已经下决心离开双水村，到外面去闯荡世界。有人会觉得，这后生似乎过于轻率和荒唐；农村的生活已经开始变得这样有希望，他们家的事业也正在发端之际，而且看来前景辉煌，他为什么要去不属于自己的世界自寻生路？那个陌生的天地会给他带来多少好处？这恐怕只有天知道！

但是，宽容的读者不要责怪他吧！不论在任何时代，只有年轻的血液才会如此沸腾和激荡。每一个人都不同程度有过自己的少年意气，有过自己青春的梦想和冲动。不妨让他去吧，对于像他这样的青年，这行为未必就是轻举妄动！虽然同是外出“闯荡世界”，但孙少平不是金富，也不是他姐夫王满银！

少平已经暗暗把自己外出的目的地选在黄原城。原西县对他来说，已经不算“大地方”。而更大的地方他还不敢去涉足。黄原是合适的。对他来说，那地方已经是一个大世界；再说，离家也不远，坐汽车当天就能返回。

到黄原去干什么？他将在那里怎样生活？

别无选择。他只能像大部分流落异地的农民一样去揽工——在包工头承包的各种建筑工地上去做小工，扛石头，提泥包，钻炮眼……

不管怎样，他是非去不可了。

孙少平把他外出谋生的一切方面都想好以后，决定先和父亲谈这件事。

这天吃过午饭，父子俩到山上一块坡地种玉米。

马上就要立夏，正是玉米和蔓豆大播种的时候——家家户户都在忙这两大科庄稼的耕种。如今不像往年。四山里几乎看不见人在劳动，其实，哪个庄稼人也要比往年干得凶！只不过现在一家一户分散在各处，谁也照不见谁的面。

少平家大部分玉米和豆子都已经种完，现在只留下一些零碎土地，也用不着动用牲畜。

父亲在前面拿䦆头掏土坑，少平手里端个升子点籽种。两个人都赤脚片，一前一后，来来回回，也顾不得说话。

父亲挖坑就像母亲纳鞋底，行行道道，疏密有致，远看如同工艺美术家精心设计的图案。少平耐着性子，尽量把籽种不偏不露点在土坑中间，再补一个不轻不重的脚印。终于休息了。父亲蹲在地上抽烟，少平就凑到他跟前，也学着他哥的样，卷了一支旱烟棒。

他用父亲的打火机点着烟抽了几口，然后才鼓起勇气，和父亲谈起了他走黄原的打算。

孙玉厚老汉惊得目瞪口呆。

他“吱吱”地用劲吸着烟锅。思谋了好一阵，才说：“你还小哩！出那么远的门，人生地不熟，我和你妈怎能放心？你怎猛然想起要出门哩？”

少平一时难以给父亲说清楚自己的心思。

“我待在家里不痛快，想出去跑一跑……”

父亲低倾下头，手指头抠着脚指头，说：“我能想来哩。你从学校回来劳了动，心里难过。没办法啊！世事就是这样。爸爸看见你一天灰土满面的，心里也难过……不过，而今政策宽了，劳动虽说熬苦一些，但吃饭不要再受熬煎。你刚开始出山，爸爸晓得你不习惯。过上一两年，也就习惯了。外面的世界不是咱们的，你出去，还不是要受苦？再说，有个什么事，也没有人帮扶你……”

“爸爸，这你不要操心。我二十几的人了。自个儿能管得了自个儿，你就让我出上几天门！你年轻时不是也吆牲灵跑过山西吗。我不到外面闯荡一回，一辈子心里平不下来，你就让我走吧！咱们家现在有你和我哥，这点土地你们能耕务过来。我出去，也不是去瞎逛！我也长两只手，兴许还能给家里赚几个活钱，爸爸，你放心……”

孙少平几乎要哭了。

父亲看出儿子为他的行动经过了长时间的准备，显然很难再说服他放弃这种冒险念头，他只好犹豫地说：“那这事你要和你哥商量哩！唉，我老了，世事要看你们闹。不过，爸爸生怕你们有个闪失……”

少平严肃而感动地对父亲点了点头。

玉米地半后晌就种完了——种完就回家，不必像生产队，只要不磨到天黑，就收不了工。

父子俩回家后，离吃晚饭还有很长一段时间。于是他们又收拾了一下，赶到后村头烧砖窑那里给少安两口子帮忙。孙少安夫妇正忙得不可开交。第三窑砖正烧到紧要关头，少安既要加炭漏灰，还要刁空抢着打下一窑的土坯，还不到热天，他就光穿了件小布褂，脸熏得如同戏里的包公，秀莲头上拢着的毛巾也像烟囱里拉出来的——她正拿着铁锨和泥。

少平和父亲一到，四个人上手，活路很快就松宽了。父亲接替少安烧火，让他集中打土坯；少平和泥，让嫂子去溜土。这是一个多么和谐而富有生气的劳动集体！瞧，已出的两窑青砖，约莫一万多块，齐齐整整码在土场边上，像两堵蓝色的长墙。双水村的人面对孙家的这派兴旺景象，谁不眼红？啊呀，不得了！孙少安这小子竟然办起了“工厂”。

天黑以后，少安让家里人回去吃饭。他自己的饭照例由秀莲吃完饭后送到土场上来——他要照看炉火，不能离开。等父亲嫂子先后走了以后，少平却磨蹭着没有急忙回家。他一边在和哥哥添炭，一边吞吞吐吐对哥哥说出了他的心事。

少安惊讶得都有点反应不过来了。他生气地对弟弟说："你胡想啥哩！家里现在这么忙，人手缺得要命，你怎么能跑到外面逛去呢？"

这个"逛"字刺伤了少平的心。他也有点生硬地对哥哥说："我不是去逛！我是要出去干点事！"

"干什么事？无非是去揽工！你又不是匠人，当个小工，一天挣一两块钱，连自己的嘴都糊不住！你何必要去受这罪呢？你在家里，咱们父子三人，加上你嫂，一边种地，一边经营咱们的烧砖窑，这不好好的嘛！"

"我已经二十几的人了，我自己也可以干点什么事！"

少安一时不能理解弟弟是什么意思，难道你现在没事可干吗？

但少安猛然感到，弟弟已经长大成人了！他已经不能再像过去一样在他面前以老大自居了！是啊，弟弟大了……本来他应该为此而高兴，可是此刻心里却有一丝说不出的伤感。

他早已看出来，弟弟是一个和他想法不太一样的人……现在，少安已经明白，尽管他不情愿弟弟出走，但看来已经很难劝阻他了。

兄弟俩圪蹴在土场边上沉默了一会，一人嘴里噙着根旱烟棒，使劲地抽着。天已经黑严，远处村子里亮起了模糊的灯光。在金家湾那边，不知谁家婆姨正拖长声音呼叫孩子回家睡觉。东拉河水声朗朗，吟唱着那支永不疲倦的歌……孙少安已不再和弟弟争辩。他伤感地对少平说："那你看着办吧，你已经长大成人了，我……"他感到语塞，竟不知说什么了。

这时候，孙少平的心情也沉重起来了。他对哥哥说："我走了，你和爸爸的负担就更重了……"

少安轻轻叹了一口气，说："既然你一心要出去，也就不要牵挂家里，你自己一个人在外面，无依无靠，倒要好好操心哩！家里的事你放心，有我哩……"

黑暗中，两团泪水涌满了少平的双眼……几天以后，少平就决定走黄原了。

母亲流着泪为他把那点破被褥拆洗了一遍，少安从手头挤出五十元钱，硬往弟弟手里塞——少平只接了十五元；他知道家里现在需要钱，他不愿拿这么多；再说，既然他要出门，就得靠自己的双手去谋生了！

临走的前一天晚上，他打捆好了自己的行李。一条开洞的黑羊毛毡；被褥是早年间姐姐出嫁后留下的，已经缀了许多补丁——三根断麻绳续在一起，便扎住了这出门的全部行囊。

晚上，他和衣躺在土炕上，一直半睡半醒。明天他就要走了，走向一个前途未卜的世界，他现在才感到了一片令人心悸的渺茫，由不得手心里捏出两把汗水……睡梦中，他感觉有人轻轻地摩挲他的头发，他知道这是父亲的手。他一直等汹涌的泪水通过鼻孔管流进肚子里，才睁开眼睛。

父亲立在炕边，手里拿着当年他上学时用过的那个烂黄提包。说："我出去叫田海民把坏的拉链修好了。海民说，以后用的时候，拿肥皂擦一擦……”

他克制着哽咽，对父亲说：“嗯……”

第二天早晨，从米家镇开往黄原的第一辆长途汽车过来后，挤在公路边上为少平送行的全家人，都举起胳膊拦挡车。

车一停住，少平就立刻提起那卷破烂行李挤了上去。他尽量笑着挥手向亲人们告别。而并不知道两颗泪珠早已从他的脸颊上滑落下来……

赏 析

《平凡的世界》是路遥的一部长篇巨著，作品中的时间变化跨越了十年，主要反映了城乡人物的社会生活变化。这篇巨作的主人公是一对兄弟，叫孙少安和孙少平，他们是命运的斗争者，在困苦的生活中自强不息。他们不是民族英雄，但是却是自己平凡生活中的英雄。一个时代的代表人物只能代表时代的一个方面，而平凡的人才是时代的负荷者和主宰者。《平凡的世界》正是这样一部平淡却质朴的作品，平凡的劳动人民的生活图景感动着我们读者。作者用这样的一部作品让我们明白，简单、平凡和困苦才是生活的真正意义。

思考练习

1. 分析孙少平的人物形象。

2. 在村里和家里的生活发生翻天覆地变化的时候，为什么孙少平却陷入了极大的苦恼之中？

家国天下篇

秋兴八首[①]（其一）

杜　甫

文学常识

杜甫（712年—770年），字子美，自号少陵野老。唐代伟大的现实主义诗人。有《杜少陵集》。原籍襄阳（今湖北襄樊襄阳区），自其曾祖时迁居巩县（今河南巩义）。天宝六载（747年）应进士举，未第，遂客居都城长安。曾住长安杜陵附近之少陵，故世称杜少陵。安史之乱期间，他历经离乱，备尝艰辛。先寄身于秦州、同谷等地，后携妻儿入蜀，辗转漂泊于梓州、阆州、夔州诸地近十年。代宗大历年间离蜀东归，不久即病逝于湘江舟中。在蜀时，曾得西川节度使严武举荐，得授检校工部员外郎职衔，后世因称其为杜工部。

杜甫是唐代，也是我国古代最重要的诗人之一。他的众多诗篇都深刻地反映了唐王朝由盛转衰过程中的时代风貌和社会动荡，被后人誉为“诗史”。杜甫诗各体皆长，在艺术上达到炉火纯青的境界，终以沉郁顿挫的风格、千锤百炼的语言、精细老成的诗律，被后世推崇为“诗圣”，与“诗仙”李白并称为“李杜”，成为中国诗史上最耀眼的“双子星座”。

① 《秋兴八首》是唐代宗大历元年（766年）杜甫漂泊寄居夔州（今四川奉节）时所作的八首七律组诗，这里选取的是其中的一首。秋兴，因秋色秋景而感发情怀。

玉露凋伤枫树林[①]，巫山巫峡气萧森[②]。
江间波浪兼天涌[③]，塞上风云接地阴[④]。
丛菊两开他日泪[⑤]，孤舟一系故园心[⑥]。
寒衣处处催刀尺[⑦]，白帝城高急暮砧[⑧]。

译文

枫树在深秋露水的侵蚀下逐渐凋零、残伤，巫山和巫峡也笼罩在萧瑟阴森的迷雾中。巫峡里面波浪滔天，上空的乌云则像是要压到地面上来似的，天地一片阴沉。花开花落已两载，看着盛开的花，想到两年未曾回家，就不免伤心落泪。小船还系在岸边，虽然我不能东归，飘零在外的我，心却长系故园。又在赶制冬天御寒的衣服了，白帝城上捣制寒衣的砧声一阵紧似一阵。

赏析

杜甫创作本诗时，持续八年的安史之乱虽然结束，但吐蕃、回纥入侵，使边关烽火不断，战乱频仍；国内的藩镇割据，使时局动荡不安，民生艰难。此时，严武去世，杜甫在成都生活失去凭依，遂沿江东下，滞留夔州。

此刻的诗人，晚年多病，知交零落，壮志难酬，心境抑郁。《秋兴八首》是大历元年(766 年)秋杜甫在夔州时所作的一组七言律诗，因秋而感发诗兴，故曰“秋兴”。杜甫自乾元二年（759 年）弃官，至当时已历七载，战乱频仍，国无宁日，人无定所，当此秋风萧瑟之时，滞留夔州，想念故园，不免触景生情。因写下这组诗。

《秋兴八首》以宏阔的意境、悲壮的笔调，渲染了唐王朝由盛转衰的苍凉气象和诗人关心国家命运的深挚感情。

“其一”以自然景物意象起兴，总领八首之景色和情调。前四句写出清秋肃杀冷清、国内动荡，边关不宁的现实情景，蕴藉着诗人处境的窘迫和对时局的忧虑，写出了“自然之秋”“国家之秋”和“个人之秋”。后四句先以“丛菊两开”“孤舟一系”引发诗人对

---

① 玉露：白露的美称。凋伤：指树木因霜打而凋残。

② 气萧森：气象萧索阴森。

③ 兼天涌：连天涌，波浪滔天。

④ 塞：关隘险地曰塞。此处指巫峡两边的高山。一说指夔州。

⑤ “丛菊”句：意谓寄居夔州已经两年，东归之愿仍难实现，每见菊花绽放就流泪。杜甫于永泰元年（765 年）夏离开成都，次年三月至夔州，因无船出三峡而滞留两年。开：双关，既指花开，又启引人忆想往事而伤心落泪之深意。他日泪：因想往事而流泪。一说“他日”指将来。

⑥ 系：双关，既指系船，滞留夔州，不得东归，又含牵系家国淤积思念之浓情。故园心：指思念京师长安之心。故园：即故乡。杜甫一贯把长安看作自己的第二故乡。

⑦ 寒衣：御寒的冬衣。催刀尺：急着赶制衣服。刀、尺，都是裁剪衣服的工具。

⑧ 白帝城：地名，在今四川奉节东面的白帝山上。砧（zhēn）：捣衣石。

昔日长安昌隆繁华的深深思念，烘染自己不能东归的浓烈伤感；再用寒冬逼近、万户捣衣声来渲染气氛的萧瑟凄凉和诗人内心的寂寥惆怅。

从艺术上来，《秋兴八首》蝉联一体，整体结构、表现手法、声情格律均臻于完美。诗人胸怀深挚沉痛之思，发为抑扬顿挫、雄浑博丽之词，包蕴着难以言说的苦衷：时局动荡不安，边关战乱频仍，自己年过半百，却不能施展才华，有所作为，由此可见诗人当时抑郁悲怆的心境。

《秋兴八首》组诗，体现出晚期杜诗思想上更加复杂深沉，艺术上更加圆熟老到，风格上更加沉郁顿挫的特点。

思考练习

1. 前人曾说这首诗是情景“和谐统一的典范”，你是否同意此说？请结合诗中的某一句来鉴赏。
2. 有人评价此诗“意境恢宏，气势磅礴”，请结合诗句简要分析。
3. 本诗抒发了什么样的感情？在抒情方法的运用上有什么特点？

关 山 月

陆 游

关山月

文学常识

陆游（1125 年—1210 年），宋代爱国诗人、词人。字务观，号放翁，越州山阴（今浙江绍兴）人。少时受家庭爱国思想熏陶，高宗时应礼部试，为秦桧所黜。孝宗时赐进士出身。中年入蜀，投身军旅生活，官至宝章阁待制。晚年退居家乡，但收复中原信念始终不渝。他具有多方面文学才能，尤以诗的成就为最，在生前即有“小李白”之称，不仅成为南宋一代诗坛领袖，而且在中国文学史上享有崇高地位，存诗 9300 多首，是文学史上存诗最多的诗人，内容极为丰富，抒发政治抱负，反映人民疾苦，风格雄浑豪放；抒写日常生活，也多清新之作。词作量不如诗篇巨大，但和诗同样贯穿了气吞残虏的爱国主义精神。有《剑南诗稿》《渭南文集》《南唐书》《老学庵笔记》《放翁词》《渭南词》等数十个文集传世。

和戎诏[①]下十五年[②]，将军不战空临边[③]。
朱门[④]沉沉[⑤]按歌舞[⑥]，厩[⑦]马肥死弓断弦。
戍楼刁斗催落月[⑧]，三十从军今白发。
笛[⑨]里谁知壮士[⑩]心，沙头[⑪]空照征人骨。
中原干戈[⑫]古亦闻，岂有逆胡传子孙[⑬]！
遗民[⑭]忍死[⑮]望恢复[⑯]，几处今宵垂泪痕。

译文

与金议和的诏书已发布十五年，可笑将军们不战只是空来防边。
豪门府第终日沉溺于宴乐歌舞，可叹战马肥死厩房弓箭断了弦。
边疆戍楼的刁斗声声催下落月，可怜战士三十从军今日已白发。
羌笛幽怨可谁能理解战士的心？月色凄凉空照沙场战士的遗骨。
中原大地古来战争不断地发生，而今只能让逆胡在此传子生孙？
遗民忍死偷生盼望着失地收复，今夜不知有多少人流泪望月轮！

赏析

《关山月》是南宋诗人陆游创作的一首七言古诗。全诗每四句分为一个层次，三个层次分别选取同一月夜下三种人物的不同境遇和态度，作为全诗的结构框架，语言极为简练概括而内涵却又十分丰富深广。一边是豪门贵宅中的文武官员，莺歌燕舞，不思复国；一边是戍边战士，百无聊赖，报国无门；一边是中原遗民，忍辱含垢，泪眼模糊，盼望统一。这三个场景构成了三幅对比鲜明的图画，痛斥了南宋朝廷文恬武嬉、不恤国难的态

① 和戎诏：与金人议和的诏书。和戎：古代指与“戎狄”讲和，宋人的“和戎”指的是对女真族的屈服。戎：古时对西方少数民族的泛称，这里指金人。诏：皇帝颁发的命令。

② 十五年：孝宗于隆兴元年（1163 年）下诏和戎，次年派王之望与金人议和，至陆游作此诗时正好 15 年。

③ 空临边：白白地来到边境巡防。空：没有结果的，白白的。临边：巡防边境。临：到。

④ 朱门：指古代豪门贵族的府宅。因其门多漆为朱红色，故称朱门。

⑤ 沉沉：形容屋宇庭院的深邃。

⑥ 按歌舞：按照节拍表演歌舞。按：打拍子。

⑦ 厩（jiù）：马棚。

⑧ 此句的意思是：戍楼上的刁斗声催着月亮下落，岁月就这样空空地流逝了。戍楼：边界用以守望、警戒的岗楼。刁斗：古代一种军用锅，铜制，有柄，三脚。白天用来烧饭，夜间巡守报更时敲打，也可作为行军信号。

⑨ 笛：指羌笛，这里借指《关山月》的曲调。

⑩ 壮士：指守边战士。

⑪ 沙头：指沙场。

⑫ 干戈：古代兵器，干为盾，戈为戟，这里指战争。

⑬ “岂有”句：哪有异族能占据中原传子孙的呢？金灭掉北宋后，已经历完颜晟、完颜亶、完颜亮、完颜雍四朝三代，时间太久了。逆胡：指女真贵族。

⑭ 遗民：指女真贵族统治下的中原地区人民。

⑮ 忍死：指在死亡线上挣扎，有所期待。

⑯ 望恢复：盼望着早一天复国。

度，表现了爱国将士报国无门的苦闷以及中原百姓切望恢复的愿望，体现了诗人忧国忧民、渴望统一的爱国情怀。

思考练习

1. 这首诗的层次及各层的含义是什么?
2. 这首诗表现了什么样的思想感情?
3. 这首诗具有什么样的艺术特点?
4. 找出诗中的典型事物和典型场景，并分析其表现作用。

声声慢

李清照

声声慢

文学常识

李清照（1084 年—1155 年），号易安居士，济南人。宋代女词人，婉约词派代表，有“千古第一才女”之称。

李清照出身于书香门第，早期生活优裕，其父李格非藏书甚富，她小时候就在良好的家庭环境中打下文学基础。出嫁后与丈夫赵明诚共同致力于书画金石的搜集整理。金兵入据中原时，流寓南方，境遇孤苦。前期词作多写其悠闲生活，后期多悲叹身世，情调感伤。形式上善用白描手法，自辟途径，语言清丽。论词强调协律，崇尚典雅，提出词“别是一家”之说，反对以作诗文之法作词。能诗，留存不多，部分篇章感时咏史，情辞慷慨，与其词风不同。

有《李易安集》《易安居士文集》《易安词》，已散佚。后人辑有《漱玉集》《漱玉词》。今有《李清照集》辑本。

寻寻觅觅①，冷冷清清，凄凄惨惨戚戚②。乍暖还寒时候③，最难将息④。三杯两盏淡酒，怎敌他、晚来风急⑤？雁过也，正伤心，却是旧时相识。

满地黄花堆积。憔悴损⑥，如今有谁堪摘⑦？守着窗儿⑧，独自怎生得黑⑨？梧桐更兼

① 寻寻觅觅：意谓想把失去的一切都找回来，表现非常空虚怅惘、迷茫失落的心态。
② 凄凄惨惨戚戚：忧愁苦闷的样子。
③ 乍暖还（huán）寒：指秋天的天气，忽然变暖，又转寒冷。
④ 将息：旧时方言，休养调理之意。
⑤ 怎敌他：对付，抵挡。晚：一本作“晓”。
⑥ 损：表示程度极高。
⑦ 堪：可。
⑧ 著：亦写作“着”。
⑨ 怎生：怎样的。生：语助词。

细雨[1]，到黄昏、点点滴滴。这次第[2]，怎一个愁字了得[3]！

译文

苦苦地寻寻觅觅，却只见冷冷清清，怎不让人凄惨悲戚。乍暖还寒的时节，最难保养休息。喝三杯两杯淡酒，怎么能抵得住早晨的寒风急袭？一行大雁从眼前飞过，更让人伤心，因为都是旧日的相识。

园中菊花堆积满地，都已经憔悴不堪，如今还有谁来采摘？冷清清地守着窗子，独自一个人怎么熬到天黑？梧桐叶上细雨淋漓，到黄昏时分，还是点点滴滴。这般情景，怎么能用一个“愁”字了结！

赏析

这是李清照南渡以后的一首震动词坛的名作。通过秋景秋情的描绘，抒发国破家亡、天涯沦落的悲苦，具有时代色彩。在结构上打破了上下片的局限，全词一气贯注，着意渲染愁情，如泣如诉，感人至深。首句连下十四个叠字，形象地抒写了作者的心情。下文“点点滴滴”又前后照应，表现了作者孤独寂寞的忧郁情绪和动荡不安的心境。全词一字一泪，缠绵哀怨，极富艺术感染力。

思考练习

1. 这首词的主旨句是“这次第怎一个愁字了得”，请概括这“愁”具体包含了哪些内容？作者是怎样抒发这愁情的？
2. 请赏析本词的语言特色。

水龙吟·登建康赏心亭[4]

辛弃疾

文学常识

辛弃疾（1140 年—1207 年），原字坦夫，改字幼安，别号稼轩，历城（今山东济南）人。出生时，中原已为金兵所占。21 岁参加抗金义军，不久归南宋。历任湖北、

① 梧桐更兼细雨：暗用白居易《长恨歌》“秋雨梧桐叶落时”诗意。
② 这次第：这光景、这情形。
③ 怎一个愁字了得：一个“愁”字怎么能概括得尽呢？
④ 建康：今南京市。赏心亭：在建康下水门城上，下临秦淮河。遗址在今南京水西门。

江西、湖南、福建、浙东安抚使等职。一生力主抗金。其艺术风格多样，以豪放为主曾上《美芹十论》与《九议》，现存词600多首，条陈战守之策。其词抒写力图恢复国家统一的爱国热情，倾诉壮志难酬的悲愤，对当时执政者的屈辱求和颇多谴责；也有不少吟咏祖国河山的作品。题材广阔又善化用前人典故入词，风格沉雄豪迈又不乏细腻柔媚之处。由于与当政的主和派政见不合，后被弹劾落职，退隐。1207年秋，辛弃疾逝世，享年68岁。《破阵子·为陈同甫赋壮词以寄之》《永遇乐·京口北固亭怀古》《水龙吟·登建康赏心亭》《菩萨蛮·书江西造口壁》等均有名。但部分作品也流露出抱负不能实现而产生的消极情绪。有《稼轩长短句》。今人辑有《辛稼轩诗文钞存》。

楚天①千里清秋，水随天去秋无际。遥岑远目②，献愁供恨，玉簪螺髻③。落日楼头，断鸿④声里，江南游子⑤。把吴钩⑥看了，栏杆拍遍，无人会，登临意⑦。

休说鲈鱼堪脍，尽西风，季鹰归未⑧？求田问舍，怕应羞见，刘郎才气⑨。可惜流年⑩，忧愁风雨，树犹如此⑪！倩⑫何人唤取，红巾翠袖⑬，揾英雄泪⑭？

译　文

楚天千里辽阔一派凄清秋色，长江水随天流去秋色无边际。极目眺望北国崇山峻岭的风景，他们仿佛都在传送幽怨仇恨，就好似碧玉发簪和螺形发髻的形状。夕阳西下之时落日斜挂楼头，孤雁悲啼声里游子悲愤压抑，吴钩把玩不已拍遍九曲栏杆，没人能理会我登楼远眺之心。

别提家乡的鲈鱼肉精细味美，尽管西风吹起，季鹰归来了吗？许汜只顾求田问舍谋取

① 楚天：长江中下游一带为古代楚国的辖地，这里以此泛指南方的天空。

② 遥岑：远处的山峰。岑：小而高的山。目：望。

③ 玉簪螺髻：女子头上的碧玉簪和螺形发髻，这里用以比喻山的形状。

④ 断鸿：离群的孤雁。

⑤ 游子：离开故乡漂泊在外的人。

⑥ 吴钩：古代吴地打造的一种弯形的宝刀。这里泛指刀、剑。看吴钩：表示志在杀敌。

⑦ 会：领会，理解。登临：登山临水望远。

⑧ 脍：把鱼肉切细。尽：尽管。季鹰：晋人张翰的字，吴郡吴县（今苏州）人。他在洛阳做官时，因见秋风起，联想到家乡的莼羹、鲈鱼脍，便弃官归乡，《世说新语·识鉴》《晋书·张翰传》均有记载。

⑨ 求田问舍：买田置屋。刘郎：刘备。“求田”三句典出《三国志·魏书·陈登传》：许汜去见陈登时，陈登让许汜睡床下而自己睡大床，此事令许汜大为不满，并把这事告诉刘备。刘备对许汜只注重个人生活而不关注国家大事的行为甚为不满，指责许汜只顾“求田问舍”，并说，“如果是我，我就要自己睡在百尺高的楼上，而让你睡在地上。”

⑩ 流年：年华如流水般逝去。

⑪ 树犹如此：典出《世说新语·言语》，“桓公（桓温）北征，经金城，见前为琅讶时种柳皆已十围，慨然曰：‘木犹如此，人何以堪！’攀枝执条，泫然流泪。”作者以此感叹年华如逝水而壮志未酬。

⑫ 倩：请。

⑬ 红巾翠袖：古代年轻女子装束，这里借指歌女。

⑭ 揾（wèn）：拭，擦。

私利，恐怕将羞于去见雄才大气的刘备。可惜时光如水逝去，忧愁国势风雨飘摇，真像桓温所说“树也已经长这么大了”！叫谁去请那红巾翠袖多情歌女，来为我擦去英雄失志的热泪？

赏　析

《水龙吟·登建康赏心亭》是南宋文学家辛弃疾创作的一首词。全词就登临所见挥发，由写景进而抒情，情和景融合无间，将内心的感情写得既含蓄而又淋漓尽致。虽然出语沉痛悲愤，但整首词的基调还是激昂慷慨的，表现出辛词豪放的风格特色。

思考练习

1. “遥岑远目，献愁供恨，玉簪螺髻”一句的景物描写具有怎样的特点？
2. 简述本词的表现手法及所表达的思想情怀。

五代史伶官传序①

欧阳修

文学常识

欧阳修（1007 年—1072 年），字永叔，自号醉翁、六一居士，吉州永丰（今属江西）人。北宋著名文学家、史学家，“唐宋八大家”之一。有《欧阳文忠公集》《新五代史》《新唐书》（与宋祁合撰）等。宋仁宗天圣八年（1030 年）中进士，庆历三年（1043 年）任谏官。为人耿直，敢于谏诤，因支持范仲淹的“庆历革新”，遭到守旧派的排挤和打击，屡遭贬谪。王安石执政后，辞官退隐，死后追封为太师，谥“文忠”。

欧阳修以天下为己任，是北宋诗文革新运动公认的文坛领袖，文学贡献以散文为主，主张文章应“明道”“致用”“事信”“言文”，反对宋初浮艳文风，倡导效法韩愈，在诗、词方面也颇具影响。他的散文风格平易流畅、委曲婉转，其散文的妙处是在平易流畅中富于曲折变化。

呜呼！盛衰之理，虽曰天命，岂非人事哉！原庄宗之所以得天下，与其所以失之者，可以知之矣。

① 本文是欧阳修所著《五代史记》中《伶官传》的序文。伶官：古代宫廷乐官。这里指五代后唐庄宗李存勖时供奉内廷并授有官职的伶人。

世言晋王之将终也①，以三矢赐庄宗而告之曰②："梁③，吾仇也；燕王④，吾所立；契丹与吾约为兄弟⑤，而皆背晋以归梁。此三者，吾遗恨也。与尔三矢⑥，尔其无忘乃父之志⑦！"庄宗受而藏之于庙⑧，其后用兵，则遣从事以一少牢告庙⑨，请其矢⑩，盛以锦囊，负而前驱，及凯旋而纳之⑪。

方其系燕父子以组⑫，函梁君臣之首⑬，入于太庙，还矢先王，而告以成功，其意气之盛，可谓壮哉！及仇雠已灭⑭，天下已定，一夫夜呼，乱者四应⑮，仓皇东出，未及见贼而士卒离散⑯，君臣相顾，不知所归。至于誓天断发，泣下沾襟⑰，何其衰也！岂得之难而失之易欤？抑本其成败之迹⑱，而皆自于人欤？《书》曰⑲："满招损，谦得益⑳。"忧劳可以兴国，逸豫可以亡身㉑，自然之理也。

故方其盛也，举天下之豪杰，莫能与之争；及其衰也，数十伶人困之，而身死国灭㉒，为天下笑。夫祸患常积于忽微，而智勇多困于所溺，岂独伶人也哉！作《伶官传》。

---

① 晋王：指庄宗的父亲李克用。李克用在唐朝末年占据了今山西一带，因参与镇压黄巢起义有功，被唐朝赐姓李，封为晋王。将终：临死。

② 矢：箭。

③ 梁：指后梁太祖朱温。朱温原是黄巢起义军将领，叛变降唐，被封为梁王，赐名朱全忠。后篡唐自立，国号梁。他曾企图杀害李克用，因而两家结下世仇，互相攻伐。

④ 燕王：指刘仁恭。刘仁恭本为燕将，李克用支持他夺取幽州，并保举他为卢龙节度使，所以说"吾所立"。后叛李克用归附朱温，朱封他的儿子刘守光为燕王。这里称刘仁恭为燕王，是追叙之词。

⑤ 契丹：北方少数民族。这里指契丹族首领耶律阿保机。约为兄弟：李克用曾与阿保机结拜兄弟，约定合力攻梁，不久阿保机背约，与梁通好，共同反晋。

⑥ 尔：你。

⑦ 乃父：你的父亲。李克用自称。

⑧ 庙：太庙，帝王的祖庙。

⑨ 从事：官名，这里泛指一般属吏。少牢：旧时用猪、羊各一头祭祀，叫少牢。告：祭告。

⑩ 请：敬语，"取出"之意。

⑪ 纳：放回。

⑫ 方：当。系燕父子以组：用绳索捆绑燕王父子。公元913年，李存勖攻破幽州，俘获刘仁恭父子，押回太原，斩首献于太庙。系：捆缚。燕父子：指刘仁恭与刘守光。组：绳索。

⑬ 函梁君臣之首：把梁王君臣的首级装在匣子里。公元923年，李存勖攻破大梁，梁末帝朱友贞（朱全忠之子）及其部将皇甫麟自杀，李砍其首级，装匣献于太庙。函：木匣，这里作动词用。梁君臣：指朱友贞与皇甫麟。

⑭ 仇雠（chóu）：仇敌。

⑮ "一夫"二句：公元926年，驻扎在贝州的军士皇甫晖发动兵变，周围驻军纷纷响应，李存勖派成德军节度使李嗣源前往平乱，李嗣源也叛变称帝，反攻后唐京城洛阳。一夫：指皇甫晖。

⑯ "仓皇"二句：李存勖闻变，仓促率军东进至万胜镇，闻李嗣源已占据大梁（今河南开封），引兵折返洛阳，所率二万余官兵叛逃殆尽。仓皇：仓促。

⑰ "至于"二句：李存勖率部至洛阳附近的石桥，君臣对泣，部将百余人拔刀断发，向天立誓，表示效忠。

⑱ 抑：还是。本：探究。

⑲ 《书》：即《尚书》，儒家经典之一。

⑳ "满招损"二句：《尚书》原文为"满招损，谦受益"。

㉑ 逸豫：安乐。

㉒ "数十"二句：李存勖灭梁后，纵情声色，朝政日非。宠信伶人郭从谦等人，郭乘机作乱，李存勖中流矢而死。李克用养子李嗣源继帝位，后唐国号虽不变，但已名存实亡，所以说"国灭"。

译　文

唉！盛衰的道理，虽说是天命决定的，难道说不是人事造成的吗？推究庄宗所以取得天下，与他所以失去天下的原因，就可以明白了。

世人传说晋王临死时，把三支箭赐给庄宗，并告诉他说："梁国是我的仇敌，燕王是我推立的，契丹与我约为兄弟，可是后来都背叛我去投靠了梁。这三件事是我的遗恨。交给你三支箭，你不要忘记你父亲报仇的志向。"庄宗受箭收藏在祖庙。以后庄宗出兵打仗，便派手下的随从官员，用猪羊去祭告祖先，从宗庙里恭敬地取出箭来，装在漂亮的丝织口袋里，使人背着在军前开路，等打了胜仗回来，仍旧把箭收进宗庙。

当他用绳子绑住燕王父子，用小木匣装着梁国君臣的头，走进祖庙，把箭交还到晋王的灵座前，告诉他生前报仇的志向已经完成，他那神情气概，是多么威风！等到仇敌已经消灭，天下已经安定，一人在夜里发难，作乱的人四面响应，他慌慌张张出兵东进，还没见到乱贼，部下的兵士就纷纷逃散，君臣们你看着我，我看着你，不知道哪里去好；到了割下头发来对天发誓，抱头痛哭，眼泪沾湿衣襟的可怜地步，怎么那样的衰败差劲呢！难道说是因为取得天下难，而失去天下容易才像这样的吗？还是认真推究他成功失败的原因，都是由于人事呢？《尚书》上说："自满会招来损害，谦虚能得到益处。"忧劳可以使国家兴盛，安乐可以使自身灭亡，这是自然的道理。

因此，当他兴盛时，普天下的豪杰，没有谁能和他相争；到他衰败时，数十个乐官就把他困住，最后身死国灭，被天下人耻笑。祸患常常是由一点一滴极小的错误积累而酿成的，纵使是聪明有才能和英勇果敢的人，也多半沉溺于某种爱好之中，受其迷惑而结果陷于困穷，难道只有乐工（是所溺的成分）吗？于是作《伶官传》。

赏　析

本文是《五代史·伶官传》的一篇序文，也是一篇论证严密的史论。

欲抑先扬，正反对比的论证结构。

作者先写后唐庄宗李存勖艰苦创业、统一中原的功绩，再写他骄纵享乐、身死国灭为天下笑的结局，通过盛与衰、兴与亡、得与失、成与败的鲜明对比，进而提炼出一个重要史学观点："盛衰之理，虽曰天命，岂非人事哉！"作者借此强调的是：一个国家政权的盛衰兴亡，主要取决于人事，而不是天命。这反映了作者清醒而正确的历史意识。

文风雄健气势，行文跌宕顿挫，表达情见乎辞。本文意在劝谏宋朝统治者以史为鉴，莫重蹈覆辙，但行文情感外溢。如开篇的"呜呼"二字，以唱叹起笔，使人警醒。

适时提出与中心相关的警诫性短语，如"满招损，谦得益""忧劳可以兴国，逸豫可以亡身""夫祸患常积于忽微，而智勇多困于所溺"。

而每段短尾的抒情更是慷慨淋漓，充满艺术感染力。如"岂非人事哉！""可谓壮哉！""何其衰也！""岂独伶人也哉！"。

思考练习

方其系燕父子以组，函梁君臣之首，入于太庙，还矢先王，而告以成功，其意气之盛，可谓壮哉！及仇雠已灭，天下已定，一夫夜呼，乱者四应，仓皇东出，未及见贼而士卒离散，君臣相顾，不知所归，至于誓天断发，泣下沾襟，何其衰也！岂得之难而失之易欤？抑本其成败之迹，而皆自于人欤？

1. 这段文字的中心论点是什么？
2. 概括此段的论据。
3. 作者用什么方法突出体现中心论点？

北　方[1]

艾　青

文学常识

艾青（1910 年—1996 年），原名蒋海澄，浙江金华人。现当代著名诗人。1928 年入学中华民国国立西湖艺术学院绘画系。1929 年赴法国勤工俭学。1932 年回国后即投入革命文艺运动，并致力于诗歌创作。后赴延安，曾任《诗刊》主编。1979 年当选为中国作家协会副主席。艾青的诗歌创作与现实紧密结合，及时而强烈地传达了时代的呼唤和人民的心声。在艺术上，则追求深沉的审美意象和提倡自由流动的形式，推动了中国现代新诗的发展，在现当代诗坛有较大影响。先后出版了二十多本诗集，主要有《大堰河》《北方》《向太阳》《火把》《归来的歌》等。

一天
那个科尔沁草原上的诗人[2]
对我说：
“北方是悲哀的。”
不错
北方是悲哀的。

① 本诗写于 1938 年，最早收入 1939 年出版的诗集《北方》。

② 科尔沁草原上的诗人：指端木蕻良（1912 年—1996 年），原名曹京平，辽宁昌图人，现代作家，1933 年创作了长篇小说《科尔沁旗草原》。科尔沁为蒙古旧部名，明末归附后金（后改国号为清），所属有科尔沁左翼前、中、后旗与右翼前、中、后旗，在今内蒙古东部。这一带的草原被称为“科尔沁草原”。

从塞外吹来的
沙漠风，
已卷去北方的生命的绿色
与时日的光辉
——一片暗淡的灰黄
蒙上一层揭不开的沙雾；
那天边疾奔而至的呼啸
带来了恐怖
疯狂地
扫荡过大地；
荒漠的原野
冻结在十二月的寒风里，
村庄呀，山坡呀，河岸呀，
颓垣与荒冢呀
都披上了土色的忧郁……
孤单的行人，
上身俯前
用手遮住了脸颊，
在风沙里
困苦地呼吸
一步一步地
挣扎着前进……
几只驴子
——那有悲哀的眼
和疲乏的耳朵的畜生，
载负了土地的
痛苦的重压，
它们厌倦的脚步
徐缓地踏过
北国的
修长而又寂寞的道路……
那些小河早已枯干了
河底也已画满了车辙，
北方的土地和人民
在渴求着

那滋润生命的流泉啊！
枯死的林木
与低矮的住房
稀疏地，阴郁地
散布在灰暗的天幕下；
天上，
看不见太阳，
只有那结成大队的雁群
惶乱的雁群
击着黑色的翅膀
叫出它们的不安与悲苦，
从这荒凉的地域逃亡
逃亡到
绿荫蔽天的南方去了……
北方是悲哀的
而万里的黄河
汹涌着混浊的波涛
给广大的北方
倾泻着灾难与不幸；
而年代的风霜
刻划着
广大的北方的
贫穷与饥饿啊。
而我
——这来自南方的旅客，
却爱这悲哀的北国啊。
扑面的风沙
与入骨的冷气
决不曾使我咒诅；
我爱这悲哀的国土，
一片无垠的荒漠
也引起了我的崇敬
——我看见
我们的祖先
带领了羊群

吹着篙笛
沉浸在这大漠的黄昏里；
我们踏着的
古老的松软的黄土层里
埋有我们祖先的骸骨啊，
——这土地是他们所开垦
几千年了
他们曾在这里
和带给他们以打击的自然相搏斗，
他们为保卫土地
从不曾屈辱过一次，
他们死了
把土地遗留给我们——
我爱这悲哀的国土，
它的广大而瘦瘠的土地
带给我们以淳朴的言语
与宽阔的姿态，
我相信这言语与姿态
坚强地生活在土地上
永远不会灭亡；
我爱这悲哀的国土，
古老的国土
——这国土
养育了为我所爱的
世界上最艰苦
与最古老的种族。

一九三八年二月四日
潼关

赏 析

本诗写于1938年2月。当时，诗人正和萧红、萧军、聂绀弩、端木蕻良、张仃等一批作家，去山西民族革命大学执教，途经陕西潼关。当时，正是抗日战争全面爆发的时刻，诗人目睹了北国大地一派荒凉、阴郁和纷乱的景色，心灵受到极大震动。

一位朋友的感叹“北方是悲哀的”更触发了艾青的诗情。他便满怀深情地吟唱出对北国大地和人民的悲哀、同情和挚爱，同时也表达了全民族追求进步、渴望光明的理想主义情怀。

在诗篇中,“土地”成了最醒目、最富于象征意义的意象。“我爱这悲哀的国土”的诗句,更成为贯串全诗、重复迭现、回肠荡气的主旋律。

艺术上,为了创造“北国大地”的鲜明意象,诗人借鉴了许多现代绘画的手法,运用光线、色彩和声音来描绘场景,营造氛围,喻示情怀,极大地丰富了诗作的表现力和艺术美。

同时,诗人自觉追求诗歌的散文美,成功地运用了新体自由诗的形式。整首诗既没有固定的诗节、诗行和字数,也没有明显的韵脚与限制,但整首诗却充满着诗的旋律、诗的意境、诗的韵味,既表现了诗意的生活,又抒写了生活的诗意。

思考练习

发　现

闻一多

文学常识

闻一多(1899年—1946年),本名闻家骅,字友三,1899年11月24日生于湖北浠水县巴河镇,中国现代诗人、学者、民主战士。

1905年,进入绵葛轩小学读书。1912年,考入北京清华学校乙班。1914年6月,论文《名誉谈》发表。1919年2月,成为《清华学报》编辑。1920年,编成诗集《古瓦集》《真我集》。1923年3月16日,长诗《园内》写定;9月,出版第一本新诗集《红烛》。1924年6月,毕业于科罗拉多大学。1925年1月上旬,参与发起“中华戏剧改进社”;7月,诗《七子之歌》发表;9月,被聘为北京美术专门学校筹备专员。1927年2月,担任武汉国民革命军政治部艺术股长。1928年1月,诗集《死水》出版。1932年8月,任清华大学国文系教授。1936年1月,论文《离骚解诂》发表。1943年,组织十一学会。1945年3月,联名发表《昆明文化界关于挽救当局危局的主张》。1946年7月15日,在悼念李公朴先生大会上,斥责国民党暗杀李公朴的罪行,下午,被国民党特务暗杀。

我来了,我喊一声,迸着血泪,
“这不是我的中华,不对,不对!”
我来了,因为我听见你叫我;

鞭着时间的罡风，擎一把火，[1]
我来了，不知道是一场空喜。
我会见的是噩梦，哪里是你？
那是恐怖、是噩梦挂着悬崖，[2]
那不是你，那不是我的心爱[3]！
我追问青天，逼迫八面的风，
我问，拳头擂着大地的赤胸[4]，
总问不出消息；我哭着叫你，
呕出[5]一颗心来，——在我心里！

赏　析

《发现》一诗见于诗集《死水》，是闻一多爱国诗篇最重要的代表作之一。从内容上看，当作于闻一多回国不久。它是诗人爱与恨的结晶，表现的是诗人归国之后，对当时军阀混战下的残破祖国的失望和愤懑。一九二五年，作者怀着日夜思念祖国的心情从美国回来了。但是他回来后，“发现”眼前山河破碎、民不聊生的祖国，和他在国外所想象、所希望的祖国完全两样。这使他深深失望和痛苦，《发现》正是抒发的这种感情。诗一开始，那一声“迸着血泪”的悲愤呼喊，立即震动了读者的心弦。接着用“一场空喜”反衬出诗人在国外对祖国的美好希望；用“噩梦”“恐怖”“噩梦挂在悬崖”，比拟、形容令人失望的祖国现实，都显得极为精练、概括。“我追问青天，逼迫八面的风”“我问，拳头擂着大地的赤胸”，这些诗句，极富有想象地写出了诗人盼望见到理想祖国的如痴如狂的急切心情。读来夺人心魄！从开头的“迸着血泪”的呼喊，到最后一句呕出一颗赤心，全诗大起大落，充分表达了诗人发自心灵深处的对祖国的真情挚爱。尤其结尾一句，不仅情感炽烈，感人肺腑，而且构思巧妙，立意新颖，体现诗人艺术功力的高超。

思考练习

1. 诗的标题“发现”有什么含义？诗人“发现”了什么？

2. 诗人说：“我会见的是噩梦，哪里是你？”又说：“那是恐怖，是噩梦挂着悬崖。”据此说说这个意象表达了诗人怎样的思想感情？

3. 这首诗在形式上有哪些特点？

---

① 罡风：道家称天空极高处的风，即罡风，又指强烈的风。擎：指往上托，或举着。

② 恐怖、噩梦、悬崖：是三个比喻，也是三个意象，是诗人对现实的高度概括，指可怕、黑暗丑陋和危机四伏的现实景象。

③ 心爱：此处拟人写法，指祖国。擂着：指敲打。

④ 赤胸：即裸露的胸膛。赤：指裸露，但诗中的赤也指朱红的颜色，与青天相衬。

⑤ 呕出：指吐出。

毛泽东诗词（两首）

文学常识

"毛泽东同志是伟大的马克思主义者，伟大的无产阶级革命家、战略家、理论家，是马克思主义中国化的伟大开拓者，是近代以来中国伟大的爱国者和民族英雄，是党的第一代中央领导集体的核心，是领导中国人民彻底改变自己命运和国家面貌的一代伟人。""是中国共产党、中国人民解放军、中华人民共和国的主要缔造者，中国各族人民的伟大领袖。"

毛泽东也是一位非常杰出的诗人。作为诗人，毛泽东为我们留下了一份极为宝贵的文化遗产——毛泽东诗词。毛泽东在诗词创作中，既写过律诗、绝句，也运用《沁园春》《念奴娇》《满江红》《西江月》《清平乐》《浪淘沙》和《水调歌头》等20种词牌填过词。相比之下，毛泽东对自己写的诗不甚满意，而对词即长短句稍觉满意些。当然这是毛泽东十分谦逊的体现。在此前已公开发表的毛泽东67首诗词中，诗与词各近一半，分别是33首和34首。毛泽东生前同意发表的绝大部分是词，后来发表的一些诗大多是他当年不愿发表的。

沁园春·长沙①

毛泽东

独立寒秋②，湘江北去，橘子洲③头。
看万山红遍，层林尽染④；
漫江碧透，百舸⑤争流。
鹰击长空，鱼翔浅底⑥，万类霜天竞自由⑦。

---

① 选自《毛泽东诗词集》（中央文献出版社1996年版）。沁园春：词牌名，相传为东汉明帝女儿沁水公主园，后来被外戚窦宪仗势夺取，有人作诗咏其事，此词牌由此得名。

② 寒秋：即深秋，深秋已有寒意。

③ 橘子洲：又名水陆洲，在长沙西面的湘江中的一个狭长的小岛。

④ 层林尽染：山上一层层的树林经霜打变红，像染过一样。

⑤ 舸（gě）：大船。这里泛指船只。

⑥ 鹰击长空，鱼翔浅底：鹰在广阔的天空里飞，鱼在清澈的水里游。击，搏击，这里形容飞得矫健有力。翔，本指鸟盘旋飞翔，这里形容鱼游得轻快自由。

⑦ 万类霜天竞自由：万物都在秋光中争过自由自在的生活。万类，指一切生物。霜天，指深秋。

怅寥廓[1]，问苍茫[2]大地，谁主沉浮[3]？
携来百侣[4]曾游，忆往昔峥嵘岁月稠[5]。
恰[6]同学少年，风华正茂[7]；
书生意气，挥斥方遒[8]。
指点江山，激扬文字[9]，
粪土当年万户侯[10]。
曾记否，到中流[11]击水[12]，浪遏[13]飞舟？

译　文

在深秋一个天高气爽的日子里，我独自伫立在橘子洲头，眺望着湘江碧水向北奔流。远望群山全都变成了红色，山上一层层的树木全都经霜变红，像染过一样；近看满江秋水澄碧清澈，众多船只乘风破浪，争先恐后。鹰在广阔的天上飞，雨在清澈的水里游，万物都在深秋竞相自由地活动。面对着高远辽阔的宇宙，激昂慷慨的心绪涌上心头，我要问：旷远迷茫的大地，由谁主宰盛衰？

过去，我和众多同学经常携手来到这里漫游。回忆从前不寻常的日子很多。（那时）同学们正值青春年少，风采才华正盛；同学们一起奔放，正强劲有力。（同学们）评论国家大事，写出激浊扬清的文章把当时的军阀官僚看得同粪土一样。可曾记得，（当年我们）在江河水流中央游泳，用力拍起的浪花阻止了疾驰而来的船只？

赏　析

《沁园春·长沙》是毛泽东于1925年秋离开故乡韶山，去广州主持农民运动讲习时，途经长沙，重游橘子洲，感慨万千而写下的一首词。词的上阕描绘湘江绚烂多彩的秋图，表现宽广的胸怀和乐观的情绪；下阕回首往昔，表现伟大的抱负和慷慨激昂的气势。

---

① 怅寥廓（liáo kuò）：面对广阔的宇宙惆怅感慨。怅，原意是失意，这里用来表达由深思而引发激昂慷慨的心绪。

② 苍茫：旷远迷茫。

③ 谁主沉浮：主，主宰。沉浮，同“升沉”（上升和没落）意思相近，比喻事物盛衰、消长，这里指兴衰。

④ 百侣：很多的同学。侣，这里指同学。

⑤ 峥嵘（zhēng róng）岁月稠：不平常的日子是很多的。峥嵘，山势高峻，比喻超越寻常、不平常。稠，多。

⑥ 恰：恰逢，正赶上。

⑦ 风华正茂：风采才华正盛。

⑧ 挥斥方遒（qiú）：指热情奔放，劲头正足。挥斥，奔放。遒，强劲。方，正。

⑨ 指点江山，激扬文字：评论国家大事，用文字来抨击丑恶的现象、赞扬美好的事物。指点，评论。江山，指国家。激扬，激浊扬清，抨击恶浊的、褒扬清明的。

⑩ 粪土当年万户侯：把当时的军阀官僚看得同粪土一样。粪土，作动词用，“视……如粪土”。万户侯，汉代设置的最高一级侯爵，享有万户农民的赋税，借指大军阀、大官僚。

⑪ 中流：江心水深流急的地方。

⑫ 击水：在这里指的是游泳。

⑬ 遏（è）：阻止。

水调歌头·游泳[1]

毛泽东

才饮长沙水，
又食武昌鱼。
万里长江横渡，
极目楚天舒[2]。
不管风吹浪打，
胜似闲庭信步，
今日得宽余[3]，
子在川上曰：
逝者如斯夫[4]！
风樯[5]动，
龟蛇[6]静，
起宏图。
一桥飞架南北[7]，
天堑[8]变通途。
更立西江石壁，
截断巫山云雨，
高峡出平湖。
神女应无恙，
当惊世界殊[9]。

---

① 选自《毛泽东诗词集》(中央文献出版社 1996 年版)。

② 极目楚天舒：极目，放眼远望。武昌一带在春秋战国时属于楚国的范围，所以作者把这一带的天空叫“楚天”。舒，舒展、开阔。

③ 宽余：指神态舒缓，心情畅快。

④ 子在川上曰：逝者如斯夫：《论语·子罕》：“子在川上，曰：‘逝者如斯夫！不舍昼夜。’”多用来指时间像流水一样不停地流逝，感慨人生世事变换之快。

⑤ 风樯(qiáng)：樯，桅杆。风樯，指帆船。

⑥ 龟蛇：指龟山、蛇山。

⑦ 一桥飞架南北：指当时正在修建的武汉长江大桥。1958 年版的《毛主席诗词十九首》和 1963 年版的《毛主席诗词》，作者曾将此句改为“一桥飞架，南北天堑变通途”，后经作者同意恢复原句。

⑧ 天堑(qiàn)：堑，沟壕。古人把长江视为“天堑”。据《南史·孔范传》记载，隋伐陈，孔范向陈后主说：“长江天堑，古来限隔，虏军岂能飞渡？”

⑨ 更立西江石壁，截断巫山云雨，高峡出平湖。神女应无恙，当惊世界殊：将来还打算在鄂西川东长江三峡一带建立巨型水坝(“西江石壁”)蓄水发电，水坝上游原来高峡间狭窄汹涌的江面将变为平静的大湖。到那时，巫山的雨水也都得流入这个“平湖”里来。巫山上的神女当然会健在如故，她看到这种意外的景象，该惊叹世界真是大变样了。巫山，在四川省巫山县东南。巫山形成的峡谷巫峡和上游的瞿塘峡、下游的西陵峡合称三峡。“巫山云雨”，传楚宋玉《高唐赋·序》说，楚怀王在游云梦泽的高唐时曾梦与巫山神女相遇，神女自称“旦为朝云，暮为行雨”，这里只是借用这个故事中的字面和人物。

译文

刚喝了长沙的水，又吃着武昌的鱼。我在万里长江上横渡，举目眺望舒展的长空。哪管得风吹浪涌，这一切犹如信步闲庭，今天我终于可以尽情流连。

江面风帆飘荡，龟蛇二山静静伫立，胸中宏图升起。大桥飞跨沟通南北，长江天堑将会畅行无阻。我还要在长江西边竖起大坝，斩断巫山多雨的洪水，让三峡出现平坦的水库。神女（神女峰）如果当时还在，必定会惊愕世界变了模样。

赏析

《水调歌头·游泳》是毛泽东1956年在武汉畅游长江时的感兴之作。毛泽东对长江有着特殊的感情，他把浩瀚的长江比作天然的最好的游泳池，多次畅游长江。词的上阕描绘了祖国江山雄伟瑰丽的图景，抒发了诗人畅游长江的豪情逸兴；下阕展示了一幅社会主义建设的瑰丽图景，描写了长江的伟大变革。

思考练习

1. “子在川上曰：逝者如斯夫”两句在词的结构上起什么作用?
2. 《水调歌头·游泳》下阕中用一些神话传说对表述主题和创造意境起什么作用?

断　魂　枪[①]

老　舍

文学常识

老舍（1899年—1966年），男，原名舒庆春，字舍予，另有笔名絜青、鸿来、非我等。因为老舍生于立春，父母为他取名“庆春”，大概含有庆贺春来、前景美好之意。上学后，自己更名为舒舍予，含有“舍弃自我”，亦即“忘我”的意思。北京满族正红旗人。中国现代小说家、作家、语言大师、人民艺术家、北京人艺编剧，新中国第一位获得“人民艺术家”称号的作家。代表作有《骆驼祥子》《四世同堂》，剧本《茶馆》《龙须沟》等。

老舍的一生，总是忘我地工作，他是文艺界当之无愧的“劳动模范”。1966年8月

① 本文最初发表于1935年9月天津《大公报》副刊《文艺》第13期。

24日，由于受到“文化大革命”运动恶毒的攻击和迫害，老舍被逼无奈之下含冤自沉于北京太平湖。2017年9月，中国现代文学长篇小说经典《四世同堂》由东方出版中心出版上市。这是该作自发表以来第一次以完整版形式出版。

沙子龙的镖局已改成客栈。

东方的大梦没法子不醒了。炮声压下去马来与印度野林中的虎啸。半醒的人们，揉着眼，祷告着祖先与神灵；不大会儿，失去了国土、自由与主权。门外立着不同面色的人，枪口还热着。他们的长矛毒弩，花蛇斑彩的厚盾，都有什么用呢；连祖先与祖先所信的神明全不灵了啊！龙旗的中国也不再神秘，有了火车呀，穿坟过墓破坏着风水。枣红色多穗的镖旗，绿鲨皮鞘的钢刀，响着串铃的口马①，江湖上的智慧与黑话，义气与声名，连沙子龙，他的武艺、事业，都梦似的成昨夜的。今天是火车、快枪，通商与恐怖。听说，有人还要杀下皇帝的头呢！

这是走镖已没有饭吃，而国术还没被革命党与教育家提倡起来的时候②。

谁不晓得沙子龙是短瘦、利落、硬棒，两眼明得像霜夜的大星？可是，现在他身上放了肉。镖局改了客栈，他自己在后小院占着三间北房，大枪立在墙角，院子里有几只楼鸽。只是在夜间，他把小院的门关好，熟习他的“五虎断魂枪”。这条枪与这套枪，二十年的工夫，在西北一带，给他创出来“神枪沙子龙”五个字，没遇见过敌手。现在，这条枪与这套枪不会再替他增光显胜了；只是摸摸这凉、滑、硬而发颤的杆子，使他心中少难过一些而已。只有在夜间独自拿起枪来，才能相信自己还是“神枪沙”。在白天，他不大谈武艺与往事；他的世界已被狂风吹了走。

在他手下创练起来的少年们还时常来找他。他们大多数是没落子的，都有点武艺，可是没地方去用。有的在庙会上去卖艺：踢两趟腿，练套家伙，翻几个跟头，附带着卖点大力丸，混个三吊两吊的。有的实在闲不起了，去弄筐果子，或挑些毛豆角，赶早儿在街上论斤吆喝出去。那时候，米贱肉贱，肯卖膀子力气本来可以混个肚儿圆；他们可是不成：肚量既大，而且得吃口管事儿的；干饽饽辣饼子咽不下去③。况且他们还时常去走会：五虎棍，开路，太狮少狮……虽然算不了什么——比起走镖来——可是到底有个机会活动活动，露露脸。是的，走会捧场是买脸的事，他们打扮的得像个样儿，至少得有条青洋绉裤子，新漂白细市布的小褂，和一双鱼鳞洒鞋——顶好是青缎子抓地虎靴子。他们是神枪沙子龙的徒弟——虽然沙子龙并不承认——得到处露脸，走会得赔上俩钱，说不定还得打场架。没钱，上沙老师那里去求。沙老师不含糊，多少不拘，不让他们空着手儿走。可是，为打架或献技去讨教一个招数，或是请给说个“对子”——什么空手夺刀，或虎头钩进枪——沙老师有时说句笑话，马

① 口马：指张家口外出产的马。
② 国术：指中国的武术。
③ 辣饼子：剩下的隔夜干粮。

虎过去："教什么？拿开水浇吧！"有时直接把他们赶出去。他们不大明白沙老师是怎么了，心中也有点不乐意。

可是，他们到处为沙老师吹腾，一来是愿意使人知道他们的武艺有真传授，受过高人的指教；二来是为激动沙老师：万一有人不服气而找上老师来，老师难道还不露一两手真的么？所以：沙老师一拳就砸倒了个牛！沙老师一脚把人踢到房上去，并没使多大的劲！他们谁也没见过这种事，但是说着说着，他们相信这是真的了，有年月，有地方，千真万确，敢起誓！

王二胜——沙子龙的大伙计——在土地庙拉开了场子，摆好了家伙。抹了一鼻子茶叶末色的鼻烟，他抡了几下竹节钢鞭，把场子打大一些。放下鞭，没向四围作揖，叉着腰念了两句："脚踢天下好汉，拳打五路英雄！"向四围扫了一眼："乡亲们，王三胜不是卖艺的；玩意儿会几套，西北路上走过镖，会过绿林中的朋友。现在闲着没事，拉个场子陪诸位玩玩。有爱练的尽管下来，王三胜以武会友，有赏脸的，我陪着。神枪沙子龙是我的师傅；玩意地道！诸位，有愿下来的没有？"他看着，准知道没人敢下来，他的话硬，可是那条钢鞭更硬，十八斤重。

王三胜，大个子，一脸横肉，努着对大黑眼珠，看着四围。大家不出声。他脱了小褂，紧了紧深月白色的"腰里硬"，把肚子杀进去。给手心一口唾沫，抄起大刀来：

"诸位，王三胜先练趟瞧瞧。不白练，练完了，带子的扔几个；没钱，给喊个好，助助威。这儿没生意口。好，上眼①！"

大刀靠了身，眼珠努出多高，脸上绷紧，胸脯子鼓出，像两块老桦木根子。一跺脚，刀横起，大红缨子在肩前摆动。削砍劈拔，蹲越闪转，手起风生，忽忽直响。忽然刀在右手心上旋转，身弯下去，四围鸦雀无声，只有缨铃轻叫。刀顺过来，猛地一个"跺泥"，身子直挺，比众人高着一头，黑塔似的。收了势："诸位！"一手持刀，一手叉腰，看着四围。稀稀的扔下几个铜钱，他点点头。"诸位！"

他等着，等着，地上依旧是那几个亮而削薄的铜钱，外层的人偷偷散去。他咽了口气："没人懂！"他低声地说，可是大家全听见了。

"有功夫！"西北角上一个黄胡子老头儿答了话。

"啊？"王三胜好似没听明白。

"我说：你——有——功——夫！"老头子的语气很不得人心。

放下大刀，王三胜随着大家的头往西北看。谁也没看重这个老人：小干巴个儿，披着件粗蓝布大衫，脸上窝窝瘪瘪，眼陷进去很深，嘴上几根细黄胡，肩上扛着条小黄草辫子，有筷子那么细，而绝对不像筷子那么直顺。王三胜可是看出这老家伙有功夫，脑门亮，眼睛亮——眼眶虽深，眼珠可黑得像两口小井，深深地闪着黑光。王三胜不怕：他看得出别人有功夫没有，可更相信自己的本事，他是沙子龙手下的大将。

① 上眼：请观众注意看。

“下来玩玩，大叔!”王三胜说得很得体。

点点头，老头儿往里走。这一走，四外全笑了。他的胳臂不大动；左脚往前迈，右脚随着拉上来，一步步地往前拉扯，身子整着，像是患过瘫痪病。蹭到场中，把大衫扔在地上，一点没理会四围怎样笑他。

“神枪沙子龙的徒弟，你说？好，让你使枪吧；我呢？”老头子非常的干脆，很像久想动手。

人们全回来了，邻场耍狗熊的无论怎么敲锣也不中用了。

“三截棍进枪吧？”王三胜要看老头子一手，三截棍不是随便就拿得起来的家伙。

老头子又点点头，拾起家伙来。

王三胜努着眼，抖着枪，脸上十分难看。

老头子的黑眼珠更深更小了，像两个香火头，随着面前的枪尖儿转，王三胜忽然觉得不舒服，那俩黑眼珠似乎要把枪尖吸进去！四外已围得风雨不透，大家都觉出老头子确是有威。为躲那对眼睛，王三胜耍了个枪花。老头子的黄胡子一动：“请!”王三胜一扣枪，向前躬步，枪尖奔了老头子的喉头去，枪缨打了一个红旋。老人的身子忽然活展了，将身微偏，让过枪尖，前把一挂，后把撩王三胜的手。啪，啪，两响，王三胜的枪撒了手。场外叫了好。王三胜连脸带胸口全紫了，抄起枪来；一个花子，连枪带人滚了过来，枪尖奔了老人的中部。老头子的眼亮得发着黑光；腿轻轻一屈，下把掩裆，上把打着刚要抽回的枪杆；啪，枪又落在地上。

场外又是一片彩声。王三胜流了汗，不再去拾枪，努着眼，木在那里。老头子扔下家伙，拾起大衫，还是拉拉着腿，可是走得很快了。大衫搭在臂上，他过来拍了王三胜一下：

“还得练哪，伙计!”

“别走!”王三胜擦着汗：“你不离，姓王的服了！可有一样，你敢会会沙老师？”

“就是为会他才来的!”老头子的干巴脸上皱起点来，似乎是笑呢。“走；收了吧；晚饭我请!”

王三胜把兵器拢在一处，寄放在变戏法二麻子那里，陪着老头子往庙外走。后面跟着不少人，他把他们骂散了。

“您老贵姓？”他问。

“姓孙哪，”老头子的话与人一样，都那么干巴。“爱练；久想会会沙子龙。”

沙子龙不把你打扁了！王三胜心里说。他脚底下加了劲，可是没把孙老头落下。他看出来，老头子的腿是老走着查拳门中的连跳步①；交起手来，必定很快。但是，无论他怎么快，沙子龙是没对手的。准知道孙老头要吃亏，他心中痛快了些，放慢了些脚步。

“孙大叔贵处？”

① 查（zhā）拳：武术拳种之一，据传创始于明代回族人查尚义。

"河间的，小地方。"孙老者也和气了些："月棍年刀一辈子枪，不容易见功夫！说真的，你那两手就不坏！"

王三胜头上的汗又回来了，没言语。

到了客栈，他心中直跳，唯恐沙老师不在家，他急于报仇。他知道老师不爱管这种事，师弟们已碰过不少回钉子，可是他相信这回必定行，他是大伙计，不比那些毛孩子；再说，人家在庙会上点名叫阵，沙老师还能丢这个脸吗？

"三胜，"沙子龙正在床上看着本《封神榜》①，"有事吗？"三胜的脸又紫了，嘴唇动着，说不出话来。

沙子龙坐起来，"怎么了，三胜？"

"栽了跟头！"

只打了个不甚长的哈欠，沙老师没别的表示。

王三胜心中不平，但是不敢发作；他得激动老师："姓孙的一个老头儿，门外等着老师呢；把我的枪，枪，打掉了两次！"他知道"枪"字在老师心中有多大分量。没等吩咐，他慌忙跑出去。

客人进来，沙子龙在外间屋等着呢。彼此拱手坐下，他叫三胜去泡茶。三胜希望两个老人立刻交了手，可是不能不沏茶去。孙老者没话讲，用深藏着的眼睛打量沙子龙。沙很客气："要是三胜得罪了你，不用理他，年纪还轻。"

孙老者有些失望，可也看出沙子龙的精明。他不知怎样好了，不能拿一个人的精明断定他的武艺。"我来领教领教枪法！"他不由得说出来。

沙子龙没接茬儿。王三胜提着茶壶走进来——急于看二人动手，他没管水开了没有，就沏在壶中。

"三胜，"沙子龙拿起个茶碗来，"去找小顺们去，天汇见，陪孙老者吃饭。"

"什么！"王三胜的眼珠几乎掉出来。看了看沙老师的脸，他敢怒而不敢言地说了声"是啦！"走出去，噘着大嘴。

"教徒弟不易！"孙老者说。

"我没收过徒弟。走吧，这个水不开！茶馆去喝，喝饿了就吃。"沙子龙从桌子上拿起缎子褡裢，一头装着鼻烟壶，一头装着点钱，挂在腰带上。

"不，我还不饿！"孙老者很坚决，两个"不"字把小辫从肩上抡到后边去。

"说会子话儿。"

"我来为领教领教枪法。"

"功夫早搁下了，"沙子龙指着身上，"已经放了肉！"

"这么办也行，"孙老者深深地看了沙老师一眼："不比武，教给我那趟五虎断魂枪。"

"五虎断魂枪？"沙子龙笑了，"早忘干净了！早忘干净了！告诉你，在我这儿住几

① 《封神榜》：即《封神演义》，明代长篇神魔小说，题许仲琳撰。以周武王伐商纣为背景，多仙道斗法大战的情节。

天，咱们各处逛逛，临走，多少送点盘缠。”

“我不逛，也用不着钱，我来学艺！”孙老者立起来，“我练趟给你看看，看够得上学艺不够！”一屈腰已到了院中，把楼鸽都吓飞起去。拉开架子，他打了趟查拳：腿快，手飘洒，一个飞脚起去，小辫儿飘在空中，像从天上落下来一个风筝；快之中，每个架子都摆得稳、准，利落；来回六趟，把院子满都打到，走得圆，接得紧，身子在一处，而精神贯串到四面八方。抱拳收势，身儿缩紧，好似满院乱飞的燕子忽然归了巢。

“好！好！”沙子龙在台阶上点着头喊。

“教给我那趟枪！”孙老者抱了抱拳。

沙子龙下了台阶，也抱着拳：“孙老者，说真的吧；那条枪和那套枪都跟我入棺材，一齐入棺材！”

“不传？”

“不传！”

孙老者的胡子嘴动了半天，没说出什么来。到屋里抄起蓝布大衫，拉拉着腿：“打搅了，再会！”

“吃过饭走！”沙子龙说。

孙老者没言语。

沙子龙把客人送到小门，然后回到屋中，对着墙角立着的大枪点了点头。

他独自上了天汇，怕是王三胜们在那里等着。他们都没有去。

王三胜和小顺们都不敢再到土地庙去卖艺，大家谁也不再为沙子龙吹胜；反之，他们说沙子龙栽了跟头，不敢和个老头儿动手；那个老头子一脚能踢死个牛。不要说王三胜输给他，沙子龙也不是他的对手。不过呢，王三胜到底和老头子见了个高低，而沙子龙连句硬话也没敢说。“神枪沙子龙”慢慢似乎被人们忘了。

夜静人稀，沙子龙关好了小门，一气把六十四枪刺下来；而后，拄着枪，望着天上的群星，想起当年在野店荒林的威风。叹一口气，用手指慢慢摸着凉滑的枪身，又微微一笑，“不传！不传！”

赏析

《断魂枪》是老舍短篇的扛鼎之作，它所表达的主题内涵十分丰富。昔日开镖局押镖的国术大师沙子龙，纵有昔日绿林好汉行走江湖的威名和五虎断魂枪的绝技，但是在“火车、快枪、通商与恐怖”的时代，现代的新式武器早已淘汰了祖先的绝技，取决胜负的不再是本领高强的武艺，而是现代化的技术。

沙子龙形象的意义在于，他并非自私保守，冥顽不化，而是在时代巨变的洪流面前，清醒地认识到了自身无法更改的现实铁律——只能亲手埋葬昔日的辉煌，淡出历史，归隐江湖，孤芳自赏。在这个人物身上，寄予着作者的温情、感慨与无奈。

而王三胜、小顺子们，以及那位孙老者，没有认识可悲的民族文化境遇，还死抱着祖宗的绝技不放，这无疑是作者对民族传统文化中的保守痼疾的嘲讽。

小说对社会背景的介绍是在一开始的议论中就暗示出了小说的主题内涵——“神明全不灵了啊！龙旗的中国也不再神秘”。而主人公一直到近一半时才出场，这种以近似神秘的色彩处理，与作者所要表现的主题内涵相得益彰，达成了形式与内容的高度一致。

另外，欲扬先抑手法、传统的白描手法的运用，也为人物形象的塑造和主题的表达增色不少。

思考练习

1. 文章第一段在文中起什么作用?

2. 王三胜是沙子龙的大徒弟，但沙子龙对他学武的要求一直回避，对外也不承认他们的师徒关系。请概括王三胜的人物形象。

3. 有人将沙子龙看成是时代悲剧的孤独英雄，也有人认为沙子龙在时代变革中心态保守。沙子龙始终不传“断魂枪”，请依据文本，简要分析沙子龙不传“断魂枪”的原因，并谈谈你对他不传“断魂枪”的看法。

红高粱（节选）

莫　言

文学常识

莫言，1955 年 2 月生于山东高密。1981 年，开始创作生涯，发表《枯河》《秋水》《民间音乐》等。1986 年，毕业于解放军艺术学院文学系。1991 年，毕业于北京师范大学鲁迅文学院创作研究生班并获文艺学硕士学位。1997 年，以长篇小说《丰乳肥臀》夺得中国有史以来最高额的“大家文学奖”。2000 年，《红高粱家族》被亚洲周刊选为 20 世纪中文小说 100 强。2001 年，《檀香刑》获台湾联合报读书人年度文学类最佳书奖。2005 年，《四十一炮》获第 2 届华语文学传媒大奖年度杰出成就奖。2006 年，出版第一部章回小说《生死疲劳》。2009 年 12 月，出版长篇小说《蛙》。2011 年，荣获茅盾文学奖。2012 年，荣获诺贝尔文学奖。2013 年，担任网络文学大学名誉校长。2016 年，当选中国作家协会第九届全国委员会副主席。2017 年，莫言获香港浸会大学荣誉文学博士学位。据不完全统计，莫言的作品至少已经被翻译成 40 种语言。2019 年，所著《等待摩西》荣获“中国小说学会 2018 年度小说排行榜”短篇小说类第 1 名。

1

一九三九年古历八月初九，我父亲这个土匪种十四岁多一点。他跟着后来名满天下的传奇英雄余占鳌司令的队伍去胶平公路伏击日本人的汽车队。奶奶披着夹袄，送他们到村头。余司令说："立住吧。"奶奶就立住了。奶奶对我父亲说："豆官，听你干爹的话。"父亲没吱声，他看着奶奶高大的身躯，嗅着奶奶的夹袄里散出的热烘烘的香味，突然感到凉气逼人，他打了一个冷战，肚子咕噜噜响一阵。余司令拍了一下父亲的头，说："走，干儿。"

天地混沌，景物影影绰绰，队伍的杂沓脚步声已响出很远。父亲眼前挂着蓝白色的雾幔[①]，挡住他的视线，只闻队伍脚步声，不见队伍形和影。父亲紧紧扯住余司令的衣角，双腿快速挪动。奶奶像岸愈离愈远，雾像海水愈近愈汹涌，父亲抓住余司令，就像抓住一条船舷。

父亲就这样奔向了耸立在故乡通红的高粱地里属于他的那块无字青石墓碑。他的坟头上已经枯草瑟瑟，曾经有一个光屁股男孩牵着一只雪白山羊来到这里，山羊不紧不忙地啃着坟头草，男孩子站在墓碑上，怒气冲冲地撒了一泡尿，然后放声高唱："高粱红了——日本来了——同胞们准备好——开枪开炮——"

有人说这个放羊的男孩就是我，我不知道是不是我。我曾经对高密东北乡极端热爱，曾经对高密东北乡极端仇恨，长大后努力学习马克思主义，我终于悟到：高密东北乡无疑是地球上最美丽最丑陋、最超脱最世俗、最圣洁最龌龊[②]、最英雄好汉最王八蛋、最能喝酒最能爱的地方。生存在这块土地上的我的父老乡亲们，喜食高粱，每年都大量种植。八月深秋，无边无际的高粱红成汪洋的血海。高粱高密辉煌，高粱凄婉可人，高粱爱情激荡。秋风苍凉，阳光很旺，瓦蓝的天上游荡着一朵朵丰满的白云，高粱上滑动着一朵朵丰满白云的紫红色影子。一队队暗红色的人在高粱棵子里穿梭拉网，几十年如一日。他们杀人越货，精忠报国，他们演出过一幕幕英勇悲壮的舞剧，使我们这些活着的不肖子孙相形见绌，在进步的同时，我真切感到种的退化。

出村之后，队伍在一条狭窄的土路上行进，人的脚步声中夹杂着路边碎草的窸窣声响。雾奇浓，活泼多变。我父亲的脸上，无数密集的小水点凝成大颗粒的水珠，他的一撮头发，粘在头皮上。从路两边高粱地里飘来的幽淡的薄荷气息和成熟高粱苦涩微甘的气味，我父亲早已闻惯，不新不奇。在这次雾中行军里，父亲闻到了那种新奇的、黄红相间的腥甜气息。那味道从薄荷和高粱的味道中隐隐约约地透过来，唤起父亲心灵深处一种非常遥远的回忆。

红高粱七天之后，八月十五日，中秋节。一轮明月冉冉升起，遍地高粱肃然默立，高粱穗子浸在月光里，像蘸过水银，汩汩生辉。我父亲在剪破的月影下，闻到了比现在强烈

① 幔：张在屋内的帐幕。

② 龌龊（wò chuò）：肮脏，污秽。

无数倍的腥甜气息。那时候，余司令牵着他的手在高粱地里行走，三百多个乡亲叠股枕臂、陈尸狼藉，流出的鲜血灌溉了一大片高粱，把高粱下的黑土浸泡成稀泥，使他们拔脚迟缓。腥甜的气味令人窒息，一群前来吃人肉的狗，坐在高粱地里，目光炯炯地盯着父亲和余司令。余司令掏出自来得手枪，甩手一响，两只狗眼灭了；又一甩手，灭了两只狗眼。群狗一哄而散，坐得远远的，呜呜地咆哮着，贪婪地望着死尸。腥甜味愈加强烈，余司令大喊一声："日本狗！狗娘养的日本！"他对着那群狗打完了所有的子弹，狗跑得无影无踪。余司令对我父亲说："走吧，儿子！"一老一小，便迎着月光，向高粱深处走去。那股弥漫田野的腥甜味浸透了我父亲的灵魂，在以后更加激烈更加残忍的岁月里，这股腥甜味一直伴随着他。

高粱的茎叶在雾中滋滋乱叫，雾中缓慢地流淌着在这块低洼平原上穿行的墨河水明亮的喧哗，一阵强一阵弱，一阵远一阵近。赶上队伍了，父亲的身前身后响着踢踢踏踏的脚步声和粗重的呼吸。不知谁的枪托撞到另一个谁的枪托上了。不知谁的脚踩破了一个死人的骷髅什么的。父亲前边那个人吭吭地咳嗽起来，这个人的咳嗽声非常熟悉。父亲听着他咳嗽就想起他那两扇一激动就充血的大耳朵。透明单薄布满细密血管的大耳朵是王文义头上引人注目的器官。他个子很小，一颗大头缩在耸起的双肩中。父亲努力看去，目光刺破浓雾，看到了王文义那颗一边咳一边颠动的大头。父亲想起王文义在演练场上挨打时，那颗大头颠成那般可怜模样。那时他刚参加余司令的队伍，任副官在演练场上对他也对其他队员喊，向右转——，王文义欢欢喜喜地跺着脚，不知转到哪里去了。任副官在他腚①上打了一鞭子，他嘴咧开，叫一声：孩子他娘！脸上表情不知是哭还是笑。围在短墙外看光景的孩子们都哈哈大笑。

余司令飞去一脚，踢到王文义的屁股上："咳什么？"

"司令……"王文义忍着咳嗽说，"嗓子眼发痒……"

"痒也别咳！暴露了目标我要你的脑袋！"

"是，司令。"王文义答应着，又有一阵咳嗽冲口而出。

父亲觉出余司令前跨了一大步，只手捺住了王文义的后颈皮。王文义口里咝咝地响着，随即不咳了。父亲觉得余司令的手从王文义的后颈皮上松开了，父亲还觉得王文义的脖子上留下两个熟葡萄一样的紫手印，王文义幽蓝色的惊惧不安的眼睛里，飞迸出几点感激与委屈。

很快，队伍钻进了高粱地。我父亲本能地感觉到队伍是向着东南方向开进的。适才走过的这段土路是由村庄直接通向墨水河边的唯一的道路。这条狭窄的土路在白天颜色青白，路原是由乌油油的黑土筑成，但久经践踏，黑色都沉淀到底层，路上叠印过多少牛羊的花瓣蹄印和骡马毛驴的半圆蹄印，马骡驴粪像干萎的苹果，牛粪像虫蛀过的薄饼，羊粪稀拉拉像振落的黑豆。父亲常走这条路，后来他在日本炭窑中苦熬岁月时，眼前常常闪过

① 腚（dìng）：臀部。

这条路。父亲不知道我的奶奶在这条土路上主演过多少风流悲喜剧，我知道。父亲也不知道在高粱阴影遮掩着的黑土上，曾经躺过奶奶洁白如玉的光滑肉体，我也知道。

拐进高粱地后，雾更显凝滞，质量加大，流动感少，在人的身体与人负载的物体碰撞高粱秸秆后，随着高粱嚓嚓啦啦的幽怨鸣声，一大滴一大滴的沉重水珠扑簌簌落下。水珠冰凉清爽，味道鲜美，我父亲仰脸时，一滴大水珠准确地打进他的嘴里。父亲看到舒缓的雾团里，晃动着高粱沉甸甸的头颅。高粱沾满了露水的柔韧叶片，锯着父亲的衣衫和面颊。高粱晃动激起的小风在父亲头顶上短促出击，墨水河的流水声愈来愈响。

父亲在墨水河里玩过水，他的水性好像是天生的，奶奶说他见了水比见了亲娘还急。父亲五岁时，就像小鸭子一样潜水，粉红的屁眼儿朝着天，双脚高举。父亲知道，墨水河底的淤泥乌黑发亮，柔软得像油脂一样。河边潮湿的滩涂上，丛生着灰绿色的芦苇和鹅绿色车前草，还有贴地爬生的野葛蔓，支支直立的接骨草。滩涂的淤泥上，印满螃蟹纤细的爪迹。秋风起，天气凉，一群群大雁往南飞，一会儿排成个“十”字，一会儿排成个“人”字，等等。高粱红了，成群结队的、马蹄大小的螃蟹都在夜间爬上河滩，到草丛中觅食。螃蟹喜食新鲜牛屎和腐烂的动物的尸体。父亲听着河声，想着从前的秋天夜晚，跟着我家的老伙计刘罗汉大爷去河边捉螃蟹的情景。夜色灰葡萄，金风串河道，宝蓝色的天空深邃无边，绿色的星辰格外明亮。北斗勺子星——北斗主死，南头簸箕星——南斗司生，八角玻璃井——缺了一块砖，焦灼的牛郎要上吊，忧愁的织女要跳河……都在头上悬着。刘罗汉大爷在我家工作了几十年，负责着我家烧酒作坊的全面工作，父亲跟着罗汉大爷脚前脚后地跑，就像跟着自己的爷爷一样。

父亲被迷雾扰乱的心头亮起了一盏四块玻璃插成的罩子灯，洋油烟子从罩子灯上盖的钻眼的铁皮上钻出来。灯光微弱，只能照亮五六米方圆的黑暗。河里的水流到灯影里，黄得像熟透的杏子一样可爱，但可爱一霎霎，就流过去了，黑暗中的河水倒映着一天星斗。父亲和罗汉大爷披着大蓑衣，坐在罩子灯旁，听着河水的低沉呜咽——非常低沉的呜咽。河道两边无穷的高粱地不时响起寻偶狐狸的兴奋鸣叫。螃蟹趋光，正向灯影聚拢。父亲和罗汉大爷静坐着，恭听着天下的窃窃秘语，河底下淤泥的腥味，一股股泛上来。成群结队的螃蟹团团围上来，形成一个躁动不安的圆圈。父亲心里惶惶，跃跃欲起，被罗汉大爷按住了肩头。“别急！”大爷说，“心急喝不得热黏粥。”父亲强压住激动，不动。螃蟹爬到灯光里就停下来，首尾相衔，把地皮都盖住了。一片青色的蟹壳闪亮，一对对圆杆状的眼睛从凹陷的眼窝里打出来。隐在倾斜的脸面下的嘴里，吐出一串一串的五彩泡沫。螃蟹吐着彩沫向人类挑战，父亲身上披着的大蓑衣长毛奓①起。罗汉大爷说：“抓！”父亲应声弹起，与罗汉大爷抢过去，每人抓住一面早就铺在地上的密眼罗网的两角，把一堆螃蟹抬起来，露出了螃蟹下的河滩涂地。父亲和罗汉大爷把网角系起扔在一边，又用同样的迅速和熟练抬起网片。每一网都是那么沉重，不知网住了几百几千只螃蟹。

① 奓（zhà）：张开。

父亲跟着队伍进了高粱地后，由于心随螃蟹横行斜走，脚与腿不择空隙，撞得高粱棵子东倒西歪。他的手始终紧扯着余司令的衣角，一半是自己行走，一半是余司令牵拉着前进，他竟觉得有些瞌睡上来，脖子僵硬，眼珠子生涩呆板。父亲想，只要跟着罗汉大爷去墨水河，就没有空手回来的道理。父亲吃螃蟹吃腻了，奶奶也吃腻了。食之无味，弃之可惜，罗汉大爷就用快刀把螃蟹斩成碎块，放到豆腐磨里研碎，加盐，装缸，制成蟹酱，成年累月地吃，吃不完就臭，臭了就喂罂粟。我听说奶奶会吸大烟但不上瘾，所以始终面如桃花，神清气爽。用蟹酱喂过的罂粟花朵肥硕壮大，粉、红、白三色交杂，香气扑鼻。故乡的黑土本来就是出奇的肥沃，所以物产丰饶，人种优良。民心高拔健迈，本是我故乡心态。墨水河盛产的白鳝鱼肥得像肉棍子一样，从头至尾一根刺。它们呆头呆脑，见钩就吞。父亲想着的罗汉大爷去年就死了，死在胶平公路上，他的尸体被割得零零碎碎，扔得东一块西一块。躯干上的皮被剥了，肉跳，肉蹦，像只蜕皮后的大青蛙。父亲一想起罗汉大爷的尸体，脊梁沟就发凉。父亲又想起大约七八年前的一个晚上，我奶奶喝醉了酒，在我家烧酒作坊的院子里，有一个高粱叶子垛，奶奶倚在草垛上，搂住罗汉大爷的肩，呢呢喃喃地说："大叔……你别走，不看僧面看佛面，不看鱼面看水面，不看我的面子也看在豆官的面子上，留下吧，你要我……我也给你……你就像我的爹一样……"父亲记得罗汉大爷把奶奶推到一边，晃晃荡荡走进骡棚，给骡子拌料去了。我家养着两头大黑骡子，开着烧高粱酒的作坊，是村子里的首富。罗汉大爷没走，一直在我家担任业务领导，直到我家那两头大黑骡子被日本人拉到胶平公路修筑工地上去使役为止。

这时，从被父亲他们甩在身后的村子里，传来悠长的毛驴叫声。父亲精神一振，眼睛睁开，然而看到的，依然是半凝固半透明的雾气。高粱挺拔的秆子，排成密集的栅栏，模模糊糊地隐藏在气体的背后，穿过一排又一排，排排无尽头。走进高粱地多久了，父亲已经忘记，他的神思长久地滞留在远处那条喧响着的丰饶河流里，长久地滞留在往事的回忆里，竟不知这样匆匆忙忙拥拥挤挤地在如梦如海的高粱地里是为了什么。父亲迷失了方位。他在前年有一次迷途高粱地的经验，但最后还是走出来了，是河声给他指引了方向。现在，父亲又谛听着河的启示，很快明白，队伍是向正东偏南开进，对着河的方向开进。方向辨清，父亲也就明白，这是去打伏击，打日本人，要杀人，像杀狗一样。他知道队伍一直往东南走，很快就要走到那条南北贯通，把偌大个低洼平原分成两半，把胶县平度县两座县城连在一起的胶平公路。这条公路，是日本人和他们的走狗用皮鞭和刺刀催逼着老百姓修成的。

高粱的骚动因为人们的疲惫困乏而频繁激烈起来，积露连续落下，滴湿了每个人的头皮和脖颈。王文义咳嗽不断，虽连遭余司令辱骂也不改正。父亲感到公路就要到了，他的眼前昏昏黄黄地晃动着路的影子。不知不觉，连成一体的雾海中竟有些空洞出现，一穗一穗被露水打得精湿的高粱在雾洞里忧悒①地注视着我父亲，父亲也虔诚地望着它们。父亲

① 忧悒（yì）：愁闷不安。

恍然大悟，明白了它们都是活生生的灵物。它们根扎黑土，受日精月华，得雨露滋润，上知天文下知地理。父亲从高粱的颜色上，猜到了太阳已经把被高粱遮挡着的地平线烧成一片可怜的艳红。

忽然发生变故，父亲先是听到耳边一声尖厉呼啸，接着听到前边发出什么东西被迸裂的声响。余司令大声吼叫："谁开枪？小舅子，谁开的枪？"

父亲听到子弹钻破浓雾，穿过高粱叶子高粱秆，一棵高粱头颓落地。一时间众人都摒气息声。那粒子弹一路尖叫着，不知落到哪里去了。芳香的硝烟迷散进雾。王文义惨叫一声："司令——我没有头啦——司令——我没有头啦——"

余司令一愣神，踢了王文义一脚，说："你娘个蛋！没有头还会说话！"

余司令撇下我父亲，到队伍前头去了。王文义还在哀嚎。父亲凑上前去，看清了王文义奇形怪状的脸。他的腮上，有一股深蓝色的东西在流动，父亲伸手摸去，触了一手黏腻发烫的液体。父亲闻到了跟墨水河淤泥差不多，但比墨水河淤泥要新鲜得多的腥气。它压倒了薄荷的幽香，压倒了高粱的甘苦，它唤醒了父亲那越来越迫近的记忆，一线穿珠般地把墨水河淤泥、把高粱下黑土，把永远死不了的过去和永远留不住的现在联系在一起，有时候，万物都会吐出人血的味道。

"大叔，"父亲说，"大叔，你挂彩了。"

"豆官，你是豆官吧，你看看大叔的头还在脖子上长着吗？"

"在，大叔，长得好好的，就是耳朵流血啦。"

王文义伸手摸耳朵，摸到一手血，一阵尖叫后，他就瘫了："司令，我挂彩啦！我挂彩啦，我挂彩啦。"

余司令从前边回来，蹲下，捏着王文义的脖子，压低嗓门说："别叫，再叫我就毙了你！"

王文义不敢叫了。

"伤着哪儿啦？"余司令问。

"耳朵……"王文义哭着说。

余司令从腰里抽出一块包袱皮样的白布，嚓一声撕成两半，递给王文义，说："先捂着，别出声，跟着走，到了路上再包扎。"

余司令又叫："豆官。"父亲应了，余司令就牵着他的手走。王文义哼哼唧唧地跟在后边。

适才那一枪，是扛着一架耙在头前开路的大个子哑巴不慎摔倒，背上的长枪走了火。哑巴是余司令的老朋友，一同在高粱地里吃过"抹饼"的草莽英雄，他的一只脚因在母腹中受过伤，走起来一颠一颠，但非常快。父亲有些怕他。

黎明前后这场大雾，终于在余司令的队伍跨上胶平公路时溃散下去。故乡八月，是多雾的季节，也许是地势低洼土壤潮湿所致吧。走上公路后，父亲顿时感到身体灵巧轻便，脚板利索有劲，他松开了抓住余司令衣角的手。王文义用白布捂着血耳朵，满脸哭相。余司令给他粗手粗脚包扎耳朵，连半个头也包住了。王文义痛得龇牙咧嘴。

余司令说："你好大的命！"

王文义说："司令，我的血流光了，我不能去啦！"

余司令说："屁，蚊子咬了一口也不过这样，忘了你那三个儿子啦吧！"

王文义垂下头，嘟嘟哝哝说："没忘，没忘。"他背着一支长筒子鸟枪，枪托儿血红色。装火药的扁铁盒斜吊在他的屁股上。

那些残存的雾都退到高粱地里去了。大路上铺着一层粗砂，没有牛马脚踪，更无人的脚印。相对着路两侧茂密的高粱，公路荒凉，荒唐，令人感到不祥。父亲早就知道余司令的队伍连聋带哑连瘸带拐不过四十人，但这些人住在村里时，搅得鸡飞狗跳，仿佛满村是兵。队伍摆在大路上，三十多人缩成一团，像一条冻僵了的蛇。枪支七长八短，土炮、鸟枪、老汉阳，方六方七兄弟俩抬着一门能把小秤砣打出去的大抬杆子。哑巴扛着一盘长方形的平整土地用的、周遭二十六根铁尖齿的耙，另有三个队员也各扛着一盘。父亲当时还不知道打伏击是怎么一回事，更不知道打伏击为什么还要扛上四盘铁齿耙。

2

为了为我的家族树碑立传，我曾经跑回高密东北乡，进行了大量的调查，调查的重点，就是这场我父亲参加过的、在墨水河边打死鬼子少将的著名战斗。我们村里一个九十二岁的老太太对我说："东北乡，人万千，阵势列在墨河边。余司令，阵前站，一举手炮声连环。东洋鬼子魂儿散，纷纷落在地平川。女中魁首戴凤莲，花容月貌巧机关，调来铁耙摆连环，挡住鬼子不能前……"老太婆头顶秃得像一个陶罐，面孔都朽了，干手上凸着一条条丝瓜瓤子一样的筋。她是三九年八月中秋节那场大屠杀的幸存者，那时她因腿上生疽跑不动，被丈夫塞进地瓜窖子里藏起来，天凑地巧地活了下来。老太婆所唱快板中的戴凤莲，就是我奶奶的大号。听到这里，我兴奋异常。这说明，用铁耙挡住鬼子汽车退路的计谋竟是我奶奶这个女流想出来的。我奶奶也应该是抗日的先锋，民族的英雄。

提起我的奶奶，老太太话就多了。她的话破碎零乱，像一群随风遍地滚的树叶。她说起我奶奶的脚，是全村最小的脚。我们家的烧酒后劲好大。说到胶平公路时，她的话连贯起来："路修到咱这地盘时哪……高粱齐腰深了……鬼子把能干活的人都赶去了……打毛子工，都偷懒磨滑……你们家里那两头大黑骡子也给拉去了……鬼子在墨水河上架石桥……罗汉，你们家那个老长工…… 他和你奶奶不大清白咧，人家都这么说……呵呀呀，你奶奶年轻时花花事儿多着咧……你爹多能干，十五岁就杀人，杂种出好汉，十个九个都不善……罗汉去铲骡子腿……被捉住零刀子剐啦……鬼子糟害人呢，在锅里拉屎，盆里撒尿。那年，去挑水，挑上来一个什么呀，一个人头呀，扎着大辫子……"

刘罗汉大爷是我们家历史上的一个重要的人物。关于他与我奶奶之间是否有染，现已无法查清，诚然，从心里说，我不愿承认这是事实。

道理虽懂，但陶罐头老太太的话还是让我感到难堪。我想，既然罗汉大爷对待我父亲像对待亲孙子一样，那他就像我的曾祖父一样；假如这位曾祖父竟与我奶奶有过风流事，岂不是乱伦吗？这其实是胡想，因为我奶奶并不是罗汉大爷的儿媳而是他的东家，罗汉与我的家族只有经济上的联系而无血缘上的联系，他像一个忠实的老家人点缀着我家的历史而且确凿无疑地为我们家的历史增添了光彩。我奶奶是否爱过他，他是否上过我奶奶的炕，都与伦理无关。爱过又怎么样？我深信，我奶奶什么事都敢干，只要她愿意。她老人家不仅仅是抗日的英雄，也是个性解放的先驱，妇女自立的典范。

我查阅过县志，县志载：民国二十七年，日军捉高密、平度、胶县民夫累计四十万人次，修筑胶平公路。毁稼禾无数。公路两侧村庄中骡马被劫掠一空。农民刘罗汉，乘夜潜入，用铁锨铲伤骡蹄马腿无数，被捉获。翌日，日军在拴马桩上将刘罗汉剥皮零割示众。刘面无惧色，骂不绝口，至死方休……

赏 析

《红高粱》这篇小说以抗日战争时期的一次战事为背景，塑造的既不是共产党领导的军队，也不是国民党领导的军队，却是民间自发组织的一支土匪军队，演绎了以土匪和酒家女子间的姻缘为核心的民间抗日故事。这篇小说有开拓性的意义，为20世纪90年代以民间立场表现现代民间史的“新历史小说”开了先河。

思考练习

1. “高密东北乡无疑是地球上最美丽最丑陋、最超脱最世俗、最圣洁最龌龊、最英雄好汉最王八蛋、最能喝酒最能爱的地方。”请分析这句话的含义。

2. 概括本文中莫言小说语言上的特色，至少两点，并举例说明。

守望理想篇

白　马　篇[1]

曹　植

文学常识

曹植（192年—232年），字子建，沛国谯（今安徽省亳州市）人。三国曹魏著名文学家，建安文学代表人物。魏武帝曹操之子，魏文帝曹丕之弟，生前曾为陈王，去世后谥号“思”，因此又称陈思王。后人因他文学上的造诣而将他与曹操、曹丕合称为“三曹”，南朝宋文学家谢灵运更有“天下才有一石，曹子建独占八斗”的评价。王士祯尝论汉魏以来二千年间诗家堪称“仙才”者，曹植、李白、苏轼三人耳。

白马饰金羁[2]，连翩西北驰[3]。借问谁家子[4]？幽并游侠儿[5]。少小去乡邑[6]，扬声沙漠垂[7]。宿昔秉良弓[8]，楛矢何参差[9]。控弦破左的[10]，右发摧月支[11]。仰手接飞猱[12]，俯身

① 选自《曹植集校注》（人民文学出版社1984年版）。曹植（192年—232年），字子建，曹操的第三个儿子。他生逢乱世，素有建功立业的大志。后受称帝的哥哥曹丕的嫉妒、陷害，忧愤而死。《白马篇》又名《游侠篇》。

② 白马饰金羁：（骑着）用金属装饰着笼头的白马。

③ 连翩西北驰：轻捷地向西北奔驰。连翩，轻捷的样子。

④ 借问谁家子：请问是哪家的少年。

⑤ 幽并（bīng）游侠儿：是幽州、并州的游侠少年。幽、并，幽州、并州，在现在辽宁、河北、山西一带。游侠儿，爱交游、讲侠义的人。

⑥ 少小去乡邑：少年时就离开家乡。乡邑，家乡。

⑦ 扬声沙漠垂：扬名在沙漠边境一带。扬声，扬名、有名声。垂，通“陲”，边境。

⑧ 宿昔秉良弓：平时手执良弓。宿昔，向来。

⑨ 楛（hù）矢何参差：楛木杆的箭（装在箭袋里）是那么多。楛，一种植物，茎赤色，可作箭杆。

⑩ 控弦破左的：拉开弓弦一箭射穿左边的靶子。控，拉弓。“的”和下文的“月支”“马蹄”，都是箭靶子。此句和以下三句描写射技。

⑪ 右发摧月支：向右开弓，一箭射破靶子。摧，破、穿。

⑫ 仰手接飞猱（náo）：扬手迎上去一箭射中攀援如飞的猴子。接，迎上去射箭的姿势。猱，一种猴子。

散马蹄①。狡捷过猴猿②，勇剽若豹螭③。

边城多警急，胡虏数迁移④。羽檄从北来⑤，厉马登高堤⑥。长驱蹈匈奴⑦，左顾凌鲜卑⑧。弃身锋刃端，性命安可怀⑨？父母且不顾，何言子与妻？名编壮士籍⑩，不得中顾私⑪。捐躯赴国难，视死忽如归⑫。

译文

驾驭着白马向西北驰去，马上佩带着金色的马具。有人问他是谁家的孩子，边塞的好男儿游侠骑士。年纪轻轻就离别了家乡，到边塞显身手建立功勋。下苦功练就了一身武艺。拉开弓如满月左右射击，一箭箭中靶心不差毫厘。飞骑射裂了箭靶“月支”，转身又射碎箭靶“马蹄”。他灵巧敏捷赛过猿猴，又勇猛轻疾如同豹螭。听说国家边境军情紧急，侵略者一次又一次进犯内地。告急信从北方频频传来，游侠儿催战马跃上高堤。随大军平匈奴直捣敌巢，再回师扫鲜卑驱逐敌骑。上战场面对着刀山剑树，从不将安和危放在心里。连父母也不能孝顺服侍，更不能顾念那儿女妻子。名和姓既列上战士名册，早已经忘掉了个人私利。为国家解危难奋勇献身，看死亡就好像回归故里。

赏析

《白马篇》刻画了一位武艺超群、勇赴国难、不计较个人生死的青年英雄形象，无疑，诗人曹植借这一形象表达了自己渴望为国为民建立功业的强烈愿望。曹植的诗歌用语精练、准确，如这首诗里的“厉马”“登”“长驱”“蹈”“左顾”“凌”等词语即如此。

思考练习

1. 清代学者称曹植诗“极工起调”，意思是曹植作诗非常讲究开头，请简析本诗开头两句的精彩之处。

2. 分析三、四两句中表达作者的感情。

---

① 俯身散马蹄：俯下身射裂了箭靶子。散，使……裂开。

② 狡捷过猴猿：强健、轻快赛过猿猴。狡，通“矫”，强健。

③ 勇剽（piāo）若豹螭（chī）：勇敢剽悍像豹子和龙。螭，古代传说中没有角的龙。

④ 胡虏数迁移：胡人屡次出动（侵犯边境）。胡虏，古时候对北方少数民族一种带有侮辱性的称呼。迁移，移动、出动。

⑤ 羽檄（xí）从北来：征兵的紧急文书从北方发来。羽檄，插上羽毛的文书（插上羽毛以示紧急）。

⑥ 厉马登高堤：快马加鞭，登上高堤。指游侠儿应征参战。

⑦ 长驱蹈匈奴：长驱直入，击败匈奴。蹈，践踏，引申为击败。

⑧ 左顾凌鲜卑：向左进攻，压倒鲜卑。凌，压倒。

⑨ 性命安可怀：生命怎能顾惜呢？怀，怀恋、顾惜。

⑩ 名编壮士籍：名字编在战士名册。籍，户籍、名册。

⑪ 不得中顾私：心里不能顾念私事。中，心里。

⑫ 捐躯赴国难，视死忽如归：献身奔赴国难，视死如归。忽，轻忽、不在意。

短　歌　行①

短歌行

曹　操

文学常识

魏武帝曹操（155 年—220 年），字孟德，小名阿瞒、吉利，沛国谯县（今安徽省亳州市）人。中国古代杰出的政治家、军事家、文学家、书法家、诗人。东汉末年权相，太尉曹嵩之子，曹魏的奠基者。

东汉末年，面对天下大乱，以汉献帝刘协名义征讨四方，对内消灭二袁、吕布、刘表、马超、韩遂等割据势力，对外降服南匈奴、乌桓、鲜卑等，统一中国北方地区，扩大屯田、兴修水利、奖励农桑、重视手工业、安置流民、实行“租调制”，促进中原地区经济生产和社会稳定。建安十八年（213 年），获封魏公，建立魏国，定都邺城。建安二十一年（216 年），册封魏王，权位在诸王之上。

建安二十五年（220 年），曹操去世，谥号为武，安葬于高陵。其子曹丕称帝，追封皇帝，谥号为武，庙号太祖。曹操喜欢用诗歌、散文抒发政治抱负，反映民生疾苦，是东汉文学的代表人物，被鲁迅称赞“改造文章的祖师”。擅长书法，被唐朝张怀瓘《书断》评为“妙品”。

对酒当歌②，人生几何？譬如朝露，去日苦多③。慨当以慷④，忧思难忘⑤。何以解忧，唯有杜康⑥。青青子衿，悠悠我心⑦。但为君故，沉吟至今⑧。呦呦鹿鸣，食野之苹。我有

① 短歌行：乐府曲调名，属《相和歌·平调曲》，一般于宴饮时演唱。曹操的《短歌行》共两首，约作于赤壁之战前后，本篇是第一首。

② 对酒：对着美酒。当：与“对”同义，也是对着的意思。一说“当”是应当之意，亦通。

③ 朝露：以朝露之容易消失喻人生短促。去日：过去的岁月。“去日苦多”即言日子过去太多，留下得太少，令人忧伤。

④ 慨当以慷：即慷慨，用以形容歌声。这里是间隔用法，“当以”二字无实际意义。

⑤ 忧思：年岁已老引起的无限忧虑。一作“幽思”，即深藏着的心事。

⑥ 杜康：相传是发明造酒术的人，这里是酒的代称。

⑦ 衿（jīn）：衣领。青衿是周代学子的服装。悠悠：长远，形容思念之深。“青青子衿，悠悠我心”为《诗经·郑风·子衿》中的成句。原诗写一女子对情人的思念，作者借以表示自己对贤才的思慕。

⑧ 沉吟：原指小声叨念和思索，这里指对贤人的思念和倾慕。

嘉宾，鼓瑟吹笙①。明明如月，何时可掇②？忧从中来，不可断绝。越陌度阡③，枉用相存④。契阔谈讌⑤，心念旧恩。月明星稀，乌鹊南飞。绕树三匝，何枝可依⑥？山不厌高，海不厌深⑦。周公吐哺，天下归心⑧。

译文

一边喝酒一边高歌，人生短促日月如梭。好比晨露转瞬即逝，失去的时日实在太多！

席上歌声激昂慷慨，忧郁长久填满心窝。靠什么来排解忧闷？唯有狂饮方可解脱。那穿着青领的学子哟，你们令我朝夕思慕。只是由于您的缘故，让我沉痛吟诵至今。阳光下鹿群呦呦欢鸣，悠然自得啃食在绿坡。一旦四方贤才光临舍下，我将奏瑟吹笙宴请嘉宾。当空悬挂的皓月哟，什么时候才可以拾到？我久蓄于怀的忧愤哟，突然喷涌而出汇成长河。远方宾客踏着田间小路，一个个屈驾前来探望我。彼此久别重逢谈心宴饮，争着将往日的情谊诉说。月光明亮星光稀疏，一群寻巢乌鹊向南飞去。绕树飞了三周却没敛翅，哪里才有它们的栖身之所？高山不辞土石才见巍峨，大海不弃涓流才见壮阔。我愿如周公般礼贤下士，愿天下英杰真心归顺我。

赏析

这是一首写知音难觅的诗。从诗意看，诗中主人公是一位在生活中因失意而彷徨的人。凄凉的弦歌声从重门紧锁的高楼上隐隐传来，其声调的悲凉深深地感染了楼下听歌的人。从那清婉悠扬、感慨哀伤而又一唱三叹的歌声中，诗人清晰地感受到了歌者经历的惨痛和被压抑的内心痛苦。这令人不禁要推想，歌者是谁？莫非是杞梁妻那样的忧伤女子？可是，最值得忧伤的不是歌者的哀痛，而是没有人能够理解她个中的伤感，知音难觅可能才是她感伤叹息的真正原因。诗人借高楼上的歌者之悲抒写的是自己的人生感受，“但伤知音稀”是一种具有广泛社会性的苦闷、悲伤和期待。

① “呦呦”四句：用《诗经·小雅·鹿鸣》首章前四句的成句。呦呦：鹿叫声。苹：艾蒿。鹿找到艾蒿就相互鸣叫召唤。嘉宾：指思慕之贤才。这四句是希望友人能来此相聚。如有尊贵的客人到来，我将鼓瑟吹笙，宴乐相待。

② 明明：指月光，比喻贤才。掇（duō）：拾取，取得。这两句是说，那明洁的月亮，什么时候才能得到呢？以月光的不可捉取比喻贤才之难求。“掇”一作“辍”，停止，断绝。以月光之不可阻隔比喻忧思之不能抑制，亦通。

③ 陌、阡：田间小路，东西向为“陌”，南北向为“阡”。越陌度阡：即走过许多路。喻贤才远道而来。

④ 枉：屈就，枉驾。用：以。存：问。这句是说：有劳宾客屈尊光临我处。

⑤ 契阔：聚散，合离。这里是复词偏义，强调久别之意。谈讌：即饮宴中畅叙别离怀念之情。讌即“宴”。

⑥ 匝：周，圈。依：依托。“月明星稀”四句，以良禽择木而栖喻贤才择主而事，实则希望贤才来归，共建大业。

⑦ 厌：嫌弃。《管子·形势解》：“海不辞水，故能成其大；山不辞土石，故能成其高；明主不厌人，故能成其众。”

⑧ 周公：姓姬，名旦，周武王之弟，曾辅助武王灭商，并一度代成王执政。哺：咀嚼着的食物。吐哺：吐出嘴里的食物。《韩诗外传》卷三载，周公说：“吾文王之子，武王之弟，成王之叔父也，又相天下，吾于天下亦不轻矣。然一沐三握发，一饭三吐哺，犹恐失天下之士。”曹操以周公自比，表示要礼贤下士，赢得天下人的拥戴。

作者将所抒之情融于幻景之中。对于声音的描写细腻生动，歌者与听者遥相呼应，把失意之人的徘徊、悲切、希冀全面地展现出来了。阅读时，要细细体会诗中那种若隐若现、缥缈空灵的意境。

思考练习

1. 全诗反复出现一个“忧”字，诗人“忧”什么？

2. 作者在诗歌中主要运用了哪些表现手法，请结合诗句分析。

3. “青青子衿，悠悠我心”“呦呦鹿鸣，食野之苹”这四句诗运用了何种修辞手法？分别表达了诗人何种感情？

满江红·登黄鹤楼[①]有感

岳　飞

文学常识

岳飞（1103 年—1142 年），字鹏举，相州汤阴（今河南省汤阴县）人。南宋时期抗金名将、军事家、战略家、民族英雄、书法家、诗人，位列南宋“中兴四将”之首。岳飞从二十岁起，曾先后四次从军。自建炎二年（1128 年）遇宗泽至绍兴十一年（1141 年）止，先后参与、指挥大小战斗数百次。金军攻打江南时，独树一帜，力主抗金，收复建康。绍兴四年（1134 年），收复襄阳六郡。绍兴六年（1136 年），率师北伐，顺利攻取商州、虢州等地。绍兴十年（1140 年），完颜宗弼毁盟攻宋，岳飞挥师北伐，两河人民奔走相告，各地义军纷纷响应，夹击金军。岳家军先后收复郑州、洛阳等地，在郾城、颍昌大败金军，进军朱仙镇。宋高宗赵构和宰相秦桧却一意求和，以十二道“金字牌”催令班师。在宋金议和过程中，岳飞遭受秦桧、张俊等人诬陷入狱。1142 年 1 月，以莫须有的罪名，与长子岳云、部将张宪一同遇害。宋孝宗时，平反昭雪，改葬于西湖畔栖霞岭，追谥武穆，后又追谥忠武，封鄂王。岳飞是南宋杰出的统帅，他重视人民抗金力量，缔造了“连接河朔”之谋，主张黄河以北的民间抗金义军和宋军互相配合，以收复失地；治军赏罚分明，纪律严整，又能体恤部属，以身作则，率领的“岳家军”号称“冻死不拆屋，饿死不打掳”。

① 黄鹤楼：旧址在黄鹤山（武昌之西）西北的黄鹤矶上。陆游《入蜀记》：“黄鹤楼旧传费玮飞升于此，后忽乘黄鹤来归，故以名楼。”

金军有“撼山易，撼岳家军难”的评语，以示对岳家军的由衷敬佩。岳飞的文才同样卓越，其代表词作《满江红·怒发冲冠》是千古传诵的爱国名篇，后人辑有文集传世。

遥望中原，荒烟外，许多城郭。想当年、花遮柳护，凤楼龙阁。万岁山①前珠翠绕，蓬壶殿②里笙歌作。到而今，铁骑③满郊畿，风尘④恶。

兵安在，膏⑤锋锷。民安在，填沟壑⑥。叹江山如故，千村寥落。何日请缨⑦提锐旅，一鞭直渡清河洛。却归来、再续汉阳⑧游，骑黄鹤。

译文

登楼远望中原，只见在一片荒烟笼罩下，仿佛有许多城郭。想当年啊！花多得遮住视线，柳多掩护着城墙，楼阁都是雕龙砌凤。万岁山前、蓬壶殿里，宫女成群，歌舞不断，一派富庶升平气象。如今，胡虏铁骑却践踏包围着京师郊外，战乱频仍，风尘漫漫，形势如此险恶。

士兵在哪里？他们血染沙场，鲜血滋润了兵刃。百姓在哪里？他们在战乱中丧生，尸首填满了溪谷。悲叹大好河山依如往昔，却田园荒芜，万户萧疏。何时能有杀敌报国的机会，率领精锐部队出兵北伐，挥鞭渡过长江，扫清横行“郊畿”的胡虏，收复中原。然后归来，重游黄鹤楼，以续今日之游兴。

赏析

这是一首登高抒怀之词。全词由词人登上黄鹤楼所见之景发端，追忆了昔日汴京城的繁华，再回到眼前讲述战乱频繁、生灵涂炭的情景，最后怀想来日得胜后的欢乐之情，抒发了词人对国破家亡的悲痛之情和光复中原的强烈愿望。

① 万岁山：即万岁山艮岳，宋徽宗政和年间所造，消耗了大量民力民财。据洪迈《容斋三笔》说：“（万岁）山周十余里，最高一峰九十尺，亭堂楼阁不可殆记。”

② 蓬壶殿：疑即北宋故宫内的蓬莱殿。这四句形容北宋汴京宫室壮丽，富庶繁华。

③ 铁骑：指金国军队。郊畿：指汴京所在处的千里地面，又指金国铁浮屠重甲骑兵。

④ 风尘：指战乱。杜甫《赠别贺兰铦》：“国步初返正，乾坤尚风尘。“风尘恶，是说敌人占领中原，战乱频仍，形势十分险恶。

⑤ 膏：滋润，这里做被动词。锋：兵器的尖端。锷：剑刃。《庄子·说剑》：“天子之剑，以燕峪石城为锋，齐岱为锷。“这两句是说兵士们在哪儿呢？他们（的血）滋润了兵器的尖端（意为被刀剑击中而死亡）。

⑥ 沟壑：溪谷。杜甫《醉时歌》：“但觉高歌有鬼神，焉知饿死填沟壑。“这两句是说老百姓在哪儿呢？他们已因饥寒交迫而死，被丢在溪谷中了。

⑦ 缨：绳子。请缨，请求杀敌立功的机会。《汉书·终军传》记终军向汉武帝“自请愿受长缨，必羁南越王而致之阙下。“河洛：黄河、洛水。这里泛指中原。这句是说哪一天能向皇帝请求，并得到他的命令率领精锐部队，挥鞭渡过长江，收复中原。

⑧ 汉阳：今湖北武汉市（在武昌西北）。

思考练习

1. 这首词中的对比是由哪两个句子领起的?“万岁山前珠翠绕”一句中用了哪种修辞手法?

2. 词中写了哪些“风尘恶”的景象?

3. 词的开头写作者登黄鹤楼遥望中原，结尾说“再续汉阳游，骑黄鹤”，反映出作者的思想感情有何变化?

天 才 梦

张爱玲

天才梦

文学常识

张爱玲（1920 年—1995 年），原名张煐，笔名梁京，祖籍河北丰润，生于上海，中国现代女作家。7 岁开始写小说，12 岁开始在校刊和杂志上发表作品。1943 至 1944 年，创作和发表了《沉香屑 · 第一炉香》《沉香屑 · 第二炉香》《茉莉香片》《倾城之恋》《红玫瑰与白玫瑰》等小说。1955 年，张爱玲赴美国定居，创作英文小说多部，但仅出版一部。1969 年以后主要从事古典小说的研究，著有红学论集《红楼梦魇》。1995 年 9 月在美国洛杉矶去世，终年 75 岁。有《张爱玲全集》行世。

我是一个古怪的女孩，从小被慕为天才，除了发展我的天才外别无生存的目标。然而，当童年的狂想逐渐褪色的时候，我发现我除了天才的梦之外一无所有——所有的只是天才的乖僻缺点。世人原谅瓦格涅的疏狂，可是他们不会原谅我。

加上一点美国式的宣传，也许我会被誉为神童。我三岁时能背诵唐诗。我还记得摇摇摆摆地立在一个满清遗老的藤椅前朗吟“商女不知亡国恨，隔江犹唱后庭花”，眼看着他的泪珠滚下来。七岁时我写了第一部小说，一个家庭悲剧。遇到笔画复杂的字，我常常跑去问厨子怎样写。第二部小说是关于一个失恋自杀的女郎。我母亲批评说：如果她要自杀，她决不会从上海乘火车到西湖去自溺。可是我因为西湖诗意的背景。终于固执地保存了这一点。

我仅有的课外读物是《西游记》与少量的童话，但我的思想并不为它们所束缚。八岁那年，我尝试过一篇类似乌托邦的小说，题名《快乐村》。快乐村人是一个好战的高原民族，因克服苗人有功，蒙中国皇帝特许，免征赋税，并予自治权。所以快乐村是一个与外界隔绝的大家庭，自耕自织，保存着部落时代的活泼文化。

我特地将半打练习簿缝在一起，预期一本洋洋大作，然而不久我就对这伟大的题材失去了兴趣。现在我仍旧保存着我所绘的插画多帧，介绍这种理想社会的服务，建筑，室内装修，包括图书馆，“演武厅”，巧克力店，屋顶花园。公共餐室是荷花池里一座凉亭。我不记得那里有没有电影院与社会主义——虽然缺少这两样文明产物，他们似乎也过得很好。

九岁时，我踌躇着不知道应当选择音乐或美术作我终生的事业。看了一张描写穷困的画家的影片后，我哭了一场，决定做一个钢琴家，在富丽堂皇的音乐厅里演奏。对于色彩，音符，字眼，我极为敏感。当我弹奏钢琴时，我想像那八个音符有不同的个性，穿戴了鲜艳的衣帽携手舞蹈。我学写文章，爱用色彩浓厚，音韵铿锵的字眼，如“珠灰”，“黄昏”，“婉妙”，“splendour”（辉煌，壮丽），“melancholy”（忧郁），因此常犯了堆砌的毛病。直到现在，我仍然爱看《聊斋志异》与俗气的巴黎时装报告，便是为了这种有吸引力的字眼。

在学校里我得到自由发展。我的自信心日益坚强，直到我十六岁时，我母亲从法国回来，将她暌违多年的女儿研究了一下。

“我懊悔从前小心看护你的伤寒症，”她告诉我，“我宁愿看你死，不愿看你活着使你自己处处受痛苦。”我发现我不会削苹果，经过艰苦的努力我才学会补袜子。我怕上理发店，怕见客，怕给裁缝试衣裳。许多人尝试过教我织绒线，可是没有一个成功。在一间房里住了两年，问我电铃在哪儿我还茫然。我天天乘黄包车上医院去打针，接连三个月，仍然不认识那条路。总而言之，在现实的社会里，我等于一个废物。

我母亲给我两年的时间学习适应环境。她教我煮饭；用肥皂粉洗衣；练习行路的姿势；看人的眼色；点灯后记得拉上窗帘；照镜子研究面部神态；如果没有幽默天才，千万别说笑话。

在待人接物的常识方面，我显露惊人的愚笨。我的两年计划是一个失败的试验。除了使我的思想失去均衡外，我母亲的沉痛警告没有给我任何的影响。

生活的艺术，有一部分我不是不能领略。我懂得怎么看《七月巧云》，听苏格兰兵吹bagpipe（风笛），享受微风中的藤椅，吃盐水花生，欣赏雨夜的霓虹灯，从双层公共汽车上伸出手摘树顶的绿叶。在没有人与人交接的场合，我充满了生命的欢悦。可是我一天不能克服这种咬啮性的小烦恼，生命是一袭华美的袍，爬满了虱子。

赏　析

《天才梦》是张爱玲19岁时参加《西风》月刊征文比赛写的散文，是张爱玲在正式出版物上发表的第一篇文章。

《天才梦》里的张爱玲真诚又有趣。文章笔调舒缓平静地娓娓道来。张爱玲对于自己文学上的天赋和生活能力的不足都不回避：三岁能背唐诗，七岁写家庭小说，八岁写乌托邦小说，被视为天才并不为过；但张爱玲感受得更多的是一个生活不能自理的天才的凄清，是个路痴，不会削苹果，怕见客，还是有自闭症的“宅女”，害怕与人交往接触。

《天才梦》的语言质朴又华丽、温和又苍凉、精练又繁芜。难以想象，一个正值青春年华的女子写出如此圆熟又深谙人生况味的文字。张爱玲从各种风格的文字中汲取营养形成了雅俗融合、东西交融的风格，达到“旧小说情调与现代趣味的统一”。加上自己独特的个性和气质，她的文字散发着历久弥新的魅力。

思考练习

1. “母亲”在文章中出现了三次，分别有何作用？请简要分析。
2. 结合全文，谈谈你对“生命是一袭华美的袍，爬满了虱子”这句话的理解。

人性探究篇

世说新语（三则）

刘义庆

文学常识

刘义庆（403年—444年），彭城（今江苏徐州）人，南朝刘宋宗室，封临川王。喜好文学，招聚文学之士，远近必至。著作有《世说新语》《幽明录》，均为我国小说发轫期的重要作品。

德行门·华歆王朗

华歆、王朗俱乘船避难①，有一人欲依附，歆辄难之②。朗曰："幸尚宽，何为不可？"后贼追至，王欲舍所携人。歆曰："本所以疑③，正为此耳④。既已纳其自托⑤，宁可以急相弃邪？"遂携拯如初。世以此定华、王之优劣。

译 文

华歆、王朗一同乘船避难，有一个人想搭他们的船，华歆马上对这一要求表示为难。王朗说："好在船还宽，为什么不行呢？"后来强盗追来了，王朗就想甩掉那个搭船人。华歆说："我当初犹豫，就是为的这一点呀。已经答应了他的请求，怎么可以因为情况紧迫

① 华歆（157年—231年）：字子鱼，高唐（今山东禹城西南）人，汉桓帝时为上书令，入魏后官至太尉。王郎（？—228年），字景兴，东海郯（今山东郯城）人，汉末为会稽太守，入魏后官至司徒。

② 辄：即。此句意为，华歆随即迟疑为难。

③ 疑：迟疑不决。

④ 这句是说，正是因为考虑到会出现当前这种形势紧急而难以照顾别人的情况。

⑤ 纳其自托：接受它的请托。

就抛弃他呢！”便仍旧带着并帮助他。世人凭这件事来判定华歆和王朗的优劣。

任诞门·雪夜访戴

王子猷居山阴①，夜大雪，眠觉，开室命酌酒，四望皎然。因起彷徨，咏左思《招隐诗》②，忽忆戴安道③。时戴在剡④，即便夜乘小船就之⑤。经宿方至⑥，造门不前而返⑦。人问其故，王曰：“吾本乘兴而行，兴尽而返，何必见戴！”

王子猷居住在山阴，一次夜里大雪纷飞，他一觉醒来，打开窗户，命令仆人上酒，四处望去，一片洁白银亮。于是起身，慢步徘徊，吟诵着左思的《招隐诗》。忽然间想到了戴逵。当时戴逵远在曹娥江上游的剡县，即刻连夜乘小船前往。经过一夜才到，到了戴逵家门前却又转身返回。有人问他为何这样，王子猷说：“我本来是乘着兴致前往，兴致已尽，自然返回，为何一定要见戴逵呢？”

汰侈门·石崇王恺

石崇与王恺争豪⑧，并穷绮丽以饰舆服⑨。武帝，恺之甥也，每助恺。尝以一珊瑚树高二尺许赐恺，枝柯扶疏⑩，世罕其比。恺以示崇。崇视讫⑪，以铁如意击之⑫，应手而碎。恺既惋惜，又以为疾己之宝⑬，声色甚厉。崇曰：“不足恨，今还卿。”乃命左右悉取珊瑚树，有三尺四尺，条干绝世，光彩溢目者六七枚，如恺许比甚众⑭。恺惘然自失。

汰侈门·石崇王恺

石崇和王恺比阔斗富，两人都用尽最鲜艳华丽的东西来装饰车马、服装。晋武帝是王恺的外甥，常常帮助王恺。他曾经把一棵二尺来高的珊瑚树送给王恺，这棵珊瑚树枝条繁

---

① 王子猷：名徽之，王羲之的儿子，性孤高。山阴：今浙江绍兴。
② 左思：字太冲，临淄人，西晋初年著名作家，代表作是《咏史》和《三都赋》。
③ 戴安道：名逵，学问广博，隐居不仕。
④ 剡：今浙江嵊州市。
⑤ 就：往访。
⑥ 经宿：经过一个晚上。
⑦ 造门：到了门口。
⑧ 石崇：字季伦，历任刺史、卫尉等重要官职，是当时的富豪，后为赵王伦所杀。王恺：字君夫，姊嫁司马昭，生司马炎（晋武帝）官至龙骧将军、骁骑将军、散骑常侍。争豪：比赛富有。
⑨ 穷：极，尽。舆服：车辆和衣冠。
⑩ 枝柯扶疏：枝叶茂盛分披的样子。柯：树枝。扶疏：繁茂分披的样子。
⑪ 视讫：看过之后。讫：完毕。
⑫ 如意：器物名，用玉、石、骨、竹、木或金属制成，供指划或玩赏用。
⑬ 疾：通“嫉”，嫉妒。
⑭ 如恺许比甚众：像王恺的这样的珊瑚很多。

茂，世上很少有和它相当的。

王恺把珊瑚树拿来给石崇看，石崇看后，拿铁如意敲它，马上就打碎了。王恺既惋惜，又认为石崇是妒忌自己的宝物，说话时声音和脸色都非常严厉。石崇说："不值得发怒，现在就赔给你。"于是就叫手下的人把家里的珊瑚树全都拿出来，三尺、四尺高的，树干、枝条举世无双，光彩夺目的有六七棵，像王恺那样的就更多了。王恺看了，自感失落。

赏　析

第一则记言语、行为。通过华歆、王朗在患难危机之中对待他人的态度，现出华歆品质之优，王朗品质之劣。言、行对比，鲜明生动。

第二则记行为。写王子猷任性放达。这是当时士族知识分子所崇尚的。王子猷雪夜访戴，竟"造门不前""乘兴而行，兴尽而返"，这种不讲实务效果的惊俗行为，十分鲜明地体现了当时士人自由的、非功利的唯美生活态度。

第三则重在记事件。写豪门贵族的奢侈、骄纵。石崇以铁如意击碎珊瑚树这一典型细节，像石雕从石面上凸起一样，使人物精神全出。而以皇亲国戚为铺垫和贯穿始终的二人对比，则将巨富和跋扈的程度衬托到了极致。

这三篇小说，善用对比，突出人物性格。如华歆与王朗言语、行为的对比，周顗之感慨与王导之训斥对比等，使人物性格鲜明突出。语言简洁含蓄，隽永传神，对后世影响很大。

思考练习

1. 写出出自《雪夜访戴》的成语。
2. 《石崇王恺》中石崇以铁如意击碎珊瑚树，对表现主题、刻画人物性格有何重要作用？

群英会蒋干中计①

罗贯中

文学常识

《三国演义》（全名为《三国志通俗演义》）是元末明初小说家罗贯中根据陈寿《三国志》和裴松之注解以及民间三国故事传说经过艺术加工创作而成的长篇章回体

① 本文节选自《三国演义》第四十五回，原回目是"三江口曹操折兵，群英会蒋干中计"。群英会，英雄豪杰们的聚会。

历史演义小说，与《西游记》《水浒传》《红楼梦》并称为中国古典四大名著，本文选自《三国演义》。该作品成书后有嘉靖壬午本等多个版本传于世，到了明末清初，毛宗岗对《三国演义》整顿回目、修正文辞、改换诗文，该版本也成为诸多版本中水平最高、流传最广的版本。

却说周瑜送了玄德，回至寨①中，鲁肃入问曰：“公既诱玄德至此，为何又不下手？”瑜曰：“关云长，世之虎将也，与玄德行坐相随，吾若下手，他必来害我。”肃愕然。忽报曹操遣使送书至。瑜唤入。使者呈上书看时，封面上判云②：“汉大丞相付周都督开拆。”瑜大怒，更不开看，将书扯碎，掷于地下，喝斩来使。肃曰：“两国相争，不斩来使。”瑜曰：“斩使以示威！”遂斩使者，将首级付从人持回。随令甘宁③为先锋，韩当为左翼，蒋钦为右翼。瑜自部领④诸将接应。来日四更造饭，五更开船，鸣鼓呐喊而进。

却说曹操知周瑜毁书斩使，大怒，便唤蔡瑁、张允⑤等一班荆州降将为前部，操自为后军，催督战船，到三江口⑥。早见东吴船只，蔽江⑦而来。为首一员大将，坐在船头上大呼曰：“吾乃甘宁也！谁敢来与我决战？”蔡瑁令弟蔡壎前进。两船将近，甘宁拈弓搭箭，望蔡壎射来，应弦而倒⑧。宁驱船大进，万弩齐发。曹军不能抵当。右边蒋钦，左边韩当，直冲入曹军队中。曹军大半是青、徐⑨之兵，素不习水战，大江面上，战船一摆，早立脚不住。甘宁等三路战船，纵横水面。周瑜又催船助战。曹军中箭着炮者，不计其数，从巳时⑩直杀到未时⑪。周瑜虽得利，只恐寡不敌众，遂下令鸣金⑫，收住船只。

曹军败回。操登旱寨，再整军士，唤蔡瑁、张允责之曰：“东吴兵少，反为所败，是汝等不用心耳！”蔡瑁曰：“荆州水军，久不操练；青、徐之军，又素不习水战。故尔致败。今当先立水寨，令青、徐军在中，荆州军在外，每日教习精熟，方可用之。”操曰：“汝既为水军都督，可以便宜从事⑬，何必禀我！”于是张、蔡二人，自去训练水军。沿江一带分二十四座水门⑭，以大船居于外为城郭，小船居于内，可通往来，至晚点上灯火，照得天心水面通红。旱寨三百余里，烟火不绝。

---

① 寨：军营。
② 判云：批道，写道。
③ 甘宁：和下文的韩当、蒋钦，都是东吴的将领。
④ 部领：统率。
⑤ 蔡瑁、张允：原来都是荆州刺史（刺史是汉代的地方长官），刘表的部下，后来投降曹操。
⑥ 三江口：在现在湖北省黄冈市的西部。
⑦ 蔽江：遮蔽了江面（形容船只多）。
⑧ 应弦而倒：随着弓弦的响声（被射中了）倒在地上。
⑨ 青、徐：青州和徐州，现在在山东和江苏一带。
⑩ 巳时：指上午九点到十一点。
⑪ 未时：指下午一点到三点。
⑫ 鸣金：敲锣，古代作战时收兵的信号。
⑬ 便（biàn）宜从事：看怎么方便就怎么办。
⑭ 水门：用战船在水上布置了作战阵地，从阵地通向外面的门。

却说周瑜得胜回寨，犒赏三军，一面差人到吴侯①处报捷。当夜瑜登高观望，只见西边火光接天。左右告曰："此皆北军灯火之光也。"瑜亦心惊。次日，瑜欲亲往探看曹军水寨，乃命收拾楼船一只，带着鼓乐，随行健将数员，各带强弓硬弩，一齐上船，迤逦前进。至操寨边，瑜命下了矴石，楼船上鼓乐齐奏。瑜暗窥他水寨，大惊曰："此深得水军之妙也！"问："水军都督是谁？"左右曰："蔡瑁、张允。"瑜思曰："二人久居江东②，谙习③水战，吾必设计先除此二人，然后可以破曹。"正窥看间，早有曹军飞报曹操，说："周瑜偷看吾寨。"操命纵船擒捉。瑜见水寨中旗号动，急教收起矴石，两边四下一齐轮转橹棹，望江面上如飞而去。比及曹寨中船出时，周瑜的楼船已离了十数里远，追之不及，回报曹操。

操问众将曰："昨日输了一阵，挫动④锐气；今又被他深窥吾寨。吾当作何计破之？"言未毕，忽帐下一人出曰："某自幼与周郎同窗交契⑤，愿凭三寸不烂之舌，往江东说此人来降。"曹操大喜，视之，乃九江人，姓蒋，名干，字子翼，现为帐下幕宾⑥。操问曰："子翼与周公瑾相厚乎？"干曰："丞相放心。干到江左⑦，必要成功。"操问："要将何物去？"干曰："只消一童随往，二仆驾舟，其余不用。"操甚喜，置酒与蒋干送行。

干葛⑧巾布袍，驾一只小舟，径到周瑜寨中，命传报："故人蒋干相访。"周瑜正在帐中议事，闻干至，笑谓诸将曰："说客至矣！"遂与众将附耳低言，如此如此。众皆应命而去。瑜整衣冠，引从者数百，皆锦衣花帽，前后簇拥而出。蒋干引一青衣小童，昂然而来。瑜拜迎之。干曰："公瑾别来无恙！"瑜曰："子翼良苦：远涉江湖，为曹氏做说客耶？"干愕然曰："吾久别足下，特来叙旧，奈何疑我做说客也？"瑜笑曰："吾虽不及师旷之聪⑨，闻弦歌而知雅意⑩。"干曰："足下待故人如此，便请告退。"瑜笑而挽其臂曰："吾但恐兄为曹氏做说客耳。既无此心，何速去也？"遂同入帐。

叙礼⑪毕，坐定，即传令悉召江左英杰与子翼相见。须臾，文官武将，各穿锦衣；帐下偏裨将校，都披银铠：分两行而入。瑜都教相见毕，就列于两傍而坐。大张筵席，奏军中得胜之乐，轮换行酒⑫。瑜告众官曰："此吾同窗契友也。虽从江北到此，却不是曹家

① 吴侯：指东吴的最高统治者孙权。

② 江东：长江在芜湖、南京间作西南偏南、东北偏北流向，隋、唐以前，是南北往来主要渡口的所在地，习惯上称从这里以下的长江南岸地区为江东。三国时，江东是孙权的根据地，所以当时又称孙吴统治下的全部地区为江东。这里指的是前面一种说法，下文的"江东"指的是后一种说法。

③ 谙（ān）习：熟悉。

④ 挫动：挫折。

⑤ 交契：交情深厚。契，情意相投。

⑥ 幕宾：这里指军队里的参谋。

⑦ 江左：古人以东为左，以西为右，所以江东又称江左。

⑧ 葛：一种植物，纤维可以织布。

⑨ 师旷之聪：师旷那样耳朵灵。师旷，春秋时代晋国的乐师，善于辨别乐音。

⑩ 雅意：高雅的含义。

⑪ 叙礼：行礼。

⑫ 行酒：敬酒。

说客。公等勿疑。”遂解佩剑付太史慈①曰：“公可佩我剑作监酒：今日宴饮，但叙朋友交情；如有提起曹操与东王强旅之事者，即斩之！”太史慈应诺，按剑②坐于席上。蒋干惊愕，不敢多言。周瑜曰：“吾白领军以来，滴酒不饮；今日见了故人，又无疑忌，当饮一醉。”说罢，大笑畅饮。座上觥筹交错③。饮至半酣，瑜携干手，同步出帐外。左右军士，皆全装惯带④，持戈执戟而立。瑜曰：“吾之军士，颇雄壮否？”干曰：“真熊虎之士也。”瑜又引干到帐后一望，粮草堆如山积。瑜曰：“吾之粮草，颇足备否？”干曰：“兵精粮足，名不虚传。”瑜佯醉大笑曰：“想周瑜与子翼同学业时，不曾望有今日。”干曰：“以吾兄高才，实不为过。”瑜执干手曰：“大丈夫处世，遇知己之主，外托君臣之义，内结骨肉之恩⑤，言必行，计必从，祸福共之。假使苏秦、张仪、陆贾、郦生⑥复出，口似悬河，舌如利刃，安能动我心哉！”言罢大笑。蒋干面如土色。

瑜复携干入帐，会诸将再饮，因指诸将曰：“此皆江东之英杰。今日此会，可名群英会。”饮至天晚，点上灯烛，瑜自起舞剑作歌。歌曰：“丈夫处世兮立功名，立功名兮慰平生。慰平生兮吾将醉，吾将醉兮发狂吟⑦！”歌罢，满座欢笑。

至夜深，干辞曰：“不胜酒力矣。”瑜命撤席，诸将辞出。瑜曰：“久不与子翼同榻，今宵抵足而眠。”于是佯作大醉之状，携干入帐共寝。瑜和衣卧倒，呕吐狼藉。蒋干如何睡得着？伏枕听时，军中鼓打二更，起视残灯尚明。看周瑜时，鼻息如雷。干见帐内桌上，堆着一卷文书，乃起床偷视之，却都是往来书信。内有一封，上写“蔡瑁张允谨封。”干大惊，暗读之。书略曰：“某等降曹，非图仕禄，迫于势耳。今已赚⑧北军困于寨中，但得其便，即将操贼之首，献于麾下。早晚人到，便有关报⑨。幸勿见疑。先此敬覆。”干思曰：“原来蔡瑁、张允结连东吴！”遂将书暗藏于衣内。再欲检看他书时，床上周瑜翻身，干急灭灯就寝。瑜口内含糊曰：“子翼，我数日之内，教你看操贼之首！”干勉强应之。瑜又曰：“子翼，且住！……教你看操贼之首！……”及干问之，瑜又睡着。干伏于床上，将近四更，只听得有人入帐唤曰：“都督醒否？”周瑜梦中做忽觉之状，故问那人曰：“床上睡着何人？”答曰：“都督请子翼同寝，何故忘却？”瑜懊悔曰：“吾平日未尝饮醉；昨日醉后失事，不知可曾说甚言语？”那人曰：“江北有人到此。”瑜喝：“低声！”便唤：“子翼。”蒋干只妆睡着。瑜潜出帐。干窃听之，只闻有人在外曰：“张、蔡二都督道：急切不得下手，……”后面言语颇低，听不真实。少顷，瑜入帐，又唤：“子翼。”

① 太史慈：东吴的将领。

② 按剑：用手抚剑。

③ 觥筹交错：酒杯和酒筹交互错杂。筹，酒筹，行酒令（用游戏的方法决定饮酒的次序）用的竹签。

④ 全装惯带：全副武装，束着腰带。

⑤ 外托君臣之义，内结骨肉之恩：表面上是君臣关系，实际上彼此有骨肉一样的恩情。

⑥ 陆贾、郦生：汉代有名的辩士。陆贾，楚人，汉初曾随高祖定天下，常出使诸侯做说客。郦生，就是郦食其（lì yì jī），秦汉之际多次给刘邦献计，后说齐王田广归汉。

⑦ 发狂吟：唱出放荡不羁的歌。

⑧ 赚：诱骗。

⑨ 关报：报告。

蒋干只是不应，蒙头假睡。瑜亦解衣就寝。

干寻思："周瑜是个精细人，天明寻书不见，必然害我。"睡至五更，干起唤周瑜，瑜却睡着。干戴上巾帻①，潜步出帐，唤了小童，径出辕门②。军士问："先生那里去？"干曰："吾在此恐误都督事，权且告别。"军士亦不阻当。干下船，飞棹回见曹操。操问："子翼干事若何？"干曰："周瑜雅量高致，非言词所能动也。"操怒曰："事又不济③，反为所笑！"干曰："虽不能说周瑜，却与丞相打听得一件事。乞退左右。"

干取出书信，将上项事逐一说与曹操。操大怒曰："二贼如此无礼耶！"即便唤蔡瑁、张允到帐下。操曰："我欲使汝二人进兵。"瑁曰："军尚未曾练熟，不可轻进。"操怒曰："军若练熟，吾首级献于周郎矣！"蔡、张二人不知其意，惊慌不能回答。操喝武士推出斩之。须臾，献头帐下，操方省悟曰："吾中计矣！"后人有诗叹曰："曹操奸雄不可当，一时诡计中周郎。蔡张卖主求生计，谁料今朝剑下亡！"众将见杀了张、蔡二人，入问其故。操虽心知中计，却不肯认错，乃谓众将曰："二人怠慢军法，吾故斩之。"众皆嗟呀不已。

操于众将内选毛玠④、于禁为水军都督，以代蔡、张二人之职。细作⑤探知，报过江东。周瑜大喜曰："吾所患者，此二人耳。今既剿除，吾无忧矣。"肃曰："都督用兵如此，何愁曹贼不破乎！"瑜曰："吾料诸将不知此计，独有诸葛亮识见胜我，想此谋亦不能瞒也。子敬试以言挑之，看他知也不知，便当回报。"正是：还将反间成功事，去试从旁冷眼人。未知肃去问孔明还是如何，且看下文分解。

赏　析

本文选自《三国演义》第四十五回，是《三国演义》中最精彩的片段之一。写的是周瑜用反间计智赚曹操，除掉了曹军的水军都督蔡瑁、张允。这一计在三国纷争的关键一仗赤壁之战中具有举足轻重的意义。因为当时曹操在政治上"挟天子以令诸侯"，在军事上刚挫败刘备、收服刘琮，号称八十三万人马下江南，妄图以武力席卷荆襄，气吞吴会，一统天下。而孙吴虽据江东之险，但只有精兵五万；蜀汉虽虎将云集，但兵力也仅有两万。尽管蜀，吴联合抗魏，在兵力上仍众寡悬殊。在这样的背景下，吴蜀方面唯有运用智慧，出奇制胜，才能以弱克强。这样，周瑜的这一计，就有着非同寻常的意义。

本文自始至终围绕这一计来展开，从设计的必要、施计的机会，到中计的过程、中计的后果，步步写来，环环相扣，层层波澜，中间多少起伏跌宕、多少喜、笑、惊、怒，变幻莫测，腾挪难料，令人目不暇接。而几个人物，特别是周瑜这个有勇有谋、风流倜傥的青年统帅的形象，也就在这一系列起伏中得到了表现。

① 巾帻：头巾。
② 辕门：军营的门，也指衙署的外门。
③ 不济：不成功。
④ 玠：读jiè。
⑤ 细作：侦探。

思考练习

1. 全文的主线是什么?
2. 周瑜是用什么方法除去蔡瑁和张允的?
3. 文中多次描写周瑜的“笑”,每次“笑”各出于什么原因?
4. 这多次的“笑”又表现了周瑜怎样的思想性格?

人生(节选)①

路 遥

文学常识

路遥,陕西省清涧县人,1949 年出生于陕北山区一个贫困的农民家庭,7 岁时因为家里困难被过继给延川县农村的伯父。“文革”开始后受影响直到 1969 年年底才回到家里务农。这段时间里他做过许多临时性的工作,并在农村一小学中教过一年书。1973 年进入延安大学中文系学习,其间开始文学创作。大学毕业后,任《陕西文艺》(今为《延河》)编辑。1992 年积劳成疾,英年早逝。1991 年完成长篇小说《平凡的世界》获得第三届茅盾文学奖,他的作品《人生》被改编成电影后,引起巨大的轰动。

天还没有明时,高加林②就赤手空拳悄然地离开了县委大院。

他匆匆走过没有人迹的街道,步履踉跄,神态麻木。当他走到大马河桥上的时候,他一下子有气无力地伏在了桥栏杆上。桥下,清清的大马河在黎明前闪着青幽幽的波光,穿过桥洞,流向了看不见的远方。

他手抚着桥栏杆,想起第一次卖馍返回的时候,巧珍就是站在这里等他的;想起在这同一个地方,他不久前又曾狠心地和她断绝了关系……眼下他又在这里了,可是他现在还有什么呢?他幻想的工作和未来在大城市生活的梦想破灭了,黄亚萍又退回到了他生活的远景上;亲爱的刘巧珍被他冷酷地抛弃,现在已和别人结了婚。这一切怨谁呢?他恨起了自己:他的悲剧是他自己造成的!他为了虚荣而抛弃了生活的原则,落了今天这个下场!

黎明不知什么时候已经静悄悄地来临了。城里已经又开始纷纷攘攘了。高加林望了一

① 《人生》以上世纪 70 年代黄土高原作为故事大背景。把在当时社会中处于农村和城市之间“交叉地带”中的人们之间的矛盾表现得非常充分。

② 小说节选前的情节概括:高加林是一个农民的儿子,通过自己的奋斗,好不容易进入县委大院工作,却被人揭发走后门找工作的事情,最后只得离开县委大院。

眼罩在蓝色雾霭中的县城，就回过头，穿过桥面，拐进了大马河川道。

他走在庄稼地中间的简易公路上，心里涌起了一种从未体验过的难受。他已经多少次从这条路上走来走去。从这条路上走到城市，又从这条路上走回农村。这短短的十华里土路，对他来说，是多么的漫长！这也象征着他已经走过的生活道路——短暂而曲折！他一边走一边想：他回到村里后，人们会怎样看他呢？他将怎样再开始在那里生活呢？可是现在……他忍不住一下子站在路上，痛不欲生地张开嘴，想大声嘶叫，又叫不出声来！

早晨的太阳照耀在初秋的原野上，大地立刻展现出了一片斑斓的色彩，脚下的土路潮润润的。高加林在路上摇摇晃晃地走着，走几步就站下，站一会再走……

离村子还有一里路的地方，他听见河对面的山坡上，有一群孩子叽叽喳喳地说话，其中听见一个男孩子大声喊："高老师回来……"他知道这是他们村的砍柴娃娃，都是他过去的学生。突然，有一个孩子在对面山坡上唱起了信天游——哥哥你不成材，卖了良心才回来……

孩子们都哈哈大笑，叽叽喳喳地跑到沟里去了。

这古老的歌谣，虽然从孩子的口里唱出来，但它那深沉的谴责力量，仍然使高加林感到惊心动魄。唉！孩子们都这样厌恶他，村里的大人们就更不用说了。

他走不远，就看见了自己的村子。他忍不住停下了脚，忧伤地看了一眼他熟悉的家乡。一切都是原来的样子——但对他来说，一切又都不一样了……

就在这时，许多刚下地的村里人，却都从这里那里的庄稼地里钻出来，纷纷向他跑来了。他不知道这是怎一回事，村里的人们就先后围在了他身边，开始向他问长问短。所有人的话语、表情、眼神，都不含任何恶意和嘲笑。大家还七嘴八舌地安慰他哩："回来就回来吧，你也不要灰心！""天下农民一茬子人哩！逛门外和当干部的总是少数……"

当高加林再迈步向村子走去的时候，感到身上像吹过了一阵风似的松动了一些。他抬头望着这单纯而又丰富的故乡田地，心中涌起了一种深厚的情感，就像他离开它已经很长时间了，现在才回来……当他走到大马河湾的分路口上时，腿猛一下子软得再也走不动了。

他猛然发现，德顺爷爷正蹲在他面前。他不知道德顺爷爷是什么时候蹲在他面前的，他只是静静地蹲着，抽着旱烟锅。

"爷爷，我心里难过。我现在也知道，我本来已经得到了金子，但像土圪垯老一样扔了。我现在觉得活着实在没意思，真想死……"

"胡说！"德顺爷爷一下子站起来，"你才二十四岁，怎么能有这么些混账想法？我，快七十岁的孤老头子了，无儿无女，一辈子光棍一条。但我还天天心里热腾腾的，想多活它几年！别说你还是个嫩娃娃哩！我虽然没有妻室儿女，但觉得活着总还是有意思的。我爱过，也痛苦过；我用这两只手劳动过，种过五谷，栽过树，修过路……这些难道也不是活得有意思吗？——拿你们年轻人的词说叫幸福。幸福！你小子不知道，我把我树上的果子摘了分给村里的娃娃们，我心里可有多……幸福！我栽下一钵树，心里就想，我死了，后世人在那树上摘着吃果子……”

德顺爷爷大动感情地说着，像是在教导加林，又像是借此机会总结他自己的人生。他那只拿烟锅的，衰老的手在剧烈地抖动着。

高加林一下子扑倒在德顺爷爷的脚下，两只手紧紧抓着两把黄土，沉痛地呻吟着，喊叫了一声：

“我的亲人哪……”

（有删改）

赏　析

《人生》发表于1982年，改革时期陕北高原的城乡生活构成了它的时空背景。高中毕业生高加林回到土地又离开土地，再离开土地，再回到土地这样人生的变化过程构成了其故事构架。高加林同农村姑娘刘巧珍、城市姑娘黄亚萍之间的感情纠葛构成了故事发展的矛盾，也正体现了那种艰难选择的悲剧。

思考练习

1. 如何评价《人生》里的高加林？
2. 选文中的主旨是什么？

日出（节选）

曹　禺

文学常识

曹禺（1910年—1996年），原名万家宝，字小石，小名添甲，汉族，祖籍湖北潜江，出生于天津一个没落的封建官僚家庭，中国杰出的现代话剧剧作家。其父曾任总统黎元洪的秘书，后赋闲在家，抑郁不得志。曹禺幼年丧母，在压抑的氛围中长大，个性苦闷而内向。1922年，入读南开中学，并参加了南开新剧团，北京人民艺术剧院院长。曹禺笔名的来源是因为本姓“万”（繁体字，结构为“艹”下一个“禺”），于是他将万字上下拆为“草禺”，又因“草”不像个姓，故取谐音字“曹”，两者组合而得曹禺。曹禺是中国现代话剧史上成就最高的剧作家。曹禺自小随继母辗转各个戏院听曲观戏，故而从小心中便播下了戏剧的种子。

第二幕

〔黄省三由中门进。〕

黄省三：（胆小地）李……李先生。

李石清：怎么？（吃了一惊）是你！

黄省三：是，是，李先生。

李石清：又是你，谁叫你到这儿来找我的？

黄省三：（无力地）饿，家里的孩子大人没有饭吃。

李石清：（冷冷地）你到这儿就有饭吃吗？这是旅馆，不是粥厂。

黄省三：李，李先生，可当的都当干净了。我实在没有法子，不然，我绝不敢再找到这儿来麻烦您。

李石清：（烦恶地）咳，我跟你是亲戚？是老朋友？或是我欠你的，我从前占过你的便宜？你这一趟一趟地，我走哪儿你跟哪儿，你这算怎么回事？

黄省三：（苦笑，很凄凉地）您说哪儿的话，我都配不上。李先生，我在银行里一个月才用您十三块来钱，我这儿实在是无亲无故，您辞了我之后，我到哪儿找事去？银行现在不要我等于不叫我活着。

李石清：（烦厌地）照你这么说，银行就不能辞人啦。银行用了你，就算跟你保了险，你一辈子就可以吃上银行啦，嗯？

黄省三：（又卷弄他的围巾）不，不，不是，李先生，我……我，我知道银行待我不错，我不是不领情。可是……您是没有瞅见我家里那一堆孩子，活蹦乱跳的孩子，我得每天找东西给他们吃。银行辞了我，没有进款，没有米，他们都饿得直叫。并且房钱有一个半月没有付，眼看着就没有房子住。（嗫嚅地）李先生，您没有瞅见我那一堆孩子，我实在没有路走，我只好对他们一哭。

李石清：可是谁叫你们一大堆一大堆养呢？

黄省三：李先生，我在银行没做过一件错事。我总天亮就去上班，夜晚才回来，我一天干到晚，李先生——

李石清：（不耐烦）得了，得了，我知道你是个好人，你是安分守己的。可是难道不知道现在市面萧条，经济恐慌？我跟你说过多少遍，银行要裁员减薪，我并不是没有预先警告你！

黄省三：（踌躇地）李先生，银行现在不是还盖着大楼，银行里面还添人，添了新人。

李石清：那你管不着！那是银行的政策，要繁荣市面。至于裁了你，又添了新人，我想你做了这些年的事，你难道这点世故还不明白？

黄省三：我……我明白，李先生。（很凄楚地）我知道我身后面没有人挺住腰？

李石清：那就得了。

黄省三：不过我当初想，上天不负苦心人，苦干也许能补救我这个缺点。

李石清：所以银行才留你四五年，不然你会等到现在？

黄省三：（乞求）可是，李先生，我求求您，您行行好，我求您跟潘经理说说，只求他老人家再让我回去。就是再累一点，再加点工作，就是累死我，我也心甘情愿的。

李石清：你这个人真麻烦。经理会管你这样的事？你们这样的人，就是这点毛病。总把自己看得太重，换句话，就是太自私。你想潘经理这样忙，会管你这样小的事，不过，奇怪，你干了三四年，就一点存蓄也没有？

黄省三：（苦笑）存蓄？一个月十三块来钱，养一大家子人？存蓄？

李石清：我不是说你的薪水。从薪水里，自然是挤不出油水来。可是——在别的地方，你难道没有得到一点的好处？

黄省三：没有，我做事凭心，李先生。

李石清：我说——你没有从笔墨纸张里找出点好处？

黄省三：天地良心，我没有，您可以问庶务刘去。

李石清：哼，你这个傻子，这时候你还讲良心！怪不得你现在这么可怜了。好吧，你走吧。

黄省三：（着慌）可是，李先生——

李石清：有机会，再说吧。（挥挥手）现在是毫无办法。你走吧。

黄省三：李先生，您不能——

李石清：并且，我告诉你，你以后再要狗似的老跟着我，我到哪儿，你到哪儿，我就不跟你这么客气了。

黄省三：李先生，那么，事还是一点办法也没有？

李石清：快走吧！回头，一大堆太太小姐们进来，看到你跑到这儿找我，这算是怎么回事？

黄省三：好啦！（泪汪汪的，低下头）李先生，真对不起您老人家。（苦笑）一趟一趟地来麻烦您，我走啦。

李石清：你看你这个麻烦劲儿，走就走得啦。

黄省三：（长长地叹一口气，走了两步，忽然跑回来，沉痛地）可是，您叫我到哪儿去？您叫我到哪儿去？我没有家，我拉下脸跟你说吧，我的女人都跟我散了，没有饭吃，她一个人受不了这样的苦，她跟人跑了。家里有三个孩子，等着我要饭吃。我现在口袋里只有两毛钱，我身上又有病，（咳嗽）我整天地咳嗽！李先生，您叫我回到哪儿去？您叫我回到哪儿去？

李石清：（可怜他，但又厌恶他的软弱）您愿意上哪儿去，就上哪儿去吧。我跟你讲，我不是不想周济你，但是这个善门不能开，我不能为你先开了例。

黄省三：我没有求您周济我，我只求您赏给我点事情做。我为着我这群孩子，我得活着！

李石清：（想了想，翻着白眼）其实，事情很多，就看你愿意不愿意做。

黄省三：（燃着了一线希望）真的？

李石清：第一，你可以出去拉洋车去。

黄省三（失望）我……我拉不动，（咳嗽）您知道我有病。医生说这边的肺已经（咳）——靠不住了。

李石清：哦，那你还可以到街上要——

黄省三：（脸红，不安）李先生，我也是个念过书的人，我实在有点——

李石清：你还有点叫不出口，是吗？那么你还有一条路走，这条路最容易，最痛快——你可以到人家家里去（看见黄的嘴喃喃着）——对，你猜得对。

黄省三：哦，您说，（嘴唇颤动）您说，要我去——（只见唇动，听不见声音）

李石清：你大声说出来，这怕什么？“偷！”“偷！”这有什么做不得，有钱的人的钱可以从人家手里大把地抢，你没有胆子，你怎么不能偷？

黄省三：李先生，真的我急得时候也这么想过。

李石清：哦，你也想过去偷？

黄省三：（惧怕地）可是，我怕，我怕，我下不了手。

李石清：（愤慨地）怎么你连偷的胆量都没有。那你叫我怎么办？你既没有好亲戚，又没有好朋友，又没有了不得的本领。好啦，叫你要饭，你要顾脸，你不肯做；叫你拉洋车，你没有力气，你不能做；叫你偷，你又胆小，你不敢做。你满肚子的天地良心，仁义道德，你只想凭着老实安分，养活你的妻儿老小，可是你连自己一个老婆都养不住，你简直就是个大废物，你还配养一大堆孩子！我告诉你，这个世界不是替你这样的人预备的。（指窗外）你看见窗户外面那所高楼吗？那是新华百货公司十三层高楼，我看你走这一条路是最稳当的。

黄省三：（不明白）怎么走，李先生？

李石清（走到黄面前）怎么走？（魔鬼般地狞笑着）我告诉你，你一层一层地爬上去。到了顶高的一层，你可以迈过栏杆，站在边上。你只再向空，向外多走一步，那时候你也许有点心跳，但是你只要过一秒钟，就一秒钟，你就再也不可怜了，你再也不愁吃，不愁穿了——

黄省三：（呆若木鸡，低得几乎听不见的声音）李先生，您说顶好我“自——”（忽然爆发地悲声）不，不，我不能死，李先生，我要活着！我为着我的孩子们，为我那没了妈的孩子们我得活着！我的望望，我的小云，我的——哦，这些事，我想过。可是，李先生，您得叫我活着！（拉着李的手）您得帮帮我，帮我一下！我不能死，活着再苦我也死不得，拼命我也得活下去啊！

（咳嗽）

[左门大开。里面有顾八奶奶、胡四、张乔治等的笑声。潘月亭露出半身，面向里面，说“你们先打着，我就来。”]

李石清：（甩开黄的手）你放开我。有人进来，不要这样没规矩。[黄只得立起，倚着墙，潘进。]

潘月亭：啊？

黄省三：经理！

潘月亭：石清，这是谁？他是干什么的？

黄省三：经理，我姓黄，我是大丰的书记。

李石清：他是这次被裁的书记。

潘月亭：你怎么跑到这里来，（对李）谁叫他进来的？

李石清：不知道他怎么找进来的。

黄省三：（走到潘面前，哀痛地）经理，您要行行好，您要裁人也不能裁我，我有三个小孩子，我不能没有事。经理，我给您跪下，您得叫我活下去。

潘月亭：岂有此理！这个家伙，怎么能跑到这儿来找我求事。（厉声）滚开！

黄省三：可是，经理，——

李石清：起来！起来！走！走！走！（把他一推倒在地上）你要再这样麻烦，我就叫人把你打出去。

[黄望望李，又望望潘。]

潘月亭：滚，滚，快滚！真岂有此理！

黄省三：好，我起来，我起来，你们不用打我！（慢慢立起来）那么，你们不让我再活下去了！你（指潘）你！（指李）你们两个说什么也不叫我再活下去了。（疯狂似的又哭又笑地抽咽起来）哦，我太冤了。你们好狠的心哪！你们给我一个月不过十三块来钱，可是你们左扣右扣的，一个月我实在领下的才十块二毛五。我为着这辛辛苦苦的十块二毛五，我整天地写，整天给你们伏在书桌上写；我抬不起头，喘不出一口气地写；我从早到晚地写；我背上出着冷汗，眼睛发着花，还在写；刮风下雨，我跑到银行也来写！（作势）五年哪！我的潘经理！五年的工夫，你看看，这是我！（两手捶着胸）几根骨头，一个快死的人！我告诉你们，我的左肺已经坏了，哦，医生说都烂了！（尖锐的声音，不顾一切地）我跟你说，我是快死的人，我为着我的可怜的孩子，跪着来求你们。叫我还能够给你们写，写，写——再给我一碗饭吃。把我这个不值钱的命再换几个十块二毛五。可是你们不答应我！你们不答应我！你们自己要弄钱，你们要裁员，你们一定要裁我！（更沉痛地）可是你们要这十块二毛五干什么呀！我不是白拿你们的钱，我是拿命跟你们换哪！（苦笑）并且我也拿不了你们几个十块二毛五，我就会死的。（愤恨地）你们真是没有良心哪，你们这样对待我——是贼，是强盗，是鬼呀！你们的心简直比禽兽还不如——

潘月亭：这个浑蛋，还不给我滚出去！

黄省三：（哭着）我现在不怕你们啦！我不怕你们啦！（抓着潘的衣服）我太冤了，我非要杀了——

潘月亭：（很敏捷地对着黄的胸口一拳）什么！（黄立刻倒在地下）

[半晌]

李石清：经理，他是说他要杀他自己——他这样的人是不会动手害人的。

潘月亭：（擦擦手）没有关系，他这是晕过去了。福升！福升！

［福升上］

潘月亭：把他拉下去，放在别的屋子里面，叫金八爷的人给他拍拍捏捏，等他缓过来，拿三块钱给他，叫他滚蛋！

王福升：是！

［福升把黄省三拖下去。］

赏　析

本文为《日出》第二幕的节选，全剧共四幕，剧本作于1935年。《日出》是曹禺先生的代表作，以鲜明的时代性和深广的历史内容在曹禺剧作中居于领衔地位。剧本用人像展览式结构，以陈白露和方达生为中心，以陈的客厅和三等妓院宝和下处为活动场所，把社会各阶层各色人等的生活展现在观众面前，揭露剥削制度“损不足以奉有余”的本质。

思考练习

1. 用简洁的语言概述戏剧中的几次冲突。
2. 简述黄省三性格前后发生的变化，分析发生变化的原因。
3. 此选段的主旨是什么？

等待戈多（节选）

［爱尔兰］塞缪尔·贝克特

等待戈多

文学常识

塞缪尔·贝克特（1906年—1989年），1969年诺贝尔文学奖获得者，是用法语、英语两种文字写作的剧作家、诗人、小说家，荒诞派戏剧的代表作家。出生于爱尔兰，早年来到巴黎。第二次世界大战后，留在法国从事文艺创作。开始他主要是写小说，后来主要写剧本。他主要剧作《等待戈多》（1952年）使他一举成名，此后有《最后的一局》（1957年）、《哑剧Ⅰ》（1957年）、《克拉普最后的录音》（1959年）、《哑剧Ⅱ》（1959年）、《灰烬》（1959年）、《哦，美好的日子》（1961年）等。此外，还写过小说，如《摩罗》《马洛尼死了》，等等。

第一幕，两个身份不明的流浪汉戈戈和狄狄（弗拉季米尔和爱斯特拉冈），在黄昏小路旁的枯树下，等待戈多的到来。为消磨时间，他们无聊地闲谈，东拉西扯地试着讲故事、找话题，做些机械的动作，讲些不知所云的故事。——

登场人物有：爱斯特拉冈、弗拉季米尔、波卓、幸运儿、一个孩子。

（以下是剧本原文）

第一幕

〖乡间一条路。一棵树。

〖黄昏。

〖爱斯特拉冈坐在一个低低的土墩上，想脱掉靴子。他用两手使劲拉着，直喘气。他停止拉靴子，显出精疲力竭的样子，歇了会儿，又开始拉靴子。

〖如前。

〖弗拉季米尔上。

爱：（又一次泄了气）毫无办法。

弗：（叉开两脚，迈着僵硬的、小小的步子前进）我开始拿定主意。我这一辈子老是拿不定主意，老是说，弗拉季米尔，要理智些，你还不曾什么都试过哩。于是我又继续奋斗。（他沉思起来，咀嚼着“奋斗”两字。向爱斯特拉冈）哦，你又来啦。

爱：是吗？

弗：看见你回来我很高兴，我还以为你一去再也不回来啦。

爱：我也一样。

弗：终于又在一块儿啦！我们应该好好庆祝一番。可是怎样庆祝呢？（他思索着）起来，让我拥抱你一下。

爱：（没好气地）不，这会儿不成。

弗：（伤了自尊心，冷冷地）允不允许我问一下，大人阁下昨天晚上是在哪儿过夜的？

爱：在一条沟里。

弗：（羡慕地）一条沟里！哪儿？

爱：（未作手势）那边。

弗：他们没揍你？

爱：揍我？他们当然揍了我。

弗：还是同一帮人？

爱：同一帮人？我不知道。

弗：我只要一想起……这么些年来……要不是有我照顾……你会在什么地方？（果断地）这会儿，你早就成一堆枯骨啦，毫无疑问。

爱：那又怎么样呢？

弗：光一个人，是怎么也受不了的。（略停。兴高采烈地）另一方面，这会儿泄气也不管用了，这是我要说的。我们早想到这一点就好了，在世界还年轻的时候，在九十年代。

爱：啊，别啰唆啦，帮我把这混账玩意儿脱了吧。

弗：手拉着从巴黎塔顶上跳下来，这是首先该做的。那时候我们还很体面。现在已经太晚啦。他们甚至不会放我们上去哩。（爱斯特拉冈使劲拉着靴子）你在干吗？

爱：脱靴子。你难道从来没脱过靴子？

弗：靴子每天都要脱，难道还要我来告诉你？你干吗不好好听我说话？

爱：（无力地）帮帮我！

弗：你脚疼？

爱：脚疼！他还要知道我是不是脚疼！

弗：（愤怒地）好像只有你一个人受痛苦。我不是人。我倒想听听你要是受了我那样的痛苦，将会说些什么。

爱：你也脚疼？

弗：脚疼！他还要知道我是不是脚疼！（弯腰）从来不忽略生活中的小事。

爱：你期望什么？你总是等到最后一分钟的。

弗：（若有所思地）最后一分钟……（他沉吟片刻）希望迟迟不来，苦死了等的人。这句话是谁说的？

爱：你干吗不帮帮我？

弗：有时候，我照样会心血来潮。跟着我浑身就会有异样的感觉。（他脱下帽子，向帽内窥视，在帽内摸索，抖了抖帽子，重新把帽子戴上）我怎么说好呢？又是宽心，又是……（他搜索枯肠找词儿）寒心。（加重语气）寒——心。（他又脱下帽子，向帽内窥视）奇怪。（他敲了敲帽顶，像是要敲掉沾在帽上的什么东西似的，再一次向帽内窥视）毫无办法。

『爱斯特拉冈使尽平生之力，终于把一只靴子脱下。他往靴内瞧了瞧，伸进手去摸了摸，把靴子口朝下倒了倒，往地上望了望，看看有没有什么东西从靴里掉出来，但什么也没看见，又往靴内摸了摸，两眼出神地朝前面瞪着。

呃？

爱：什么也没有。

弗：给我看。

爱：没什么可给你看的。

弗：再穿上去试试。

爱：（把他的脚察看一番）我要让它通通风。

弗：你就是这样一个人，脚出了毛病，反倒责怪靴子。（他又脱下帽子，往帽内瞧了瞧，伸手进去摸了摸，在帽顶上敲了敲，往帽里吹了吹，重新把帽子戴上）这件事越来越叫人寒心。（沉默。弗拉季米尔在沉思，爱斯特拉冈在揉脚趾）两个贼有一个得了救。（略停）是个合理的比率。（略停）戈戈。

爱：什么事？

弗：我们要是忏悔一下呢？

爱：忏悔什么？

弗：哦……（他想了想）咱们用不着细说。

爱：忏悔我们的出世？

〖弗拉季米尔纵声大笑，突然止住笑，用一只手按住肚子，脸都变了样儿。

弗：连笑都不敢笑了。

爱：真是极大的痛苦。

弗：只能微笑。（他突然咧开嘴嬉笑起来，不断地嬉笑，又突然停止）不是一码子事。毫无办法。（略停）戈戈。

爱：（没好气地）怎么啦？

弗：你读过《圣经》没有？

爱：《圣经》……（他想了想）我想必看过一两眼。

弗：你还记得《福音书》吗？

爱：我只记得圣地的地图。都是彩色图。非常好看。死海是青灰色的。我一看到那图，心里就直痒痒。这是咱们俩该去的地方，我老这么说，这是咱们该去度蜜月的地方。咱们可以游泳。咱们可以得到幸福。

弗：你真该当诗人的。

爱：我当过诗人。（指了指身上的破衣服）这还不明显？（沉默）

弗：刚才我说到哪儿……你的脚怎样了？

爱：看得出有点儿肿。

弗：对了，那两个贼。你还记得那故事吗？

爱：不记得了。

弗：要我讲给你听吗？

爱：不要。

弗：可以消磨时间。（略停）故事讲的是两个贼，跟我们的救世主同时被钉死在十字架上。有一个贼——

爱：我们的什么？

弗：我们的救世主。两个贼。有一个贼据说得救了，另外一个……（他搜索枯肠，寻找与“得救”相反的词汇）……万劫不复。

爱：得救，从什么地方救出来？

弗：地狱。

爱：我走啦。（他没有动）

弗：然而……（略停）怎么——我希望我的话并不叫你腻烦——怎么在四个写福音的使徒里面只有一个谈到有个贼得救呢？四个使徒都在场——或者说在附近，可是只有一个使徒谈到有个贼得了救。（略停）喂，戈戈，你能不能回答我一声，哪怕是偶尔一次？

爱：（过分地热情）我觉得你讲的故事真是有趣极了。

弗：四个里面只有一个。其他三个里面，有两个压根儿没提起什么贼，第三个却说那两个贼都骂了他。

爱：谁？

弗：什么？

爱：你讲的都是些什么？（略停）骂了谁？

弗：救世主。

爱：为什么？

弗：因为他不肯救他们。

爱：救他们出地狱？

弗：傻瓜！救他们的命。

爱：我还以为你刚才说的是救他们出地狱哩。

弗：救他们的命，救他们的命。

爱：嗯，后来呢？

弗：后来，这两个贼准是永堕地狱、万劫不复啦。

爱：那还用说？

弗：可是另外的一个使徒说有一个得了救。

爱：嗯？他们的意见并不一致，这就是问题的症结所在。

弗：可是四个使徒全在场。可是只有一个谈到有个贼得了救。为什么要相信他的话，而不相信其他三个？

爱：谁相信他的话？

弗：每一个人。他们就知道这一本《圣经》。

爱：人们都是没知识的浑蛋，像猴儿一样见什么学什么。

〖他痛苦地站起身来，一瘸一拐地走向台的极左边，停住脚步，把一只手遮在眼睛上朝远处眺望，随后转身走向台的极右边，朝远处眺望。弗拉季米尔瞅着他的一举一动，随后过去捡起靴子，朝靴内窥视，急急地把靴子扔在地上。

弗：呸！（他吐了口唾沫）

〖爱斯特拉冈走到台中，停住脚步，背朝观众。

爱：美丽的地方。（他转身走到台前方，停住脚步，脸朝观众）妙极了的景色。（他转向弗拉季米尔）咱们走吧。

弗：咱们不能。

爱：咱们在等待戈多。

爱：啊！（略停）你肯定是这儿吗？

弗：什么？

爱：我们等的地方。

弗：他说在树旁边。（他们望着树）你还看见别的树吗？

爱：这是什么树？

弗：我不知道。一棵柳树。

爱：树叶呢？

弗：准是棵枯树。

爱：看不见垂枝。

弗：或许还不到季节。

爱：看上去简直像灌木。

弗：像丛林。

爱：像灌木。

弗：像——你这话是什么意思？暗示咱们走错地方了？

爱：他应该到这儿啦。

弗：他并没说定他准来。

爱：万一他不来呢？

弗：咱们明天再来。

——但戈多迟迟不来，以至于烦闷得想到自杀，但又不甘心，想等戈多来弄清自己的处境再死。等来等去，终于等到了来人，却不是戈多而是波卓。他手持鞭子，一手牵着被拴着脖子的“幸运儿”。幸运儿扛着沉重的行李，拱肩缩头，脖子被勒得正在流脓，惨不忍睹。波卓气势汹汹，虽原谅了恐惧的狄狄和戈戈，但随意虐待幸运儿，称之为“猪”，挥来斥去，幸运儿也唯命是从。波卓吃饱喝足，对黄昏作了一通“抒情”的解释，逼幸运儿为他们跳了一通舞。最后波卓才牵着幸运儿和流浪汉告别。总算磨掉了一个黄昏，天将黑时，一孩子来到，他传达戈多的旨意：今天不来了，明天一定来。

第二幕

次日黄昏，两人如昨天一样在等待戈多的到来。同样的乡间小路，同样的两个流浪汉，同样的目的——等待戈多。不同的是枯树长出了四五片叶子。他们等待得无聊至极，一个流浪汉唱了一支无聊的“狗”歌，他们追忆往事，彼此争吵谩骂，但仍不见戈多来。他们反复着下面的对话：

爱斯特拉冈：咱们走吧。

弗拉季米尔：咱们不能。

爱斯特拉冈：为什么不能？

弗拉季米尔：咱们在等待戈多。

总算等到到了人，却仍是波卓和幸运儿。这时的波卓眼睛瞎了，幸运儿成了哑巴。昨日气势汹汹的波卓，跌倒在地爬不起来。两个流浪汉好不容易才把他扶起来走了。天黑时，那孩子又捎来口信，宣布戈多今天不来了，明天一定来。两个无望的流浪汉又想起了上吊，解下裤带子，但一拉就断了。死又死不成，想走却又站着不动。明天再等……

赏　析

《等待戈多》以戏剧化的荒诞手法，揭示了作者所感受到的荒谬丑恶、混乱无序的现代世界，写出了在如此可怕的生存环境中，人生的痛苦与不幸。剧中代表人类生存活动的背景是凄凉而恐怖的。人在世界中处于孤立无援、恐惧幻灭、生死不能、痛苦绝望的境地。

在荒诞的背后，作品深刻地表现出现代文明中的人生处境。贝克特认为，“只有没有情节，没有动作的艺术才算得上是纯正的艺术”。《等待戈多》这部荒诞性戏剧的经典作品正体现了这种反传统的艺术主张。生活在盲目的希望之中，人们遥遥无期地等待着一个模糊的希望，到头来只是一场梦幻，只有失望、再等待、再失望，在期待中耗尽生命，在失望中饱尝痛苦。剧中的戈多是什么？作者回答说：“我要是知道，早在戏里说出来了。”但戈多确是爱斯特拉冈和弗拉季米尔的期待与希望。然而象征人类的流浪汉，等来的却不是救星，而是痛苦和压迫——幸运儿和波卓。第二幕中波卓双目失明，求救于流浪汉，这表明了命运变化无常。用剧中人的话说：“天底下没有一件事情说得定。”流浪汉等待的希望是渺茫的，今天等不到，明天还是等不来，永远得不到。

在人物上，爱斯特拉冈和弗拉季米尔是剧中的两个主要人物。作为两个流浪汉，他们卑微、低贱，迷离恍惚、浑浑噩噩，只会做脱靴子、摘帽子的无聊动作，说些支离破碎、莫名其妙的梦呓之言，第二天见面时连头一天的事情都不记得了，并且连自己苦苦等待的戈多究竟是谁都不知道。他们毫无可以识别的个性特征，更不是以往我们在现实主义优秀作品中见到的那种典型人物或典型形象。他们只是一种平面人物，或类型形象，是作者眼中西方社会人们精神状态的象征性符号，或者是在西方社会这部大机器下完全失去了人性与个性的人的荒诞的生存状态的写照。

荒诞派戏剧与传统戏剧的不同点：一是传统戏剧有完整的戏剧情节，有丰满突出的人物形象，有人物之间的性格或其他方面的冲突，“冲突即戏剧”；而荒诞派戏剧则几乎没有完整复杂的戏剧情节，没有完整的戏剧程式。二是戏剧场面、舞台形象的不同。荒诞派戏剧不关心是否具有现实生活的真实，强调象征意义。三是戏剧语言与人物表演不同。荒诞派戏剧采用了一种支离破碎的戏剧语言，表明对传统戏剧语言的反叛。

思考练习

1. 《等待戈多》是如何体现荒诞派的艺术特点的?
2. 《等待戈多》有什么象征意义? 反映了什么样的社会现实?

应用文写作篇

一、单据

（一）条据概述

人们在日常的工作和生活中，往往要写一张条子交给对方（个人或单位）作为凭据。这种用作凭据的条子，就叫作条据。常用的条据有欠条、借条、收条、领条等。

条据的特点在于一个“便”字：写起来简便，看起来方便。条据应用广泛，寥寥数语，但千万不能大意，特别是涉及人名、地点、时间、数字（包括电话号码），一旦错漏，于人于己都会增添麻烦。因此，写好各类条据意义重大。

欠条、借条、收条是生活工作中常见的条据，这三种条据虽然只有一字之差，但其法律含义却相差甚远。欠条，是债务人向债权人出具的表示尚欠某物或者某款项的凭证，一般用来证明债权债务关系；借条是出借人向借用人或者借款人出具的表示出借某物或者某款项的凭证，一般用来证明借用或者借款关系；收条是收领人向送给人出具的表示收到某物或者某款项的凭证，用来反映或者证明“收到”的事实。

（二）条据的写作结构

1. 标题

在条据的最上端、正中处写上条据的名称，字要大些。

2. 标明性质、关系

在标题之后，写明“今收到”“今借到”“今领到”等字样。

3. 正文

正文要写明内容、物件品名、数量、钱款数，数字要用大写汉字。如是借条，还要写明归还日期。

4. 结尾

正文后另起一行空两格写“此据”等。

5. 落款

署上借者姓名，并签名盖章，最后写明立据的年、月、日。

（三）条据的注意事项

（1）内容要写清楚，文字要简短、具体、准确。

（2）物品、钱款的数量要大写，数额之前不可留空格，数额之后要写上“整”字，以防涂改。

（3）单据写好后不能涂改，非涂改不可，要在涂改处加盖负责的印章，以示负责。

（4）正确使用标点，以防引起误解，书写要端正，字迹要清楚。

（5）条据一般用蓝黑钢笔或碳素水笔书写，不能用红色笔或铅笔书写。

（四）参考例文

【例文一】

收　条

今收到机械电气系 2018 级数控（3）班张亮同学归还的篮球伍个、羽毛球拍叁副、跳绳玖条，均完好无损。

此据

经手人：张××

2019 年 5 月 4 日

赏析：文中写出了收到的货品及数量，内容简洁明确，符合要求。

【例文二】

借　条

因五一文艺演出暨系部文明风采活动需要，今借到校保管室演出服（编号 2019023）拾套，于 5 月 5 日归还。

此据

借具人：导游（2）班文艺委员胡××（签名）

2019 年 4 月 29 日

赏析：文中写出了所借物品及数量，明确归还日期，符合要求。

【例文三】

欠　条

今向你店购买办公用品一批，因携款不足，现付陆仟叁佰捌拾玖元整，尚欠壹仟柒佰零肆元，定于 2019 年 7 月 16 日送到。

此据

采购员：李××（签名盖章）

2019 年 7 月 13 日

赏析：这是一则典型的欠款条据，书写规范，内容齐全。

【例文四】

领　条

今领到××教育局发给学生课本壹佰叁拾套。

此据

单位：××学校

2019 年 7 月 26 日

赏析：这则领条内容简洁，格式合理规范，可作为范本使用。

二、通知

（一）通知的概述

1. 通知的定义

根据《党政机关公文处理工作条例》的规定，通知“适用于发布、传达要求下级机关执行和有关单位周知或者执行的事项，批转、转发公文”。简而言之，通知就是向特定对象告知或转达有关事项或文件的公文。

2. 通知的分类

根据适用范围的不同，通知可以分为六大类。

（1）发布性通知：用于发布行政规章制度及党内规章制度。

（2）批转性通知：用于上级机关批转下级机关的公文给所属人员，让他们周知或执行。

（3）转发性通知：用于转发上级机关和不相隶属的机关的公文给所属人员，让他们周知或执行。

（4）指示性通知：用于上级机关指示下级机关开展工作。

（5）任免性通知：用于任免和聘用干部。

（6）事务性通知：用于处理日常工作中事务性的事情，常把有关信息或要求用通知的形式传达给有关机构或群众。

（二）通知的写作结构

1. 标题

通知的标题一般采用公文标题的常规写法，由发文机关 + 主要内容 + 文种组成。如《中共中央办公厅、国务院办公厅关于严禁用公费变相出国（境）旅游的通知》。也可以省略发文机关，由主要内容十文种组成。如《关于印发（规范国有土地租赁若干意见）的通知》（国土资发〔1999〕222 号）。

发布规章的通知，所发布的规章名称要出现在标题的主要内容部分，并使用书名号。

批转和转发文件的公文，所转发的文件内容要出现在标题中，但不一定使用书名号。如《国务院办公厅转发教育部等部门关于进一步加快高等学校后勤社会化改革意见的通知》。

2. 主送机关

主送机关即收文对象。通知一般都有特定的受文者，因此要标明主送单位。主送单位为两个以上的，依惯用次序排列。如果是向下级机关普遍发送的公文，主送机关名称按法定或约定俗成的惯例排列。单位向内部下级机构发文，可根据本身的机构设置情况，用“各处室”“各车间”等统称。

3. 正文

通知的正文一般包括通知缘由、通知事项和结尾。因种类不同，正文在格式和写法上有所差别。下面分别进行介绍。

（1）知照性通知正文的写法。

第一，需要交代好事情的根据或发文的原因，后接一句“现作如下通知”。

第二，写清需要交代的具体的事项，内容复杂则需分条叙述。

第三，一般以“特此通知”结尾。但如果上文中有类似“现作如下通知”字样，则可省略结尾。

（2）指示性通知正文的写法。

第一，简要说明写出某项工作的进展情况和当前存在的问题，或者阐述发文背景、依据、目的等。后接一个过渡句承上启下，如“特通知如下”“现就做好××工作，特此如下通知”等。

第二，写出具体的指示性意见，包括要完成的具体工作任务、要采取的具体措施和步骤、应该注意的问题等。书写时，切忌内容空洞和层次不清。

第三，由于正文开头已有说明，所以不用特意组织语言结尾。转发性通知、批转性通知、任免性通知也一样，下文不再说明。

（3）转发性通知正文的写法。

第一，写转发对象和执行要求，常用“现将×××（来文标题）转发给你们，望遵照执行”这一写法。根据情况，态度用语可换成“认真贯彻执行”“遵照执行”“参照执行”或“请研究试行”。

第二，写转发说明。有时，除了写明上述内容，还会另起一段补充说明注意事项、工作意义或者对该项工作的具体要求等，也可省略。批转性通知和印发性通知的说明与此相似，下文不再赘述。

（4）批转性通知正文的写法。

第一，写批转机关的态度、批转对象和执行要求。其惯用写法是“×××（批转机关）同意（或原则同意）×××（来文机关）《××××××》（来文标题），现批转给你们，请认真贯彻执行”。

第二，写批转说明。

（5）任免性通知正文的写法。

第一，写明任免决定的根据、依据。

第二，写明任免日期、被任免者的姓名与职务即可。

（6）印发性通知正文的写法。

第一，写制定或印发公文的目的、意义，公文名称。常用“为……根据……我们制定了……现印发给你们，请遵照执行（或认真贯彻执行）”这种惯用写法。

第二，写批转说明。

（7）落款。

落款一般包括发文机关（加印章）和成文日期。如发文机关在标题中已经出现，落款时可以省略。

（三）参考例文

【例文一】批转性通知

国务院关于批转交通运输部等部门
重大节假日免收小型客车通行费实施方案的通知

各省、自治区、直辖市人民政府，国务院各部委、各直属机构：

国务院同意交通运输部、发展改革委、财政部、监察部、国务院纠风办制定的《重大节假日免收小型客车通行费实施方案》，现转发给你们，请认真贯彻执行。

附件：重大节假日免收小型客车通行费实施方案

国务院（印章）

2017 年 5 月 18 日

【例文二】公布性通知

国务院关于公布《通用规范汉字表》的通知

各省、自治区、直辖市人民政府，国务院各部委、各直属机构：

国务院同意教育部、国家语言文字工作委员会组织制定的《通用规范汉字表》，现予公布。

《通用规范汉字表》是贯彻《中华人民共和国国家通用语言文字法》，适应新形势下社会各领域汉字应用需要的重要汉字规范。制定和实施《通用规范汉字表》，对提升国家通用语言文字的规范化、标准化、信息化水平，促进国家经济社会和文化教育事业发展具有重要意义。《通用规范汉字表》公布后，社会一般应用领域的汉字使用应以《通用规范汉字表》为准，原有相关字表停止使用。

附件：通用规范汉字表

国务院（印章）

2017 年 6 月 5 日

【例文三】公布性通知

关于公布取消和免征部分行政事业性收费的通知

外交部、公安部、工业和信息化部、国土资源部、住房城乡建设部、农业部、水利部、交通运输部、海关总署、国家税务总局、国家工商总局、国务院港澳办，各省、自治区、直辖市、计划单列市财政厅（局）、发展改革委、物价局，新疆生产建设兵团财务局、发展改革委：

为了减轻企业和社会负担，促进经济稳定增长，根据国务院有关要求，决定取消和免征部分行政事业性收费。现将有关事项通知如下：

一、自2017年1月1日起，取消和免征30项行政事业性收费。具体项目见附件。

二、上述行政事业性收费取消和免征后，有关部门和单位依法履行管理职能所需相关经费，由同级财政预算予以保障。其中，行政机关和财政补助事业单位的经费支出，通过部门预算予以安排；自收自支事业单位的经费支出，通过安排其上级主管部门项目支出予以解决。各级财政部门要按照上述要求，妥善安排有关部门和单位预算，确保其工作正常开展。

三、有关执收部门和单位要按规定到原核发《收费许可证》的价格主管部门办理《收费许可证》注销手续，并到原核发财政票据的财政部门办理票据缴销手续。有关行政事业性收费的清欠收入，应当按照财政部门规定渠道全额上缴国库。

四、各地区和有关部门要严格执行本通知规定，对公布取消和免征的行政事业性收费，不得以任何理由拖延或者拒绝执行，不得以其他名目或者转为经营服务性收费方式变相继续收费。各级财政、价格主管部门要加强对落实本通知情况的监督检查，对不按规定取消或免征相关收费的，按有关规定给予处罚，并追究责任人员的行政责任。

附件：取消和免征的行政事业性收费项目

财政部　国家发展改革委

2017年12月19日

赏析：例文二和例文三两份公布性通知在整体结构、层次上稍有不同：相同之处是均分别简明扼要地说明了通知的目的或根据（凭）、通知的有关事项（事）、提出了贯彻执行的要求（断）；但例文一重在使人明白使用《通用规范汉字表》的重要性，所以又揭示了有关的意义，以补充通知的“凭”，以增强人们使用的自觉性，显得顺理成章。

【例文四】印发性通知

中共中央办公厅　国务院办公厅

关于印发《党政机关公文处理工作条例》的通知

各省、自治区、直辖市党委和人民政府，中央和国家机关各部委，解放军各总部、各大单位，各人民团体：

《党政机关公文处理工作条例》已经党中央、国务院同意，现印发给你们，请遵照执行。

中央办公厅（印章）　　国务院办公厅（印章）

2018年4月18日

赏析：例文四属印发性通知。正文中“凭”（根据）、“事”（批转、转发、印发有关文件）、“断”（请认真贯彻、落实）三部分内容齐全，言简意赅。写法极为常见。

【例文五】传达性通知

国务院关于调整城市规模划分标准的通知

各省、自治区、直辖市人民政府，国务院各部委、各直属机构：

改革开放以来，伴随着工业化进程加速，我国城镇化取得了巨大成就，城市数量和规模都有了明显增长，原有的城市规模划分标准已难以适应城镇化发展等新形势要求。当前，我国城镇化正处于深入发展的关键时期，为更好地实施人口和城市分类管理，满足经济社会发展需要，现将城市规模划分标准调整为：

以城区常住人口为统计口径，将城市划分为五类七档。城区常住人口50万以下的城市为小城市，其中20万以上50万以下的城市为Ⅰ型小城市，20万以下的城市为Ⅱ型小城市；城区常住人口50万以上100万以下的城市为中等城市；城区常住人口100万以上500万以下的城市为大城市，其中300万以上500万以下的城市为Ⅰ型大城市，100万以上300万以下的城市为Ⅱ型大城市；城区常住人口500万以上1000万以下的城市为特大城市；城区常住人口1000万以上的城市为超大城市。（以上包括本数，以下不包括本数）

城区是指在市辖区和不设区的市，区、市政府驻地的实际建设连接到的居民委员会所辖区域和其他区域。常住人口包括：居住在本乡镇街道，且户口在本乡镇街道或户口待定的人；居住在本乡镇街道，且离开户口登记地所在的乡镇街道半年以上的人；户口在本乡镇街道，且外出不满半年或在境外工作学习的人。

新标准自本通知印发之日起实施。各地区、各部门出台的与城市规模分类相关的政策、标准和规范等要按照新标准进行相应修订。

国务院（印章）

2017年10月29日

赏析：例文五重在传达有关事项（调整后的城市规模划分标准）。首先介绍了通知发出的背景、目的（凭）；然后介绍了通知的事项；最后提出了实施要求（断）。

三、启事

（一）启事概述

1. 启示的定义

“启”是告之、陈述的意思，“事”指事情。启事是机关、团体、个人有事需要公开说明或希望公众予以协助办理或帮助、参与的应用文体。启事一般张贴在公共场所或刊登在报刊，也可以通过广播、电视、互联网等媒介公布。

2. 启事的特点

（1）内容的广泛性。

机关、企事业单位、团体、个人都可以根据实际需要发布相应的启事，内容可涉及方方面面。

（2）内容的简明性。

启事的内容要简洁明确，篇幅短小。如果启事过长，读者会缺乏耐心看完、听完，起不到应有的效果。

（3）告知的求应性。

启事向社会公众告知某件事情，其目的是希望得到社会的广泛回应，以解决问题。

（4）参与的主动性。

启事不具有强制性和约束力，启事的读者可以参与其中所告知的事项或活动，也可以不参与其中之事。

3. 启事的分类

根据内容，启事可分为征稿启事、征订启事、招聘启事、招生启事、招商启事、开业启事、征集启事、鸣谢启事、征婚启事、婚礼启事、寻人启事、寻物启事、招领启事、比赛启事、迁移启事、更名启事、庆典启事、邮购启事等。

（二）启事的写作结构

启事一般由标题、正文、落款三个部分组成。

1. 标题

在第一行正中写上“启事”二字。事情重要或紧迫，可写“重要启事”或“紧急启事”，也可以写明启事的性质，例如“征文启事”“招生启事”等。有的还可以在标题上写明启事的基本内容，例如“××市人民政府机关公开招考工作人员启事”“××省××职业中专新校舍落成启事”等。也有的省略“启事”二字，只写“招领”“征求订户”等。还有的启事以“敬告用户”“敬告读者”等形式出现。用什么样的标题，可根据启事的内容、性质而定。

2. 正文

表述启事的内容，要把有关事情叙述清楚。如写征文启事，要把征文的目的，以及对文稿的内容、字数、文体等交代明白。但写招领启事，通常只写失物名称，不写样式及数目，以防冒领。

启事一般应该遵循“一事一文”的原则。例如某报同时举办两个征文活动，应分别写两个启事，避免混淆。

正文在标题下另起一行，空两格起书写。正文写完了，有的写上“特此敬告”字样，这类结语也可以不写。正文的文字要简明、扼要，不宜过长；内容多的应分项。

3. 落款

在把启事的内容叙述清楚以后要署上启事人的姓名或者单位名称。如果在标题或正文内容中已经写了启事的单位名称或个人姓名，落款处也可不再署名。

启事的最后要写明启事的日期。如果所登媒体已统一标明时间，为了节省笔墨，也可不写。

（三）启事的注意事项

有的内容特别简单的启事，一句话就能表达清楚，结构上自然不必求全。应根据实际需要，调整结构，安排文字。此外，写作启事时，要遵循实事求是的原则，对所启事的各项内容，均应如实写出，既不可夸大也不可缩小。启事的各项内容，可标项分条列出，使之醒目；也可用不同的字体列出，以求区别。启事的语言要简练得体、庄重严肃又礼貌热情。

（四）参考例文

【例文一】

寻物启事

本公司雇员昨日乘坐黄色面的由火车站至大南门，不慎在车上遗失皮包一只，内有营业执照副本、产品专利书及设计图纸若干，如有拾到者，请即送××街××号×××公司，或拨电话×××××××通知，当致薄酬人民币×××元。

×××公司经理×××敬启

××××年×月×日

赏析：这份寻物启事，正文清楚地交代了丢失物品的时间、地点、特征、要求及承诺。要素齐全，格式规范。

【例文二】

招领启事

本人于5月11日上午拾得皮包一个，内有手表一只，人民币若干元，望失主前来认领。

××旅社服务员：×××

2019年5月12日

【例文三】

征稿启事

为丰富校刊《青春驿站》的内容，特征求下列稿件：园丁颂歌、班级新事、学习心得、读书笔记、思想的火花和文艺创作等。

来稿要求观点鲜明、文字简洁生动、字迹清晰，篇幅以不超过千字为宜。请写明真实姓名和所在班级。

纸质来稿请送至校学生会《青春驿站》编辑部。电子稿请发至编辑部

电子邮箱：×××@163.com，邮件主题请注明“稿件”字样。

《青春驿站》编辑部

2019年3月15日

【例文四】

招聘启事

为适应市场发展，使本公司不断壮大，本公司诚聘职工3名。要求如下：

1. 营销员2名。女性，35周岁以下，持有营销员证或有3年以上工作经验者优先。

2. 管理员1名。男女不限，35周岁以下，有相关工作经验。

3. 责任心强，熟悉化妆品的相关知识和业务。

有意者请备简历、身份证及复印件、上岗证、相片，在2019年6月5日前与××化妆品公司人事部联系。

公司地址：××路××化妆品公司5楼人事部。

电 话：×××××××××××

联系人：王女士

××化妆品（长春）分公司

2019年5月24日

赏析：这几则例文属于不同的启事，但都语言简洁，内容明确。另外，还可以看出启事使用范围较广的特点。

四、计划

（一）计划的概述

1. 计划定义

计划，就是事前的打算。具体地说，是机关、团体、企事业单位或个人对未来一定时期的某项工作或任务预先拟定目标，制定方法措施，做出具体安排时使用的一种应用文书。制定工作计划，其目的就是事前心中有数，减少盲目性。

计划是计划类文书的统称。常见的规划、方案、安排、打算、设想、要点等，都属于计划的范畴。

2. 计划的分类

计划不是单一的文种，而是计划类文书的总称，叫作“计划性文体”。计划的种类繁多，从不同的角度，可以有不同的分类。

（1）按内容分。

有学习计划、生产计划、工作计划、研究计划、财务计划、教学计划、收购计划、销售计划等。

（2）按范围分。

有国家计划、系统计划、地区计划、部门计划、科室计划、个人计划等。

（3）按时间分。

有周计划、月份计划、季度计划、年度计划、五年计划、十年规划等。

（4）按性质分。

有军事计划、工作计划、建设计划、维修计划及各种会议计划等。

（5）按效力划分。

有指令性计划、指导性计划、综合性计划、专题计划等。

（6）按书写形式划分。

有条文式计划、表格式计划等。

3. 计划的特点

（1）明确的目的性。

制订任何一份计划，必须要有明确的目的性，即在一定时间内完成什么任务，获得什么效益。如果计划目的性不明确，没有针对性，计划也就失去了现实意义。

（2）很强的预见性。

制订计划既要符合客观实际，更要对未来作科学的预见。这就要求计划制订者在行文前，必须对各种可能出现的情况有清醒的认识和正确的估量。对将要做哪些工作，达到什么目的，如何去实施等有一个正确的设想。由此可见，没有预见性，也就没有计划。

（3）互相协调性。

计划是工作的先导，对一个单位来说，有了计划就可以把领导决策的总体任务分解到所属的各个部门和单位，分解到相应的时间阶段上，这样就可以把各方面的人力、物力、财力组织起来，互相协调行动，加以合理地安排和使用。

（二）计划的写作结构

计划的结构一般由标题、正文、落款三部分组成。

1. 标题

计划的完整性标题应由单位名称、计划期限、计划内容和文种四个要素组成。如“××建筑工程安装公司2019年工作计划”“××职业中专学校××系2018—2019学年第一学期教学工作计划”。除完整性标题外，还有一些变通的写法。变通一方面表现在要素的省略上，另一方面表现在文种名称的变化上。

（1）省略单位名称、计划期限，如“新产品开发计划”。

（2）文种名称变化，如“××职业中专学校学生宣传部2019年度工作要点”。

（3）省略计划期限，文种名称变化，如“××地区禽流感防治预案”。

如果计划是草稿或初稿，还不成熟或未经批准的，须在标题后加“草案”“草稿”“送审稿”“讨论稿”“征求意见稿”等字样，并加上圆括号。

2. 正文

计划的正文一般由开头、主体、结尾三部分组成。

（1）开头，即前言（序言、导语），简明扼要交代制订计划的背景、根据、目的、意义、指导思想等，指出制订计划的政策依据以及要努力达到的目标，回答“为什么制订该计划”。

（2）主体，即计划事项。说明计划的基本内容，是计划的核心。它紧接计划的开头部分，回答“做什么、做到什么程度、怎么做、什么时候做”的问题，即具体的任务、目标、措施、步骤，一般可采用序号或小标题的方式展开内容。

（3）结尾，即结束语，是计划的辅助、补充部分。一般用来强调计划的重点、应注意的事项、需要说明的问题，或提出希望要求、发出号召，以鼓舞士气等，也可根据具体情况不加结语部分。

3. 落款

在正文右下方署上制订计划的单位名称或个人姓名，在署名的下行写上制订日期。如标题中已经写明单位名称，此处只写日期即可。上报或下达的计划，应在日期上加盖单位印章。有的计划在落款后还要写出抄送单位和有关人员。

有些不便在正文里表述的内容，可作为“附件”“附表”“附图”，附在计划后面。

（三）参考例文

酒店工作计划书

一、近期工作

上任后我会加强对酒店管理的学习，加强自己的各种人际交往能力，在每天的工作中更加认真，对每天维修单任务进行全面的修理和审核，同时要提高自身的素质和技术能力，提高对各种突发事件的处理能力。

首先要清洗和保养锅炉，对我们的全自动燃油锅炉进行一次全面的保养工作，同时为节省燃油和减少水中杂质对锅炉的危害，我们将对水质进行全面处理。

近期我将带领工程部所有员工对发电机和高低压配电系统进行系统的检查、维护、修复工作。发电机和配电线路已经使用多年，系统都已有部分损坏，所以我们必须在近期展开对发电机和配电系统的检查、维护、清洗、修复和加强管理等工作。

酒店一、二楼已开始由外包工建筑公司进行紧张的改建，我和工程部所有成员将会对这些工程进行质量和技术监督检察，使其在新年之前顺利完工。

二、待解决的问题

为加强自身技术和管理能力，也为更好地和各部门员工沟通、联系、配合，今后我会更积极地去对待工作，同时展开对新进员工进行电脑的使用及简单故障排除和各种常用家电设备使用及维修技术的培训。

对酒店各部门电脑系统和周边设备进行检查、保养、维修。

洗衣房由于设备老化，又在高温和各种酸碱度的水中工作，经常出现故障，我也将对其加强管理和维修，使其能保持正常工作。

太阳能由于热水器老化和表面积聚污垢，导致水不够热，我将在近期对其进行表面清洗，并尽量改善水循环系统。

水泵房的电机控制系统已有一些失灵，或是损坏，也需要检查修理。

弱电消防系统也须进行全面、系统的检查及故障处理。目前酒店的消防报警监控系统都有很大程度上的损坏，为了明年的消防安全和酒店所有人员的人身安全，急需进行更换和修复，让其能保持正常的工作状态。

在工作中，我还会不断学习，努力提高自身素质、技术、管理水平，追求工作的完美。

三、展望未来

展望未来，我充满信心，锦鹏酒店有我的理想和对美好未来的憧憬。我会用我的知识和技术，把酒店的设备设施搞得更好。同时为了适应新潮流，走向现代化，酒店每间客房都会有改进，实现网络化、数字化、自动化，让客房就是一间高档办公室，也是一个温馨的家。

我还在构想着我们自己研究设计一个自动电加热水箱系统。这样在阳光不足时我们就可以用电加热而不再用费用高昂的燃油锅炉了。另外，洗衣房每天都要用锅炉烧蒸汽，我们用自来水不经水质处理直接注入锅炉，会对锅炉产生一定程度的损害，所以我设想用已经报废的过滤水箱来做一个大型的水质处理器，用于净化水质。这些构想如能实现，对降低酒店运营成本和改进服务都会有很大的助益。

为了完成以上目标，为了酒店设备能高效正常工作，我会在今后的工作中全身心投入到工作当中去，努力学习新的知识和技术，以最热情的工作情绪去工作，用最科学的管理技巧、最权威的技术把工程部搞得更好，发挥和体现自身和团体的价值与意义。

我对这次主管评选充满希望，我相信，我所有的设想将在这次评选中得以实现，所有的技术才华会得以展示。我一定会胜利。

王　强

2019 年 5 月 4 日

赏析：这是一份酒店工作计划书。全文由开头、主体和结语三部分组成。开头简要指出近期工作；主体则列出了待解决的问题；结语简述了设立未来目标的重要性。正文分条列项地写出了计划的内容，目标明确，措施清楚，语言简练。

五、总结

（一）总结的概述

1. 总结的定义

总结是对以往工作进行回顾、检查、分析、研究，从中提炼出规律性的经验，用以指导今后工作的文书。平常所说的小结、体会、认识等也是总结，只不过因其内容较单纯、涉及面较小或经验欠成熟而在具体运用上有别于总结。

2. 总结的作用

（1）深化人们对客观事物规律性的认识。

人们在总结中以辩证思维方法为指导，全面系统地分析、研究，就事探理，将那些零星的、表面的感性认识上升为全面的、本质的理性认识，使人们的认识从必然王国向自由王国迈进。在探索客观事物的规律性中，实现认识上的飞跃，从而增强工作的预见性、主动性。

（2）加强工作指导的有效性。

借助总结促使领导者冷静地思索，对前一阶段工作有个全面的回顾、系统的分析、深刻的认识，看究竟哪些是成绩和经验，值得肯定和发扬；哪些是问题和教训，应该如何纠正和防止。这一切都只有在认真的总结中，才能领悟和发现。这就为今后的工作指明了方向，产生了新的力量和办法。真正做到“打一仗进一步，吃一堑长一智”，更有针对性地、有效地指导今后的工作。

（3）促进经验和信息的交流。

通过总结及时地将新鲜经验系统化、条理化、公开化，互相交流经验、信息，起到“他山之石，可以攻玉”之功效。既可以将“点”上的经验推广到“面”上开花结果，又可互通信息，借鉴他人的正反经验，取人之长，补己之短，共同提高，从而达到推广典型，表彰先进，带动后进，促进生产、工作和学习进步的目的。

3. 特点

（1）真实性。

总结在回顾过去时要用事实说话，从本单位（或本人）自身的实践活动中选取材料，并从这些材料中提炼观点，得出结论。不得移花接木，张冠李戴，也不允许任意虚构，主观臆造。

（2）理论性。

总结工作不是记流水账，不能停留在事实的表层，而是以辩证唯物主义和历史唯物主义为指针，认真地评论得失，对大量的事实材料进行科学分析，就事论理，把感性认识上升到理性认识，揭示出客观事物带规律性的结论，这也正是总结的价值所在。

（3）目的性。

如果说总结工作回顾过去，回答“做了什么”体现了真实性；评论得失，回答“为什么”体现了理论性；那么指导未来，回答“怎么做”则体现了目的性。总结的根本目的就在于指导今后的实践。肯定成绩是为了增强信心，鼓足勇气，做好以后的工作；总结经验是作为后事之师，发扬光大，不断前进；找出教训是为了明白失利原因，以便吸取教训，使今后走上坦途，避免重蹈覆辙。

（4）自我性。

总结是自身实践活动的产物。它以客观评价自身工作活动的经验教训为目的，以回顾自身工作情况为基本内容，以自身工作实践的事实为材料，所总结出来的理性认识也应该反映自身工作实践的规律。所以内容的自我性是总结的本质特点。

4. 分类

（1）从内容上分。

有工作总结、生产总结、学习总结和思想总结等。

（2）从时间上分。

有定期性（年度、季度、月份）总结和以工作周期为阶段的总结。

（3）从范围上分。

有地区总结、单位总结、部门总结、个人总结。

（4）从功能上分。

有汇报性总结、经验性总结。

（5）从性质上分。

有全面总结、专题总结。

①全面总结。全面总结又叫综合总结，它是对一个单位、一个部门在一定阶段各项工作的整体综合和全面概括的书面材料。这种总结因涉及一个单位、一个部门在一定时间里各方面的工作，其特点是内容广泛，篇幅较长。它既要反映纵的系统，又要反映横的断面，以求综合反映工作的全貌，有时还要求反映全方位的情况。这种总结通常有三种用途：一是用于向上级汇报工作；二是用于向本单位或本部门的群众做工作总结报告；三是用于与外单位或外部门交流经验时使用。全面总结是日常工作中经常使用的一种总结。

②专题总结。有时也叫单项总结，它是对一个单位、一个部门在一定时间里某一项工作或某一项工作中的某一个问题所做的专门总结。这种总结因只涉及一个单位、一个部门在一定时间里的某项工作或某个问题，其特点是内容比较单一集中，针对性强，篇幅不长。因而这种总结要求对问题的探讨较为深入，分析比较透彻，尽可能把某一单位、某一部门在某项工作中的成绩突出出来，典型经验反映出来。撰写这种总结，一般是为了总结典型经验，以便推广。

（二）总结的写作结构

总结没有固定的形式，常见的格式由标题、正文和落款三部分组成。

1. 标题

总结的标题有下列几种构成方式。

（1）陈述式标题。

即一般公文式标题，由“单位 + 时限 + 种类 + 文种”构成。如果单位名称署于文末或标题下，时间概念也较明确，标题中就不再重复。

（2）论断式标题。

由正、副两个标题组成，正标题概括总结的内容或基本观点，副标题标明单位名称、内容范围、时间和文种。如《还是生一个好——市 1994 年计划生育工作总结》。

(3）概括式标题。

根据内容概括出题目，类似一般文章标题的写法。如《用改革精神建设三峡》《抓好两个“发挥”深化农村教育综合改革》。

2. 正文

一般分为以下三个部分。

(1）前言

概括基本情况，包括交代总结所涉及的时间、地点、对象和背景；概述基本经验、点明主旨；引用数据扼要说明主要成绩和问题。前言以精练的语言，揭示总结的精髓之处，引起读者的注意，并使读者对全文有个大体的印象。

(2）主体

这是总结的主要内容，包括三个部分。

首先是主要成绩和收获。成绩和收获是指在实践活动中所取得的物质成果和精神成果。这个内容在不同的总结中有不同的写法。

其次是主要经验体会。经验是指取得优良成绩的原因、条件以及具体做法；体会则是经验的升华、理论的认识。这部分是总结的重心，应下功夫分析、研究、概括，对经过事情的是非得失、利弊做出科学判断，并表述出来，指出此项工作的规律性。

最后指出存在的问题和教训。查找工作实践中应当解决而未解决的问题，或未做完工作存在的问题。分析造成问题的教训，究竟是思想方法上的问题，还是工作方法不对头，或者是其他主客观原因，从而总结出造成失误、损失的反面经验，明白应记取的教训。

以上是总结主体部分应写的内容，作者应根据当时写总结的目的要求，选择适当的结构形式，将上述内容表述出来。

(3）结束语

一般写两层意思：一是今后努力的方向。在经验教训的基础上，明确工作前进的方向，提出新的目标和任务。二是针对问题和教训，提出改进措施和新的设想。这部分行文要简短有力、有针对性和鼓动性。

3. 落款

包括署名和日期。单位总结的署名，一般写于标题中和标题下，总结上不署名。个人总结的署名，一般都写在正文的右下方。

（三）总结的注意事项

1. 从实际出发，实事求是

从实际出发，实事求是是总结写作的基本原则，是总结发挥实践指导作用的前提。总结中涉及的一切事件、数据及观点都必须来自客观实际，不能弄虚作假，夸大成绩，隐瞒缺点，报喜不报忧。

2. 分析事实，找出规律

总结不是简单地回顾过去，流水账似的记录过去。总结的主要目的是指导未来。因此，写作总结时一定要善于对已发生的事实进行科学的分析，找出成功的经验、失败的教训，归纳出规律性的认识，争取在以后的实践中不断成长和进步。

3. 点面结合，重点突出

总结的选材不能求全贪多、主次不分，尤其不能强求把所有的工作成绩全都详细介绍，看不到重点，这样会使文章显得臃肿拖沓。要根据实际情况和总结的目的，把那些既能显示本单位、本地区特点，又有一定普遍性的材料作为重点选用，写得详细、具体，而一般性的材料则要略写或舍弃。

（四）总结的例文赏析

【例文一】

××年度工作总结

在××工作一年时间了，在这一年里，在领导的指导、关心培养下，在同事的支持帮助、密切配合下，我不断加强思想政治学习，对工作精益求精，较为圆满地完成了自己所承担的各项工作任务，个人思想政治素质和业务工作能力都取得了一定的进步，为今后的工作和学习打下了良好的基础。现总结如下：

一、政治思想方面

认真加强思想政治学习，不断提高自己的政治理论水平。始终坚持以邓小平理论和“三个代表”重要思想为指导，认真贯彻党的十六大和十六届三中、四中全会精神，深入领会执行中央、省和市委、市政府的一系列重大方针、政策、措施。系统地学习了《中共中央关于加强党的执政能力建设的决定》《中共中央关于加强和改进党的作风建设的决定》《关于完善社会主义市场经济体制若干问题的决定》等重要文件，牢固树立全心全意为人民服务的宗旨和正确的世界观、人生观和价值观，以开展保持共产党员先进性教育活动为重要契机，加强对马列理论、社会主义市场经济理论及现代经济、科技、法律、办公自动化等与工作领域相关的专业知识的学习，使思想认识和自身素质都有了新的提高。

二、工作方面

本着对工作积极、认真、负责的态度，认真遵守各项规章制度，虚心向领导和同事请教，努力学习各项业务知识，通过不断学习，不断积累，使工作效率和工作质量有了较大提高，较好地完成了各项工作任务。

1. 深入开展调查研究……
2. 做好中长期规划的研究与编制工作……
3. 积极申报国家资金支持的建设项目……
4. 做好年度管理计划工作……

三、学习生活方面

在工作过程中，我深深感到加强自身学习、提高自身素质的紧迫性，一是向书本学习，坚持每天挤出一定的时间不断充实自己，端正态度，改进方法，广泛汲取各种“营养”；二是向周围的同志学习，工作中我始终保持谦虚谨慎、虚心求教的态度，主动向领导、同事们请教，学习他们任劳任怨、求真务实的工作作风和处理问题的方法；三是向实践学习，把所学的知识运用于实际工作中，在实践中检验所学知识，查找不足，提高自己，防止和克服浅尝辄止、一知半解的倾向。

作为一名机关工作者，我时刻提醒自己，要不断加强自身思想道德的修养和人格品质的锻炼，增强奉献意识，把清正廉洁作为人格修养的重点。不受社会上一些不良风气的影响，从一点一滴的小事做起，生活中勤俭节朴，宽以待人；工作中严以律己，忠于职守，防微杜渐。牢固树立全心全意为人民服务的宗旨意识，帮助身边需要帮助的人。

一年来，我在组织、领导和同志们的帮助和支持下取得了一定的成绩，但我深知自己还存在一些缺点和不足，政治理论基础还不扎实，业务知识不够全面，工作方式不够成熟。在今后的工作中，我要努力做到戒骄戒躁，坚定政治信念，加强理论学习，积累经验教训，不断调整自己的思维方式和工作方法，在实践中磨炼自己，成为人民满意的公务员。

张××

××××年×月×日

赏析：这是一份个人年度总结。标题采用“适用期限+总结种类”形式。正文有开头、主体、结尾三部分组成。开头简要概述了一年来的工作情况和工作效果，用“现总结如下”过渡到主体部分；主体部分按照材料间的逻辑关系，从政治思想、工作、学习生活三个方面对自己一年的情况进行了回顾总结，很好地回答了“做了什么”“怎么做的”“做到了怎样”。结尾处简要叙写了存在的问题和今后的努力方向。最后的落款，署名、日期要素齐全。

赏析：这是一份专项工作总结，即针对校园卫生综合治理工作进行的总结。在正文部分，开头先简要指出了开展专项工作的原因、依据和主要内容，然后用“现将具体工作情况总结如下”承上启下；主体部分重点叙述了工作所取得的成绩、经验做法；结尾指出了今后的打算。正文总体上采用了三段式结构形式，每项内容按照逻辑关系又采用数字序号分条进行阐述，条理十分清晰。

【例文二】

×××年终总结报告

回顾这一年来的工作，我在公司领导及各位同事的支持和帮助下，严格要求自己，按照公司的要求，较好地完成了自己的本职工作。通过这一年来的学习与工作，工作模式上有了新的突破，工作方式有了较大的改变，现将这一年来的工作情况总结如下。

(1) 工作量。作为公司一名工程研发技术人员，我现在的本职工作是对新品进行初步测试，新机种样机的制作和测试以及测试报告的整理，有效积极地配合研发工程师的工作，对其项目资料进行交接和整理，对于样机测试过程中遇到的问题进行应对调试，指导新技术人员作业等。

(2) 工作质量。通过这一年的锻炼，我现在可以很好地完成工作任务，严格遵守公司的规章制度、工作规范和流程，对客户的意见和建议也能够很好地考虑和分析，设计的样品质量也较以前有所提高。对于项目工程师所分配的任务能有效积极地给予配合，减轻了工程师的工作负担，提高了项目开发的进度，从另一方面也充实了自己的大脑。

(3) 工作技能。在研发部的日常工作中，我学到了很多，比如样品的承认认证、样机的测试调试，对主要元器件有了更深刻的了解，对负载机、数字电桥等测试仪器能够更熟练地进行操作。但同时也遇到了一些难题……

(4) 团队精神。作为公司的一名员工，我会树立起团队协作的意识，及时与同事进行有效积极的沟通，有问题及时向他们请教，相互取长补短，共同完成工作任务。

(5) 沟通能力。沟通是合作的开始，优秀的团队一定是一个沟通良好、协调一致的团队。没有沟通就没有效率。沟通带来理解，理解带来合作。身为研发部的一分子，我会虚心接受领导在工作上的指导和意见建议，及时与领导沟通，有问题及时向领导和同事请教，积极地听取他们的意见和建议，不断努力学习，不断提高自己！

当然，工作中有时也存在问题，相信在以后的工作中我会弥补这些不足，努力地提高我的专业技能，完善我的工作，为公司的发展尽自己的绵薄之力！

在此多谢公司领导的教导和支持。

××部门：×××

××××年××月××日

赏析：由于落款中写明了姓名和部门，所以标题中可以省略。例文首先概括叙述了工作概况，过渡语流畅。例文归纳总结经验不够，没有把成绩突出出来，这是工作总结的重点，可通过更换小标题来解决。对“存在的问题”只是一笔带过，过于简单。这部分主要应从实际出发分析指出尚有哪些方面的工作应当做而没有做，或者应当做好而没有做好。总体来说，这是一篇结构完整、格式正确、语言流畅的总结。

六、演讲词

(一) 演讲词的概述

1. 演讲词的定义

演讲词是指在重要场合或群众集会上发表讲话的文稿。在各种会议上，它用来交流思想，表达感情，发表意见和主张，提出号召倡议等。

2. 演讲词的分类

按运用的主要表达方式来分，演讲词可以分为三类。

(1) 叙事型。

叙事型演讲词以叙述为主要表达方式，辅以适当议论说明和抒情。叙事型演讲词通过对人物、事件、景物的记叙描述，表达演讲者的思想感情，反映社会生活的本质和规律。

(2) 说理型。

说理型以议论为主要表达方式，它具有正确深刻的论点，使用确凿充足，具有说服力的论据，进行富有逻辑性的论证。

（3）抒情型。

抒情型以抒情为主要表达方式，在演讲中抒发演讲者爱恨悲喜等强烈感情。对听众动之以情，以“情”这把钥匙来开启听众心灵。

3. 演讲词的特点

（1）针对性。

撰写演讲词，要考虑听众的需要，讲话的题目应与现实紧密结合，所提出的问题应是听众所关注的事情，所讲内容的深浅也应符合听众的接受水平。同时，演讲要注意环境气氛，既要注意当时的时代气氛，又要了解演讲的具体场合：是一般性会议还是重大集会；是同志间的座谈还是讨论问题；是欢迎国宾，还是一般的友人聚会。不同的场合，演讲有不同的内容、不同的讲法。

（2）鲜明性。

演讲的内容不能只是客观地叙述事情，还必须表明自己的主张，阐明自己的见解。赞成什么，反对什么，表扬什么，批评什么，均应做到立场鲜明、态度明确，不能含糊。好的演讲总是以其精密的思想启发听众，以鲜明的观点影响听众，给听众以鼓舞和教育。

（3）条理性。

要使讲话易被听众听清、听懂，就要条理清楚，层次分明。否则，所讲内容虽丰富、深刻，但散乱如麻，缺乏逻辑性，亦会影响讲话效果。

（4）通俗性。

演讲的语言，总的来说应该通俗易懂，明白畅晓。要做到这一步，关键是句子不要太长，修饰不要太多，不宜咬文嚼字，要合乎口语，具有说话的特点。同时，也应该讲究文采，以便雅俗共赏。

（5）适当的感悟色彩。

演讲者既要冷静地分析即晓之以理，又要有诚挚热烈的感情即动之以情，这样才能使讲话既有说服力，又有鼓动性。

（二）演讲词的写作结构

演讲词没有固定的形式，可以根据不同的对象、时间以及所讲的问题自由灵活地安排结构方式。尽管如此，从众多的演讲词中仍可看出，其写作格式主要有标题和正文两部分。

（1）标题。

标题的形式有三种：第一种是报刊编辑在登报时加上去的，不是作者自己拟定的；第二种是由作者拟定正题，发表时编辑再加上副题的；第三种是作者拟定正题，题下注明作者姓名的。

（2）正文。

正文的结构，一般开头先是对与会者的称呼，接着开始讲话，要造成一种气氛，引起听众注意，控制会场的情绪。主体部分全面展开论述，突出讲话中心，把全部所要表达的内容逐层交代清楚，给观众留下深刻的印象，结尾部分总结全文，表明态度。

此外，演讲词的写作在内容上应该注意几点。

第一，弄清演讲的目的，就是为什么而讲，这是演讲词写作的前提。演讲是一听而过的，时间有限，所以一篇演讲词只能安排一个中心思想，并且要求中心突出。

第二，弄清听众，就是要弄清对什么人讲，这样才能根据听众的特点有的放矢，也才可能引起听众的共鸣。

第三，内容要新鲜，材料要充实，这样才能有吸引力，听众才会觉得有收获。

第四，结构要清晰，条理要层层展开，要有一以贯之的线索，这样才能有较强的逻辑性，也才会有较强的说服力和感染力。结构层次分明，脉络清晰，这样听众才容易听懂演讲者所要表达的观点，也只有这样演讲才能取得预期效果。

第五，语言要生动，口语化，多用短句，流畅而有节奏，这样才适宜于演讲的氛围。

（三）参考例文

文学的答辩（节选）

景克宁

我是文学，我的坐标是人的生活，却有人把我叫“斯芬克司”，当成亘古之“谜”。

我和自然、生活一体，本性质朴，可常被蒙上迷幻的色彩，罩上神秘的光环。生活与自然的主体是人。人与自然互相依存，互相对抗；既相吸引，又相征战，互相创造着。人在生活中互相携持，互相争斗，既相谐和，又相撞击，互相并进着。我就在自然与人、人与生活的对立统一的运动中诞生。我的母胎充满了矛盾的基因，使我多情善感，性格双重，既有悲剧性格，又有喜剧性格，既有生命的张力，又有生命的魅力。

我呱呱坠地，就生长着智慧与感情的双翼，从生存飞向生活，追求想象的世界。我的宇宙是生活与自然，时空无限。我翱翔、观察、思索、筛选、捕捉形象。

我创造了“伊甸园”和“失乐园”，亚当与夏娃是我最早的子女。伊甸园中智慧与爱情的禁果是我种植的，我让亚当夏娃摘食了禁果，去传播智慧与爱情。东方补天的女娲、奔月的嫦娥、填海的精卫、追日的夸父、西方奥林匹斯山上的诸神，都是我最早的儿女群，他们显示了我的张力和魅力。

我个性独特，秉性自由，却常被披枷戴锁，我要用自己的声调放声呐喊，却常被暴力扼喉。

我不愿做工具，既不愿做邪恶的工具，也不愿做完美的工具。我一旦工具化，即是被“异化”，便会失去“自我”，个性歪曲，生命窒息，最终毁灭。

可是，我常被迫成为工具，戴上锁链跳舞，这是我的悲剧，也是生活的悲剧。

我常被误解包围，我常在误解中沉浮。

我有时被颂为天使，送上天堂；有时被斥为恶魔，打入地狱。

我有时被指责为腐蚀剂、麻醉品，有时又被奉为荷尔蒙、灵芝草。

悲观者把我看成苦闷的象征，唯美者把我看成象牙之塔，玩世者把我看成情欲场，梦游者把我看成太虚境，多情者把我看成爱之神，猎奇者把我看成哈哈镜，警策者把我看成预言家，鼓动者把我看成传声筒，弱者把我看成救世主，阴谋家把我看成巫师，统治者不是把我当成吹鼓手，就是把我视同洪水猛兽。

我不要标签，反对印记，羞为玩物，耻于摆设，拒做喇叭。

我既不是历史的气象台，也不是历史的仲裁者；我既不是社会的晴雨表，也不是政治的温度计。

生活给我馈赠，我给生活报答。

赏析：这是已故的中国当代著名演讲艺术家、教育家景克宁在上海青年文艺沙龙所做的即兴演讲。作者紧扣演讲的主题，既有冷静的分析能晓之以理，又有诚挚热烈的感情能动之以情。语言生动幽默，内容新颖，结构完整。

七、会议记录

（一）会议记录概述

会议记录是把会议发言者的语音信息、将稍纵即逝的口语转化成书面语言的过程。在会议过程中，由记录人员把会议的组织情况和具体内容记录下来，就形成了会议记录。在此，“记”有详记与略记之别。略记是记会议大要，会议上的重要或主要言论；详记则要求记录的项目必须完备，记录的言论必须详细完整。若需要留下包括上述内容的会议记录则要靠“录”。“录”有笔录、音录和影像录几种，对会议记录而言，录音、录像通常只是手段，最终还要将录下的内容还原成文字。笔录也常常要借助录音、录像，以此作为记录内容最大限度地再现会议情境的保证。

会议记录应该突出的重点有以下几个方面。

（1）会议中心议题以及围绕中心议题展开的有关活动。

（2）会议讨论、争论的焦点及其各方的主要见解。

（3）权威人士或代表人物的言论。

（4）会议开始时的定调性言论和结束前的总结性言论。

（5）会议已议决的或议而未决的事项。

（6）对会议产生较大影响的其他言论或活动。

（二）会议记录的写作结构

会议记录一般由标题、会议组织概况、会议内容、结尾四个部分组成。

1. 标题

标题由会议名称加文种组成。如果使用专用会议记录本，标题只写会议名称即可。

2. 会议组织概况

会议组织概况包括会议时间、开会地点、主持人的职务及姓名、出席人、列席人、缺席人、记录人等部分。

（1）会议时间。

要写明年、月、日，上午、下午或晚上，×时×分至×时×分。

（2）开会地点。

如“×会议室”“×礼堂”“×现场”等。

（3）主持人的职务、姓名。

如“校党委书记×”“公司总经理×”等。

（4）出席人。

根据会议的性质、规模和重要程度的不同，出席人一项的详略也会有所不同。

（5）列席人。

包括列席人的身份、姓名，可参照出席人的记录方法。

（6）缺席人。

如有重要人物缺席，应做出记录。

（7）记录人。

包括记录人的姓名和部门，如“××办公室秘书”。

3. 会议内容

一般包含会议的议题、宗旨、目的，会议议程，会议报告和讲话，会议讨论和发言，会议的表决情况，会议决定和决议，会议的遗留问题等。

4. 结尾

可将主持人宣布的“散会”一项记入，也可以将散会一项略去不记。

最后，由主持人和记录人对记录进行认真核对后，分别签名，以示对此负责。

（三）会议记录的注意事项

会议记录有两条最基本的写作原则：真实性、完整性。

（1）准确写明会议名称（要写全称）、开会时间、地点和会议性质。

（2）详细记下会议主持人，出席会议应到和实到人数，缺席、迟到或早退人数及其姓名、职务，记录者姓名。如果是群众性大会，只要记参加的对象和总人数，以及出席会议的较重要的领导成员即可。如果某些重要的会议，出席对象来自不同单位，应设置签名簿，请出席者签署姓名、单位、职务等。

（3）忠实记录会议上的发言和有关动态。会议发言的内容是记录的重点。其他会议动态，如发言中插话、笑声、掌声，临时中断以及别的重要的会场情况等，也应予以记录。

（4）记录会议的结果，如会议的决定、决议或表决等情况。会议记录要求忠于事实，不能夹杂记录者的任何个人情感，更不允许有意增删发言内容。会议记录一般不宜公开发表，如需发表，应征得发言者的审阅同意。

（四）参考例文

【例文一】

××市代表团第一组会议记录

会议名称：××市代表团小组讨论会议

时间：20××年3月11日9时

地址：第二会议室

主持：刘××

出席：全组代表13人

列席：××日报社记者

记录：张××

会议议题：讨论《政府工作报告》

代表许××：××县教师去年几次闹事，主要矛盾是上边给政策，下边没有钱，老师的奖金不好兑现。应当说，我市整个教育工作在全省不算落后，最大的问题是经费问题。农村中小学除人头费外，其余费用都是由农民负担。在5%的定项限额中，拿出2%给教育，比例不算小，有800多万元，可是去了人头费，剩不下几个钱。去年上边要求给教师增加补贴、资金，县里拿不出钱，经多方筹措只兑现了一部分，因而引起教师不满。教师们说，教育是治国之本，教师的地位提高了，为什么连奖金、补贴还解决不了？最后财政拿出一部分，乡镇拿出一部分，学校勤工俭学解决一部分。勤工俭学一块绝大多数没有解决。越是穷的地方，问题越多。

代表赵××：从××区的情况看，近几年教育事业发展比较快，二部制的问题解决了，倒塌房的问题也基本上得到解决，但是教学质量普遍不高。区内7所中学，唯有三中好一点，小学上中学非常困难。在我们那里，学生进好学校要多交钱，转学也要多交钱。好的学校超额，差的学校没人愿意去。家长对学生读书也失去了信心。条件比较好的东山校，其实那里的老师也很可怜的。有时买粉笔没钱，平时上市里开会，车票还得自己报销。靠老师们轮流在收发室卖冰棍，洗理费也只能发2元钱。

代表吕××：从19××年到20××年的5年间，全市教育经费支出××万元，是新中国成立以来投入最多的时期，与其他各项社会事业比较，也是追加投资最多的。尽管如此，教育事业的困难还是挺多。全市不包括两县，超编教师达690人。一边是教师超编，另一边是能干的、水平高的教师又特别少。这说明教育本身的大锅饭比较严重。教师不管水平高低，能力大小，够年头就评职称，就长工资。这样不利于鼓励教师钻研业务，提高素质和水平。解决这个问题，光靠财政不行，要在教育系统进行优化组合，富余人员去开辟新的创收门路。要在实行校长负责制下，实行教师聘用制。

代表王××：目前，在教师和科研队伍中，滥竽充数的太多了。只有初中毕业学历的

21 岁小姑娘，也成了助理会计师，28 岁的高中毕业生也得了个工程师的职称。和这些人平起平坐，我真想把自己的工程师证书扔了。

代表谷××：目前教育方面存在的问题比较多，也比较突出，已经引起了上上下下的高度重视。从现在教育的状况看，未来是可怕的，特别是学校的思想政治工作，德育问题亟待加强。

代表于××、曾××：现在师生压力都比较大。一些年轻教师向钱看，不安心工作，学生两极分化。我们建议，要切实加强学校的思想政治工作，加强共青团和少先队建设。今后在招生时，对班级团、队干部的分数应适当放宽，以便调动、鼓励他们参与管理学校的积极性。希望省里在这方面做出决定。

散会。(上午 11 时 30 分)

主持人：刘××（签名）

记录人：张××（签名）

赏析：这篇会议记录按照标题、会议基本情况、会议进行情况和会议记录结尾四个部分组织安排材料，结构完整。“标题”采用“单位名称＋会议记录”形式；“会议基本情况”部分逐一列出每项内容；“会议进行情况”按照讨论发言顺序记录了代表发言的主要内容；“结尾”标明了会议结束的时间和会议记录的确认签名。格式很规范，发言内容虽然很简练，却保持了会议的原貌。

【例文二】

××公司办公会议记录

时间：××××年×月×日×时

地点：公司办公楼五楼大会议室

出席人：××× ××× ××× ××× ××× ……

缺席人：××× ××× ××× ……

主持人：公司总经理

记录人：办公室主任刘××

主持人发言：(略)

与会者发言：××× ……

××× ……

散会

主持人：×××（签名）

记录人：×××（签名）

(本会议记录共×页)

赏析：该例文清晰明确地展示了会议记录的一般格式，值得借鉴和学习。

八、广告策划

（一）广告策划书概述

广告策划书，是对企业的经营活动进行周密的宣传推广工作而做出的计划性很强的应用文书。广告策划书不是对某一具体对象制作广告的文书，而是对广告活动的整体规划，为决策者提出专家意见和创意，因而其内容的根本意义在于通过对广告活动的一系列策划工作，准确地把握时机，独特地展现视角，及时地提出建议，有效地适应公众诉求，从而达到开拓市场、促进销售、提高企业经济效益的目的。

广告策划书是一个宽泛的概念，也可以因内容的侧重点不同而分出以下种类，例如：广告总体策划书、广告主题策划书、广告事业计划书、广告项目书、广告费用预算书等。

（二）广告策划书的写作结构

一份完整的广告策划书至少应包括如下内容：前言、市场分析、产品分析、销售分析、企业经营目标、企业市场战略、阻碍分析、广告战略、公关战略、媒介战略、广告预算及分配、广告效果预测。当然，广告策划书可能因撰写者个性或个案的不同而有所不同。下面简述各部分在撰写时应注意的问题。

（1）前言。

简要说明制定本策划书的缘由、企业的概况、企业的处境或面临的问题，希望通过策划能解决问题，或者简单提示策划的总体构想，使客户对策划书有个概括的了解。

（2）市场分析。

市场分析主要包括三个方面的内容。

①背景资料。与被策划企业的产品有关的市场情况。

②目前同类产品情况。目前，市场中进口、国产的同类产品的几种主要品牌以及这几种品牌的知名度与美誉度如何。

③同类产品的竞争状况。可分为国内市场分析与国际市场分析。

（3）产品分析。

分析被策划产品的优越性及其不利因素，如产品特点：具体分析产品的工艺、成分、用途、性能、生命周期状况等；产品优劣比较：同国内及进口的同类产品进行比较。

（4）销售分析。

销售是市场营销的重要组成部分，透彻地了解同类产品的销售状况，将为广告促销工作提供重要的依据。销售状况分析有下列内容。

①地域分析。同类产品销售的地域分布及地域特色。

②竞争对手销售状况。分析主要竞争对手的销售手法和策略。

③优劣比较。通过分析比较，找好本策划产品最有利的销售网络与重点地区。

（5）企业经营目标。

企业经营目标分为短期和长期两种。短期目标以一年为度，可具体定出增加销售或提高知名度的百分比。长期目标是三至五年，广告策划中提到企业目标，可以说明广告策划是怎样支持市场营销计划，并帮助达到销售和盈利目标。

（6）企业市场战略。

为了实现企业的经营目标，企业在市场总战略上必须采取全方位的策略，这些包括以下几点。

①战略诉求点。如何提高产品知名度和市场占有率，产品宣传中是以事实诉求为主还是以情感诉求为主。

②产品定位。可以选择高、中、低三种产品定位。如福达彩胶定位为高质量、低价格、国际流行的产品，柯达技术，厦门制造的国产高档彩色胶卷。

③销售对象。分析产品的主要购买对象，越具体越好，包括人口因素各方面，如年龄、性别、收入、文化程度、职业、家庭结构等，说明他们的需求特征和心理特征，以及生活方式和消费方式等。

④包装策略。包装的基调、标准色，包装材料的质量，包装物的传播、设计重点（文字、标志、色彩）等。

⑤零售点战略。零售网点的设立与分布是促销的重要手段，广告应配合零销网点策略扩大宣传影响。

（7）阻碍分析。

根据上面对市场、产品、销售、企业目标、市场战略等的研究分析，已可以顺理成章地找出本企业产品在市场销售中的“难”点。排除这些阻碍，下一步就是广告战略与策略的主要目的。

（8）广告战略。

①竞争对手广告宣传分析。分析主要竞争对手的广告诉求点、广告表现形式、广告口号、广告攻势的强弱等。

②广告目标。依据企业经营目标，确定广告在提高知名度、美誉度、市场占有率方面应达到的目标。

③广告对象。依据销售分析和定位研究，可大略计算出广告对象的人数或户数，并根据数量、人口因素、心理因素等说明这一部分人为什么是广告的最好对象。

④广告创意。确定广告总体的表现构思。如广告口号，使用的模特或象征物，广告的诉求点或突出表现某种观念、倾向等。

⑤广告创作策略。即向目标市场传播什么内容。按照电视、报刊、广播、POP（卖点广告）等不同媒介的情况，分别提出有特色的、能准确传递信息的创作意图。

（9）公关战略。

公关活动旨在树立良好的企业形象和声誉，改善企业与公众的关系，增进消费者对企业的好感。公关战略要与广告战略密切配合，通过举办一系列具有社会影响力的活动达到上述目的。

（10）媒介战略。

媒介战略是指根据广告的目标与对象，选择效果最佳的媒介来传播广告对象，包括以下内容。

①媒介的选择与组合。以哪种媒介为主，哪种媒介为辅。

②媒介使用的地区。配合产品的营销需要区，分重点与非重点地区。

③媒介的频率。在一年中可分为重点期和保持期，每种媒介每周或每月使用的次数安排。

④媒介的位置、版面。电台、电视台选择哪一种传播方式最好，报刊选择什么日期版面等。

⑤媒介预算分配。结合媒介所需的费用进行预算。

（11）广告预算及分配。

广告预算必须把年度内的所有广告费用列入，包括调研、策划费，广告制作费，媒介使用费，促销费、管理费、机动费等。

（12）广告效果预测。

广告效果预测是预计广告策划可以达到的目标或效果反馈、检测的方法。广告策划是一个全方位的谋略活动，如同军事上一个大的战役的运作，策划书便是战役的书面作战计划，计划是否周详、破绽多或少，关系到战役的成败。广告策划书的撰写亦如此，它关系到企业的兴衰，所以要以严肃、科学、负责的态度对待它，绝不能想当然、闭门造车，或马马虎虎应付了事。同时，撰写广告策划书不仅要有文字功底，而且还要有广博的多学科的知识，掌握市场营销学、消费心理学、人类学、文学、美学、影视写作学、广告心理学、广告战略学等学科的相关知识，以及各种商品的有关知识。目前，广告策划不是一般人所能胜任的，广告策划者应是一个通才之人。要做好一个广告策划者，写出完善的策划书，首先要有广博的知识，深厚的文化修养和广告理论修养。

（三）参考例文

花河牌啤酒广告策划书

花河牌啤酒是黑龙江省牡丹江啤酒厂名牌产品。该产品采用法国酵母研制而成。这种麦芽汁浓度为10°的清香淡爽型啤酒具有时代流行的新潮品格，又适合北方人的饮用习惯，深受消费者喜爱。近年来，随着啤酒品牌的增多，花河牌啤酒面临着巨大的竞争压力。为了应对压力，特此进行广告策划，以进一步占领牡丹江市场。

1. 市场分析

牡丹江啤酒市场大体有以下几种品牌：花河、雪花、哈啤、威虎山、三星、青岛。调查显示，花河、雪花和哈啤市场占有率大，占据牡丹江啤酒市场的70%以上，另外的一部分市场被三星、青岛、威虎山等品牌所瓜分，因此，目前市场上与花河形成竞争的有雪花和哈啤两种品牌。另外，由于牡丹江啤酒厂成为哈啤集团的子公司，所以哈啤也不能说是花河的竞争对手，排除它，故只有雪花为花河的竞争对手，花河要扩大市场占有率，增加销售量，必然要争取雪花的一部分市场，使雪花的消费者改变其偏爱，成为花河的忠诚消费者。

2. 消费者分析

牡丹江啤酒市场的消费者类型大体上可分为三种。

（1）重视啤酒的口味，这类消费者重视啤酒的口感，并不在乎啤酒价格的高低，在他们眼里只要啤酒好喝，价格稍高一些是可以接受的，也就是说啤酒的口感、品质和档次成为他们选购时所要考虑的主要因素，当然这部分消费者的家庭经济消费水平比较高。

（2）重视啤酒的价格，价格的高低对这类消费者影响较大，他们认为啤酒的口味是大同小异的，没有过于明显的差别，还是选择便宜的。这部分消费者的经济消费水平一般，但是这部分消费人群的人数较多，有必要占领这部分市场。

（3）重视啤酒是否有奖，中奖率是否很高、该品牌的啤酒能否中奖，对他们是否选择购买影响较大，表面上看这部分消费者是爱占小便宜，但是实质上他们和那些重视价格的消费者类似，想中奖无非是想少花钱多得商品，可以把这部分消费者归入那些重视价格的人群中。以下为消费者对花河、雪花两种品牌的看法。花河：消费者认为口感不错，爽口，够劲，但是价格高，而且没有奖，在访谈中这些消费者也表态，如果花河的价格能和其他品牌一样，或能实行有奖销售，他们会选购花河。雪花：消费者认为价格比较低，而且是有奖销售，中奖率高，那些重视价格的消费者因此愿意购买。

3. 销售策略

从市场分析可知，花河的主要竞争对手是雪花，雪花较花河的优势是价格低，而且有奖，中奖率高，大部分消费者对此非常认可。因此，花河要夺取雪花的这部分市场应采取的策略：一是降价，与雪花同一价位；二是实行有奖销售。经过分析，降价策略是不大可能的，这样企业利润会降低，并且降价之后再想提价势必是有些困难的。另外，采取有奖销售策略，毕竟是短期促销，达不到长期的效果，也是不可取的。迫于以上种种情况，在不降价、没有奖的情况下迅速击败对手，企业只能加大对品牌的宣传力度，在宣传中强调本产品的过人之处、价格高的理由、优于其他品牌在什么地方、不同之处在哪。这样才能使消费者认可，花稍高一些的价格购买本品牌，而且还觉得值，这样才能取胜于对手，并在消费者心中占据一定的位置。

4. 广告策略

广告主要宣传花河有别于其他品牌的好处：口感好、品质佳、档次高，价格高是很正常的，强调多花一点钱买高品质、口感好、上档次的产品值得。

（1）广告目标：提高花河的市场占有率，迅速击败竞争对手。

（2）广告主题：强调优质产品。

（3）广告对象：牡丹江市民。

(4) 广告地区：牡丹江市。

(5) 诉求重点：品味不凡，倡饮花河。

(6) 广告表现。广告语："品味不凡，倡饮花河"。

广告语创意说明："品味不凡"有三层含义：其一，说明选择花河啤酒的消费者的品味不同凡响；其二，说明花河啤酒味道不凡，与其他啤酒不同；其三，说明一个人在生活中应该品味和体验不同寻常的事物。另外，"倡饮花河"中的"倡"字有两层含义：其一，"倡"是倡议、倡导、提倡的意思，倡导消费者饮用花河啤酒；其二，"倡"与"畅"谐音，"畅"表畅快、高兴的意思，畅饮花河，表示痛快地饮用花河。平面广告文案：不凡的口感、不凡的品质、不凡的档次，自然有不凡的价格；品味不凡，倡饮花河。

5. 媒体策略

电子媒体：牡丹江电视台、牡丹江广播等。印刷媒体：广告牌、招贴（商店、超市门前)、《牡丹江日报》、《牡丹江晨报》等。

赏析：本文是一篇关于啤酒广告的策划书。在对牡丹江啤酒市场以及消费者类型分析的基础上，提出销售策略、广告策略以及媒体策略。该策划书符合写作要求，具有典型性。

九、市场调查报告

（一）市场调查报告的概述

1. 市场调查报告的定义

市场调查报告是指市场调查者对市场的营销情况及其他经济现象进行调查，根据市场调查，收集、记录、整理和分析市场对商品的需求状况，经过研究和处理后写成的关于市场现状和市场需求的报告性文书。换句话说，就是用社会主义市场经济规律去分析，进行深入细致的调查研究，透过市场现象，揭示市场运行的规律、本质。市场调查报告是调查结果的集中体现。

2. 市场调查报告的用途

市场调查报告主要为政府和企业了解国内外经济状况、市场价格、产品供需等情况，为制定经营决策、调整生产规模等提供依据和帮助。

市场调查报告的用途非常广泛，它是市场调查工作的最终成果，也是市场调研过程中最重要的一环。许多管理者并不一定涉足市场调研过程，但他们可以利用调查报告进行业务决策。一份好的调查报告，能让政府决策者做出好的判断，为经济发展做出正确的决策，引导区域经济向健康的方向发展，还能对企业的市场策划活动提供有效的导向作用，同时，对于各部门管理者了解情况、分析问题、制定决策、编制计划以及控制、协调、监督等各方面都能起到积极的作用。

3. 市场调查报告的分类

市场调查报告按内容来分主要有以下几种类型。

（1）市场需求调查报告。

主要内容包括产品销售对象的数量与构成，消费者家庭收入水平，实际购买力，潜在需求量及其购买意向，如消费者收入增加额度、需求层次变化情况，消费者对商品需求程度的变化、消费心理等。

（2）市场供给调查报告。

主要内容包括商品资源总量及构成，商品生产厂家有关情况，产品更新换代情况，不同商品市场生命周期的阶段，商品供给前景等。

（3）商品销售渠道调查报告。

主要内容包括渠道种类与各渠道销售商品的数量、潜力，商品流转环节、路线、仓储情况等。

（4）商品价格调查报告。

主要内容包括商品成本、税金、市场价格变动情况，消费者对价格变动情况的反应等。

（5）市场竞争情况调查报告。

主要内容包括竞争对手情况，竞争手段，竞争产品质量、性能、价格等。

（6）市场消费行为调查报告。

主要内容为消费者的分布情况、经济状况、消费习惯、消费水平，以及广告对消费者的影响等。

（二）结构和写作方法

市场调查报告一般由标题、正文和文尾三部分组成。

1. 标题

市场调查报告的标题写作比较灵活，常见的标题有以下三种：

（1）第一种是公文式的标题，由调查单位、调查内容和文种组成；

（2）第二种由调查对象和文种构成；

（3）第三种是将调查对象的情况和结果概括成标题。

除此以外，还有正副标题的形式，正标题揭示调查结果、主题，副标题指明调查范围（时间、地点、对象）、调查情况等。

2. 正文

市场调查报告的正文包括前言、主体和结尾三部分。

（1）前言。

市场调查报告的前言，即开头部分，常见的写法有以下几种。

①概述调查研究的基本情况。包括市场调查的原因、目的、背景、地点、对象、范围、方式等，给读者以总体印象。

②概括市场调查的基本观点、主要意义、主要内容。这种开头比较适合专题市场调查报告。

③选用结论式、引文式、议论式、对比式、描述式开头。这种方法的好处是将最醒目的内容一开始就揭示给读者，以引起读者的兴趣。

（2）主体。

主体是市场调查报告写作的重点。这部分主要通过调查获得的资料，介绍被调查事物的基本情况，分析原因，预测市场发展趋势。市场调查报告主体内容，主要是调查概况、情况分析和调查结论三部分。

（3）结尾。

结尾一般是概括结论。即根据调查的事实，对有关市场的情况作必要归纳和总结，力求寻找出所调查内容的规律和共性，实事求是地提出自己的观点、建议，以供有关决策部门参考。

3. 文尾

指调查报告的单位落款或作者署名和日期。

（三）参考例文

××市居民家庭饮食消费状况调查报告

为了深入了解本市居民家庭在酒类市场及餐饮类市场的消费情况，特进行此次调查。调查由本市某大学承担，调查时间是2020年7月至8月，调查方式为问卷式访问调查，本次调查选取的样本总数是2000户。各项调查工作结束后，该大学将调查内容予以总结，其调查报告如下：

一、调查对象的基本情况

（一）样品类属情况。在有效样本户中，工人320户，占总数比例18.2%；农民130户，占总数比例7.4%；教师200户，占总数比例11.4%；机关干部190户，占总数比例10.8%；个体户220户，占总数比例12.5%；经理150户，占总数比例8.52%；科研人员50户，占总数比例2.84%；待业户90户，占总数比例5.1%；医生20户，占总数比例1.14%；其他260户，占总数比例14.77%。

（二）家庭收入情况

本次调查结果显示，从本市总的消费水平来看，相当一部分居民还达不到小康水平，大部分的人收入在3000元左右，样本中只有约2.3%的消费者收入在4000元以上。因此，可以初步得出结论，本市总的消费水平较低，商家在定价的时候要特别慎重。

二、专门调查部分

（一）酒类产品的消费情况

（1）白酒比红酒消费量大。

分析其原因，一是白酒除了顾客自己消费以外，用于送礼的较多，而红酒主要用于自己消费；二是商家做广告也多数是白酒广告，红酒的广告很少。这直接导致白酒的市场大于红酒的市场。

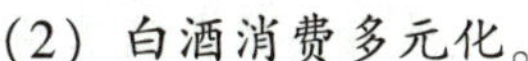

(2) 白酒消费多元化。

①从买白酒的用途来看，约52.84%的消费者用来自己消费，约27.84%的消费者用来送礼，其余的是随机性很大的消费者。

买酒用于自己消费的消费者，其价格大部分在20元以下，其中10元以下的约占26.7%，10—20元的占22.73%，从品牌上来说，稻花香、洋河、汤沟酒相对看好，尤其是汤沟酒，约占18.75%，这也许跟消费者的地方情结有关。从红酒的消费情况来看，大部分价格也都集中在10—20元之间，其中，10元以下的占10.23%，价格档次越高，购买力相对越低。从品牌上来说，以花果山、张裕、山楂酒为主。

送礼者所购买的白酒其价格大部分选择在80—150元之间（约28.4%），约有15.34%的消费者选择150元以上。这样，生产厂商的定价和包装策略就有了依据，定价要合理，又要有好的包装，才能增大销售量。从品牌的选择来看，约有21.59%的消费者选择五粮液，10.795%的消费者选择茅台，另外对红酒的调查显示，约有10.2%的消费者选择40—80元的价位，选择80元以上的约5.11%。总之，从以上的消费情况来看，消费者的消费水平基本上决定了酒类市场的规模。

②购买因素比较鲜明。调查资料显示，消费者关注的因素依次为价格、品牌、质量、包装、广告、酒精度，这样就可以得出结论，生产厂商的合理定价是十分重要的，创名牌、求质量、巧包装、做好广告也很重要。

③顾客忠诚度调查表明，经常换品牌的消费者占样本总数的32.95%，偶尔换的占43.75%，对新品牌的酒持喜欢态度的占样本总数的32.39%，持无所谓态度的占52.27%，明确表示不喜欢的占3.4%。可以看出，一旦某个品牌在消费者心目中形成深刻印象，是很难改变的，因此，厂商应在树立企业形象、争创名牌上狠下功夫，这对企业的发展十分重要。

④动因分析。主要在于消费者自己的选择，其次是广告宣传，然后是亲友介绍，最后才是营业员推荐。不难发现，怎样吸引消费者的注意力，对于企业来说是关键，怎样做好广告宣传，消费者的口碑如何建立，将直接影响酒类市场的规模。而对于商家来说，营业员的素质也应重视，因为其对酒类产品的销售有着一定的影响作用。

（二）饮食类产品的消费情况

本次调查主要针对一些饮食消费场所和消费者比较喜欢的饮食进行，调查表明，消费有以下几个重要特点。

(1) 消费者认为最好的酒店不是最佳选择，而最常去的酒店往往又不是最好的酒店，消费者最常去的酒店大部分是中档的，这与本市居民的消费水平是相适应的，现将几个主要酒店比较如下。

泰福大酒店是大家最看好的，约有31.82%的消费者选择它，其次是望海楼和明珠大酒店，都是10.23%，然后是锦花宾馆。调查中我们发现，云天宾馆虽然说是比较好的，但由于这个宾馆的特殊性，只有举办大型会议时使用，或者是贵宾、政府政要才可以进入，所以调查中作为普通消费者的调查对象很少会选择云天宾馆。

(2) 消费者大多选择在自己工作或住所的周围，有一定的区域性。虽然在酒店的选择上有很大的随机性，但也并非绝对如此，例如，长城酒楼、淮扬酒楼，也有一定的远距离消费者惠顾。

(3) 消费者追求时尚消费，如对手抓龙虾、糖醋排骨、糖醋里脊、宫保鸡丁的消费比较多，特别是手抓龙虾，在调查样本总数中约占26.14%，以绝对优势占领餐饮类市场。

(4) 近年来，海鲜与火锅成为市民饮食市场的两个亮点，市场潜力很大，目前的消费量也很大。调查显示，表示喜欢海鲜的占样本总数的60.8%，喜欢火锅的约占51.14%，在对季节的调查中，喜欢在夏季吃火锅的约有81.83%，在冬天的约为36.93%，火锅不但在冬季有很大的市场，在夏季也有较大的市场潜力。目前，本市的火锅店和海鲜馆遍布街头，形成居民消费的一大景观和特色。

三、结论和建议

(一) 结论

(1) 本市的居民消费水平还不算太高，属于中等消费水平，平均收入在1000元左右，相当一部分居民还没有达到小康水平。

(2) 居民在酒类产品消费上主要是用于自己消费，并且以白酒居多，红酒的消费比较少，用于个人消费的酒品，无论是白酒还是红酒，其品牌以家乡酒为主。

(3) 消费者在买酒时多注重酒的价格、质量、包装和宣传，也有相当一部分消费者持无所谓的态度。对新牌子的酒认知度较高。

(4) 对酒店的消费，主要集中在中档消费水平上，火锅和海鲜的消费潜力较大，并且已经有相当大的消费市场。

(二) 建议

(1) 商家在组织货品时要根据市场的变化制定相应的营销策略。

(2) 对消费者较多选择本地酒的情况，政府和商家应采取积极措施引导消费者消费，实现城市消费的良性循环。

(3) 由于海鲜和火锅消费的增长，导致城市化管理的混乱，政府应加强管理力度，对市场进行科学引导，促进城市文明建设。

赏析：此案例虽说题目是家庭饮食消费状况调查报告，但并没有面面俱到，而是选择了具有代表性的酒类和饮食两个方面来进行调查和分析，具有针对性和代表性，不容易使决策者误入歧途。

十、求职信

1. 求职信的定义

求职信是求职人向用人单位介绍自己的情况以求录用的专用性文书。它与普通的信函没有多少区别，但它与普通的信函又有所不同，当然也不同于“公事公办”的公文函。求职信所给的对象很难明确，也许是人事部一般职员，也许是经理，如果你对老板比较了解的话可以直接给老板。当然，如果你根本就不认识招聘公司的任何人，求职信写“人事部负责人收”较妥。

多数用人单位都要求求职者先寄送求职材料，由他们通过求职材料对众多求职者有一个大致的了解后，再通知面试或面谈确定人选。因此，求职信写得好坏将直接关系到求职者是否能进入下一轮的角逐。

2. 求职信的分类

从成文的角度来看，有自写的求职信、他人推荐而写的求职信等。

从内容或行业来看，有技术性求职信、销售性求职信、生产性求职信、演艺性求职信、医疗性求职信等。

从求职的时间来看，有短期性求职信、中期性求职信、长期性求职信等。

从求职的要求来看，有基本要求的求职信、有具体要求的求职信等。

3. 求职信的功能和目的

（1）功能。

①沟通交往，意在公关。求职信是求职者和用人单位之间的桥梁。通过一定的沟通，在相互认识、交流的基础上，实现相互的交往，是求职信的基本功能。实现交往，求职者才可能展示才干、能力、资格，突出其实绩、专长、技能等优势，从而得以录用。因此，求职信的自我表现力非常明显，带有相当的公关要素与公关特色。

②表现自我，求得录用。实现自己的求职目的，就要求自己必须充分扬长避短，突出自我优势，在众多的求职者中崭露头角，以自己的某些特长、优势、技能等吸引用人单位。表现自我，意在录用，也是求职信的又一基本功能。

（2）目的。

求职信起到毛遂自荐的作用，好的求职信可以拉近求职者与人事主管（负责人）之间的距离，获得面试机会。

求职信是自我表白，其目的和作用是要让人事主管看，因人事主管有太多的求职信函要看，因此要简明扼要。

向知名企业，特别是向外企或500强企业求职的过程中，一封出色的求职信是必不可少的。而撰写一封得体的求职信可能是你在准备应聘的过程中遇到的最棘手的问题。在求职的过程中，只有能体现个人才智的求职信，才能帮助你顺利地得到面试机会，谋求一份理想的工作。你需要仔细考虑你所写的求职信的目的及其可能产生的影响。信件要引起读者的兴趣，既要反映出你的目的，也要符合特定的环境要求。

4. 求职信的写作结构

（1）标题。

求职信的标题通常只有文种名称，即在第一行中间写上“求职信”三个字。

（2）称谓。

称谓是对收信人的称呼，写在第一行，要顶格写收信者单位名称或个人姓名。单位名称后可加“负责同志”；个人姓名后可加“先生”“女士”“同志”等。在称谓后写冒号。求职信不同于一般私人书信，因与收信人未曾见过面，所以称谓要恰当，郑重其事。

（3）正文。

正文要另起一行，空两格开始写求职信的内容。正文内容较多，要分段写。

第一，写求职的原因。首先简要介绍求职者的自然情况，如姓名、年龄、性别等。其次要直截了当地说明从何渠道得到有关信息以及写此信的目的。例如："我叫李民，现年22岁，男，是一名财会专业的大学本科毕业生。从报纸上我看到贵公司招聘一名专职会计人员的消息，不胜喜悦。以本人的水平和能力，我冒昧地毛遂自荐，相信贵公司定会慧眼识人，会使我有幸成为贵公司的一名会计人员。"这段是正文的开端，也是求职的开始，介绍有关情况要简明扼要，对所求的职务，态度要明朗。而且要吸引收信者有兴趣将你的信读下去，因此开头要有吸引力。

第二，写对所谋求的职务的看法并对自己的能力做出客观公允的评价，这是求职的关键。要着重介绍自己应聘的有利条件，要特别突出自己的优势和闪光点，以使对方信服。例如："我于2019年7月毕业于东北财经学院财会专业。毕业成绩优秀，在省级会计大奖赛中，获得'能手'嘉奖（见附件），在海南金融杂志上发表过多篇学术论文（见附件）。我在有关材料上看到过关于贵公司的情况介绍，我喜欢贵公司的工作环境，钦佩贵公司的敬业精神，也很赞赏贵公司在经营、管理上的一整套的切实可行的规章制度。这些均体现了在当前改革开放的经济大潮中贵公司的超前意识。我十分愿意到这样的环境中去艰苦拼搏；更愿为贵公司贡献我的学识和力量。我相信，经过努力，我会做好我的工作。"写这段内容，语言要中肯，恰到好处；态度要谦虚诚恳，不卑不亢，达到见字如见人的效果。要给收信者留下深刻印象，进而相信求职者有能力胜任此项工作。这段文字要有说服力。

第三，向收信者提出希望和要求。例如："希望您能为我安排一个与您见面的机会"或"盼望您的答复"或"敬候佳音"之类的语言。这段属于信的内容的收尾阶段，要适可而止，不要啰唆，不要苛求对方。

（4）结尾。

另起一行，空两格，写表示敬祝的话。例如：此致之类的词，然后换行顶格写"敬礼"，或祝"工作顺利""事业发达"等相应词语。这两行均不加标点符号，不必过多寒暄，以免"画蛇添足"。

（5）署名和日期。

写信人的姓名和成文日期写在信的右下方。姓名写在上面，成文日期写在姓名下面。姓名前面不必加任何谦称的限定语，以免有阿谀之感，或让对方轻看你的能力。成文日期要年、月、日俱全。

（6）附件。

有说服力的附件是对求职者做出鉴定的凭证。所以求职信的附件是不可忽视的组成部分。

附件可在信的结尾处注明。例如：附件1、××××××2、××××××3、××××××……然后将附件的复印件单独订在一起随信寄出。附件不需太多，但必须有分量，足以证明你的才华和能力。

（三）参考例文

【例文一】

尊敬的领导：

您好！

感谢您在百忙之中牢阅我的简历。

我是河北职业大学社管系的一名学生，即将毕业。三年来，在师友的严格教益及个人的努力下，我具备了扎实的专业基础知识，系统地掌握了人力资源六大模块等有关理论；熟悉涉外工作常用礼仪；具备较好的英语听说读写译等能力；能熟练操作计算机办公软件。同时，我利用课余时间广泛地涉猎了大量书籍，不但充实了自己，也培养了自己多方面的技能。

此外，我还积极地参加各种社会活动，抓住每一个机会，锻炼自己。大学三年，我深深地感受到，与优秀学生共事，使我在竞争中获益；向实际困难挑战，让我在挫折中成长。我热爱贵单位所从事的事业，殷切地期望能够在您的领导下，为这一光荣的事业添砖加瓦；并且在实践中不断学习进步。

收笔之际，郑重地提一个小小的要求：无论您是否选择我，尊敬的领导，希望您能够接受我诚恳的谢意！

祝愿贵单位事业蒸蒸日上！

求职人：×××

×年×月×日

赏析：该求职信在自我介绍中，简明扼要地介绍了自己在学校所学和社会实践情况，最后表达自己真诚的愿望。语气不卑不亢，符合身份。

【例文二】

尊敬的领导：

您好！

首先，非常感谢您在百忙中抽空审阅我的求职信，给予我毛遂自荐的机会。我叫×××，毕业于××大学××专业。普通的院校，普通的我却拥有一颗不甘于平凡的心。

我，自信乐观，敢于迎接一切挑战。虽然只是一名普通的本科毕业生，但是，年轻是我的本钱，拼搏是我的天性，努力是我的责任，我坚信，成功定会成为必然。

经过大学四年锤炼，在面对未来事业的选择时，我对自己有了更清醒的认识，由于我在大学中锻炼了较好的学习能力，加上“努力做到最好”的天性使然，四年中，我在班级的考试中均名列前茅，与学校三等奖学金有着不解之缘。

在大学四年中，我也练就了较好的实验操作技能，能够独立操作各种仪器。但我并没有满足，因为我知道，在大学是学习与积累的过程，为了能更好地适应日后的工作，我不断地充实自己，参加了大学英语六级考试，并顺利通过。

听闻贵校招聘本专业的教师，我冒昧地投出自己的求职信，四年的大学学习给了我扎实的理论知识、实验操作技能及表达能力，我虽然只是一个普通的本科毕业生，但大学四年教会了我什么叫"学无止境"，我相信，在我不断努力刻苦的学习中，我一定能够胜任这份高尚的职业，通过我的言传身教，定会为祖国培养环保方面的专业人才。

我一直坚信"天道酬勤"，我的人生信条是"人生在勤，不索何获"。给我一次机会，我会尽职尽责。一个人唯有把所擅长的投入到社会中才能使自我价值得以实现。别人不愿做的，我会义不容辞地做好；别人能做到的，我会尽最大努力做到更好！发挥自身优势，我愿与贵单位同事携手共进，共创辉煌！

诚祝事业蒸蒸日上。

此致

敬礼！

求职人：×××

×年××月××日

【例文三】

××大学人事处负责同志：

我是一个渴望有用武之地的在职人员，女，22 岁。一年前我从××大学教育系学校管理专业毕业，到市直机关幼儿园当了幼儿教师。一年来，在用非所学（所长）的岗位上已耽误了许多宝贵时光，这对国家，对个人无疑都是损失，故本人渴望寻找一个能发挥自己所长的地方。

现将本人情况略做介绍：本人能力方面长于语文学科，高中时以 108 分单科为高校录取，在校期间曾在省报发表过小说两篇，在《光明日报》发表大学生暑假调查报告一篇，曾获学校硬笔书法赛二等奖（正楷）。以前曾被市直×机关借用做文字工作，写过多种计划、总结、报告，为×副市长的电视讲话写过讲稿。另外，我的英语学科一直是中学、大学期间的强项，成绩在班内名列前茅。大学三年级时在省级刊物上发表过翻译作品两篇。大学四年级时通过了国家英语六级考试。由于以上情况，本人适合担任秘书工作或外语公共课教学工作。

负责同志，我可以有把握地说，如果你们能让我担任以上两个方面的工作，定会让你们满意。我自己也定将珍惜这来之不易的工作，奋力做出自己的贡献。

此致

敬礼！

求职人：×××

×年×月×日

十一、申请书

（一）申请书概述

申请书是个人或集体向组织、机关、企事业单位或社会团体表述愿望、提出请求时使用的一种文书。申请书的使用范围广泛，申请书也是一种专用书信，它同一般书信一样，也是表情达意的工具。

（二）申请书的写作结构

1. 标题

有两种写法，一种是直接写“申请书”，另一种是在“申请书”前加上内容，如“入党申请书”“调换工作申请书”等，一般采用第二种。

2. 称谓

顶格写明接受申请书的单位、组织或有关领导。

3. 正文

正文部分是申请书的主体，首先提出要求，其次说明理由。理由要写得客观、充分，事项要写得清楚、简洁。

4. 结尾

写明惯用语“特此申请”“恳请领导帮助解决”“希望领导研究批准”等，也可用“此致”“敬礼”礼貌用语。

5. 署名、日期

个人申请要写清申请者姓名，单位申请写明单位名称并加盖公章，注明日期。

（三）参考案例

敬爱的党组织：

我志愿加入中国共产党，愿意为共产主义事业奋斗终生。我衷心地热爱党，她是中国工人阶级的先锋队，是中国各族人民利益的忠实代表，是中国社会主义事业的领导核心。中国共产党以实现共产主义的社会制度为最终目标，以马克思列宁主义、毛泽东思想、邓小平理论为行动指南，是用先进理论武装起来的党，是全心全意为人民服务的党，是有能力领导全国人民进一步走向繁荣富强的党。她始终代表中国先进生产力的发展要求，代表中国先进文化的前进方向，代表中国最广大人民的根本利益，并通过制定正确的路线方针政策，为实现国家和人民的根本利益而不懈奋斗。

从学生年代开始，一串闪光的名字——江姐、刘胡兰、雷锋、焦裕禄、孔繁森……给了我很大的启迪和教育。我发现他们以及身边许多深受我尊敬的人都有一个共同的名字——共产党员；我发现在最危急的关头总能听到一句话——共产党员跟我上。这确立了我要成为他们中的一员的决心。我把能加入这样伟大的党作为最大的光荣和自豪。

参加工作后，在组织和领导的关心和教育下，我对党有了进一步的认识。党是由工人阶级中的先进分子组成的，是工人阶级及广大劳动群众利益的忠实代表。党自成立以来，始终把代表各族人民的利益作为自己的重要责任。在党的路线、方针和政策上，集中反映和体现了全国各族人民群众的根本利益；在工作作风和工作方法上坚持走群众路线，并将群众路线作为党的根本工作路线；在党员的行动上，要求广大党员坚持人民利益高于一切，个人利益服从人民利益。

党是中国社会主义事业的领导核心。中国的革命实践证明没有中国共产党的领导就没有新中国，没有中国共产党的领导，中国人民就不可能摆脱受奴役的命运，成为国家的主人。在新民主主义革命中，党领导全国各族人民，在毛泽东思想的指引下，经过长期的反对帝国主义、封建主义、官僚资本主义的革命斗争，取得了胜利，建立了人民民主专政的中华人民共和国。中国的建设实践证明，中国只有在中国共产党的领导下，才能走向繁荣富强。中华人民共和国成立后，顺利地进行了社会主义改造，完成了从新民主主义到社会主义的过渡，确立了社会主义制度，社会主义的经济、政治和文化得到了很大的发展。尽管在前进的道路上遇到过曲折，但党用她自身的力量纠正了失误，使我国进入了一个更加伟大的历史时期。十一届三中全会以来，在邓小平理论的指导下，在中国共产党的领导下，我国取得了举世瞩目的发展，生产力迅速发展，综合国力大大增强，人民生活水平大幅提高。

我国社会主义初级阶段党的基本路线是：领导和团结全国各族人民，以经济建设为中心，坚持社会主义道路、坚持人民民主专政、坚持中国共产党的领导、坚持马列主义毛泽东思想，坚持改革开放，自力更生，艰苦创业，为把我国建设成为富强、民主、文明的社会主义现代化国家而奋斗。

中国共产党党员是中国工人阶级的有共产主义觉悟的先锋战士，必须全心全意为人民服务，不惜牺牲个人的一切，为实现共产主义奋斗终生。中国共产党党员永远是劳动人民的普通一员，不得谋求任何私利和特权。在新的历史条件下，共产党员要体现时代的要求，要胸怀共产主义远大理想，带头执行党和国家现阶段的各项政策，勇于开拓，积极进取，不怕困难，不怕挫折；要诚心诚意为人民谋利益，吃苦在前，享受在后，克己奉公，多做贡献；要刻苦学习马列主义理论，增强辨别是非的能力，掌握做好本职工作的知识和本领，努力创造一流成绩；要在危急时刻挺身而出，维护国家和人民的利益，坚决同危害人民、危害社会、危害国家的行为做斗争。

我决心用自己的实际行动接受党对我的考验，我郑重地向党提出申请：我志愿加入中国共产党，拥护党的纲领，遵守党的章程，履行党员义务，执行党的决定，严守党的纪律，保守党的秘密，对党忠诚，积极工作，为共产主义奋斗终生，随时准备为党和人民牺牲一切，永不叛党。

今后我会更加努力地工作，认真学习马克思列宁主义、毛泽东思想、邓小平理论，学习党的路线、方针、政策及决议，学习党的基本知识，学习科学、文化和业务知识，努力提高为人民服务的本领。时时刻刻以马克思列宁主义、毛泽东思想、邓小平理论作为自己的行动指南，用三个“忠实代表”指导自己的思想和行动。坚决拥护中国共产党，认真贯彻执行党的基本路线和各项方针、政策，带头参加改革开放和社会主义现代化建设，为经济发展和社会进步艰苦奋斗，在生产、工作、学习和社会生活中起先锋模范作用。坚持党和人民的利益高于一切，个人利益服从党和人民的利益，吃苦在前，享受在后，克己奉公，多做贡献。自觉遵守党的纪律和国家法律，严格保守党和国家的秘密，执行党的决定，服从组织分配，积极完成党的任务。维护党的团结和统一，对党忠诚老实，言行一致，坚决反对一切派别组织和小集团活动，反对阳奉阴违的两面派行为和一切阴谋诡计。切实开展批评和自我批评，勇于揭露和纠正工作中的缺点、错误，坚决同消极腐败现象做斗争。密切联系群众，向群众宣传党的主张，遇事同群众商量，及时向党反映群众的意见和要求，维护群众的正当利益。发扬社会主义新风尚，提倡共产主义道德，为了保护国家和人民的利益，在一切困难和危险的时刻挺身而出，英勇斗争，不怕牺牲。反对分裂祖国，维护祖国统一，不做侮辱祖国的事，不出卖自己的国家，不搞封建迷信的活动，自觉与一切邪教活动做斗争。只要党和人民需要，我会奉献我的一切！

我深知按党的要求，自己的差距还很大，还有许多缺点和不足，如处理问题不够成熟、政治理论水平不高等。希望党组织从严要求，以使我更快进步。我将用党员的标准严格要求自己，自觉地接受党员和群众的帮助与监督，努力克服自己的缺点，弥补不足，争取早日在思想上，进而在组织上入党。

请党组织在实践中考验我！

此致

敬礼！

申请人：某某某

二〇二〇年二月一日

十二、电话交际

（一）电话交谈的艺术

1. 时间适宜

考虑通话的时间问题，实际上要注意两个要害之点：其一，何时通话为佳？其二，通话多久为妙？

选择时间。打电话应当选择适当的时间，按照惯例，通话的时间原则有二：一是双方预先约定电话通话时间，二是对方便利的时间。一般说来，若是利用电话谈公事，尽量在受话人上班 10 分钟以后或下班 10 分钟以前拨打，这时对方可以比较从容地应答，不会有匆忙之感。除有要事必须立即通告外，不要在他人休息时间之内打电话。例如，每日早晨 7 点之前，晚上 10 点之后、午休时间、用餐之时拨打电话，都不合适。

拨打公务电话，尽量要公事公办，不要有闲言碎语，也不能在他人的私人时间，尤其是节假日时间里，去麻烦对方。另外，要有意识地避开对方通话的高峰时段、业务繁忙时段，这样通话效果会更好。给国外通话，一定要注意时差问题，否则难免出洋相，某人的一位朋友从美国来电话，深夜之中将某人吵醒，问之有何急事，回答想跟他聊聊，打电话人倒是中午，而接电话人的甜梦却被这子夜的呼声惊醒了，多少有点令人啼笑皆非。

通话长度。在一般通话情况下，每一次通话的具体长度应有意识地加以控制，基本的原则是：以短为佳，宁短勿长，千万不能如泻堤之水，滔滔不绝。在电话礼仪里，有一条“三分钟原则”。实际上，它就是“以短为佳，宁短勿长”原则。倘若通话时间较长，如超过3分钟，亦应先征求一下对方意见，并在结束时略表歉意。

2. 事先准备

每次通话之前，发话人应该做好充分准备。最好的办法，是把受话人的姓名、电话号码、谈话要点等列出一张“清单”，这样一来，由于准备充分，通话时便可照此办理，就不会再出现打错电话、现说现想、缺少条理、丢三落四的情况了。另外，拨号的同时要调整好自己的情绪，电话接通后，首先要自报家门：“你好！我是某某，劳驾请让某某某先生接电话好吗？”或者“你好！我是某某某，请问某某小姐在吗？”注意电话接通后说好第一句话，否则直接影响实际效果。

3. 简明扼要

少讲空话，不说废话，绝不可啰唆不止、节外生枝、无话找话。使用公共电话，而身后有人排队时，一定要自觉主动地尽快终止通话，切勿表演欲望顿生，当众发嗲撒娇，大演爱情戏剧。

4. 语言文明

在通话时，不仅不能使用“脏、乱、差”的语言，而且还须铭记，有三句话非讲不可，它们被称为“电话基本文明用语”，它们所指的是：其一，通话之初，恭敬地道一声：“您好！”然后方可再言其他，切勿一上来就“喂”对方，或是开口便讲自己的事情。其二，在问候对方后，接下来须自报家门，以便对方明确来者何人。一般社交报本人全名，公务交往一般报单位及自己全名。其三，是在终止通话前，双方预感即将结束的片刻，发话人应主动先说一声“再见”。

（二）电话交谈要求

在日常生活里，经常有必要为家里人、公司同事及领导代接、代转电话，可以说这已是个普遍性、经常性的活动，所以代接代转电话时，尤其需注意尊重隐私、记忆准确、传达及时和注意方式等五个方面的问题。

1. 尊重隐私

在代接电话时，千万不要热心过度，充当“包打听”，向发话人询问对方与其所找之人的关系，以及“打破砂锅问到底”的无礼纠缠。（当别人通话时，要根据实际情况，或是埋头做自己的事，或是自觉走开，千万不可故意侧耳“旁听”，更不要没事找事，主动插嘴。）

2. 记录准确

对要求转达的具体内容，最好认真做好笔录，在对方讲完之后，还应略微把要点重复一下，以验证自己的记录是否足够准确，免得误事，因为一旦代为转达，你就要尽到责任记录他人电话，应包括通话者单位、姓名、联系方式、通话时间、通话要点、是否要求回电话、拨回电话时间等几项基本内容。

3. 传达及时

代接电话后，要把电话内容准确无误地及时传达给所找之人，以免造成事情的延误。

（三）电话交谈的注意事项

1. 使用合适的起始语

在商务交往中，不允许接电话时以“喂，喂”或者“你找谁呀”作为“见面礼”，特别是不允许一张嘴就毫不客气地查一查对方的“户口”，一个劲儿地问人家“你找谁”，“你是谁”，或者“有什么事儿呀？”

2. 选择合适的语气语调

万一对方拨错了电话或电话串了线，也要保持风度切勿发脾气、“耍态度”。确认对方拨错了电话，也应态度平和地告诉对方“这里不是×××”或“这里没有×××”，然后告之电话拨错了。对方如果道了歉，不要忘了以“没关系”去应对，而不要教训对方“下次长好眼睛”“瞧仔细些”。

3. 电话交谈时注意力集中

在通话中，不要对着话筒打哈欠，或是吃东西，也不要同时与其他人闲聊，这样会让对方感到尴尬，认为自己在别人心中是无足轻重的。结束通话时，应认真地道别，而且要恭候对方先放下电话，不宜“越位”抢先。

4. 使用合适的起始语

在通话时，接电话的一方不宜率先提出中止通话的要求，万一自己正在开会、会客，不宜长谈，或另有其他电话挂出来，需要中止通话时，应说明原因，并告之对方：“一有空闲，我马上挂电话给您”免得让对方觉得我方厚此薄彼。遇上不识相的人打起电话拖延较长时间，需要使其“适可而止”的话，说得应当委婉、含蓄，不要让对方难堪。比如，不宜说：“你说完了没有？我还有别的事情呢”而应当讲：“好吧，我不再占用您的宝贵时间了”，“真不希望就此道别，不过以后真的希望再有机会与您联络”。

5. 不随便打断对方讲话

不随便打断对方讲话。也不能完全不出声音，应时而辅助简单的“嗯”“是”“好的”等短语作为呼应，让对方感觉你确实在认真听着，以示尊重。

6. 问清对方身份

不要随便乱答电话，以致泄露公司机密和别人私密。在回答电话时，应该确定对方是谁，是哪一单位的，以及目的如何。同时也便于处理问题和今后联系方便。

（四）参考例文

【例文一】

一个赌气电话带来的后果

某总经理办公室秘书电话通知开会，电话是这样打的。

“嘟嘟……”电话铃响六声后才接通。

“营销部吗?”

“您好!我们是营销部。请问您是……”

“我是总经理办公室。你们上班时间怎么没人?”

“没人?有人啊!”

“有人还不接电话?”

“啊!对不起,我刚才有事离开了一下。”

“上班到处窜,我看你是不想干了。”

“你是诚心找碴吗?你有事说事,要不我挂电话了。”

“有个通知,要你们经理明天到公司总部开会。不得缺席!”

“明天……”

“啪!”电话挂了。

第二天上午营销部经理按照惯例8点来到总部开会,找了几个会议室却不见动静,一打听,偏偏这次的会是下午两点开,他只好下午两点再来。但会议一开始,总经理就让他汇报一季度的营销情况,营销部经理一听傻了眼,他根本没做准备,只好结结巴巴凑合了事,被总经理狠狠批评了一顿。会后一查原因,问题出在打电话上,打电话的和接电话的都脱不开关系。接电话的由于接听不及时而激怒对方,打电话的则盛气凌人,语言使用不当,接电话的又缺乏耐心,双方只顾赌气,竟把会议时间和会议准备这样重要内容疏忽了,致使会议没有达到预期效果,双方均受到严厉处分。

【例文二】

晚上12点多,上海某公司销售助理王蕾还在处理经销商销售费用,有一笔费用不清楚,于是她立刻打电话给销售经理周海。

张:喂,谁呀?(带有很浓的睡意)

王:喂,是周海吗?我是王蕾(工作一天,太累,趴在桌子上打电话)

张:我已经睡着了,你有什么急事呀?

王:你今天给我的这张报销费用是谁的呀?报销哪个月的呀?

张:费用不急,你明天问我也行呀,哪个费用呀?

王:红色纸的那张。

张:颜色我不记得了,你告诉我金额和盖章的名称。

王:金额8000元,章是刘军盖的。

张:大姐,刘军就一个经销商,是王强,报销4月份。

王:你等等,我拿一下纸和笔,记一下。(王蕾花了近1分钟才找到纸笔)

你能再说一遍吗?我刚才没记住。(周海不耐烦地又重说了一次)

王:好的,我知道了。(随后就把电话挂了)